# 知識人與中國文化的價值

全新編輯校對

余英時

# 目次

# 自序

這部《知識人與中國文化的價值》是偶然集結成書的，它的原動力來自時報文化出版公司前總編輯林馨琴女士。時報文化最初準備重新排印《從價值系統看中國文化的現代意義》（一九八四年初版），林總編輯則進一步提議增添新的內容，收入我在上世紀八〇年代以後所寫的相關文字；她並且表示，能多收幾篇更好。由於時間匆促，而我又恰好處於忙碌期間，最後揀出了十幾篇近作寄去。經過林前總編輯和她的同事們嚴格挑選之後，於是才有這部論集呈現在讀者的眼前。我必須向時報文化編輯部致上最誠摯的感謝。

在這篇短序中，我想對本書的性質做一扼要的說明。首先必須解釋的是，為什麼在一部討論文化價值的論集中要特別把知識人[1]放在與價值系統同等重要的位置呢？答案

1 「知識人」即一般常用的「知識分子」，相當於英文的「intellectual」。我從二〇〇二年以後改用「知識人」，理由見本書第八篇〈士的傳統及其斷裂〉一文。但本書所收二〇〇二年以前的文字，除第六篇外，都曾沿用「知識分子」一詞，現一律不改，以存其真。

其實是很簡單的。文化的價值雖然起源於一個民族的共同生活方式之中，但必須經過系統的整理、提煉、闡明，然後才能形成一套基本規範，反過來在這個民族的精神生活中發生引導作用。這一整理、提煉和闡明的重大任務，就中國傳統而言，一直是由「士」承擔著的。本書第二篇〈軸心突破和禮樂傳統〉便試圖揭示：先秦各派的「士」怎樣開創出中國價值系統的原始形態。其餘各篇討論「士」（「知識人」）的文字也無不與價值問題密切相關。我將論「科舉」的新作也包括在本書之中，則旨在展示「士」如何通過制度化的途徑把各時代的主流價值傳播到整個社會。漢代的「孝廉」、「賢良」、「方正」等科目固然明白地標舉出價值取向，明、清以後以《四書》取士也充分體現了程朱一系的價值系統。

我雖然強調近代以前的中國具有一套獨特的價值系統，但同時也完全承認價值系統隨時代變動而不斷更新這一歷史事實。從先秦到清中葉，中國的價值系統已發生過幾次重要的更改，但大致仍屬於傳統內部的調整。由於篇幅的限制，本書沒有收入有關這一方面的論著。十九世紀末葉以下，西方文化全方位地進入中國，撼動了中國價值系統的基礎，最後則導致其全面的解體。本書第四篇〈中國現代價值觀念的變遷〉初步追溯了這一歷史過程。尼采「重新估定一切價值」的名言在「五四」時代成為知識人的普遍信念；這句名言恰恰道破了中國現代價值危機的性質。與以往局部的內在調整不同，這一次是中國價值系統的整體面臨著「重新估定」的嚴重挑戰，而「估定」的參照標準則是西方近代的價值系統。在西方的對照之下，中國人究竟對自己原有的價值系統應該採取什麼樣的態度呢？對於西方價值的引進又應不應該設立最低限度的防線呢？環繞這兩大問題的爭論當時便引出了種種不同的方案，從激進的、保守的到不同程度溫和的，應有盡有。到了「五四」前後，爭論的範圍已擴大到整個中西文化與歷史之間的異同上面來了。所以中西文化的爭論構成了現代中國人文研究領域中一個中心的「問題意識」（problematique），幾乎沒有人能完全逃得出它的籠罩，我在這裡祇想強調一個論點，即所謂中西文化之爭，在剝蕉見心之後，根本上仍是中西價值系統之爭。這一爭論雖然已進行了一個世紀之久，卻依然沒有結束的跡象。在民族主義激情的鼓盪之下，爭論正在以不同的面貌展現在世人的眼前。本書所收〈價值荒原上的儒家幽靈〉，雖是一篇通俗性的短文，卻也揭開了現階段新爭論的一角。從這一角度看，本書的主題並不是已逝的歷史陳跡，而是關係著中國前途的活生生的大問題。但近二、三十年來世界人文研究也發生了新的轉向，和本書主題的探討息息相關。因此我又將近作〈試論中國人文研究的再出發〉收在這裡，提供讀者參考。不用說，中西兩大價值系統之間的糾結正是中國人文研究再出發所必須首先面對的問題。

最後還要指出，一方面，中國傳統的「士」轉化為現代的「知識人」（intellectual）大致是與二十世紀同時開始的，而以一九〇五年科舉廢止為最具象徵性的年分（見第七篇〈士在中國文化史上的地位〉）。而另一方面，中國價值意識的大變動也發生在十

九、二十世紀之交。譚嗣同「衝決倫常之網羅」（《仁學》，撰於一八九六年）對中國傳統的價值系統展開了最猛烈的批判；梁啟超的《新民說》（一九〇二年）則系統地引進了西方現代的價值觀念。這兩個系列的歷史發展是一體的兩面，更進一步證實了「知識人」與「價值」之間存在著不可分離的關係。

以上的短序已旨在說明：本書雖由不同起源的論文集結而成，但全書集中在同一主題之下，各篇之間也是互相貫通的。所以這部小書自成一個獨立的單元，並不是一本雜湊的文集。

二〇〇七年三月十一日

# 知識人與中國文化的價值

# 第一篇　從價值系統看中國文化的現代意義

中國文化與現代生活之間究竟有著什麼樣的關係？這是一個包羅萬象的大問題。對於這樣的大問題，論者自不免有見仁見智之異。

在一般人的觀念中，中國文化和現代生活似乎是兩個截然不同而且互相對立的實體。前者是中國幾千年積累下來的舊文化傳統；後者則是最近百餘年才出現的一套新的生活方式，而且源出於西方。所以這兩者的衝突實質上便被理解為西方現代文化對中國傳統文化的衝激與挑戰。自一九一九年「五四運動」以來，所有關於文化問題的爭論都是環繞著這一主題而進行的。

在這個一般的理解之下產生了種種不同的觀點與態度，但大體上可以分為兩個相反的傾向：一方面是主張全面擁抱西方文化，認定中國傳統文化是現代生活的阻礙，必須首先加以清除。另一方面則是極力維護傳統文化，視來自西方的現代生活為中國的禍亂之源，破壞了傳統的道德秩序和社會安定。在這兩種極端態度之間當然還存在著許多程度不同的西化論與本位論，以及模式各異的調和論。這些議論，大家都早已耳熟能詳，毋須再說。

站在歷史研究的立場上，我對於這一廣泛而複雜的文化問題既無意做左右袒，也不想另外提出任何新的折衷調和之說。我首先想對「中國文化」與「現代生活」兩個概念進行一種客觀的歷史分析。在分析的過程中，我自然不能不根據某種概念性的假設，但是這種假設並非我個人主觀願望的投射，而是在學術研究上具有一定的客觀性和普遍性的。在綜合判斷方面，我當然也不能完全避免個人的主觀，不過這種判斷仍然是盡量建立在客觀事實的基礎之上。

必須說明，文化觀察可以從各種不同的角度出發，我所採取的自然不是唯一的角度。我所提出的看法更不足以稱為最後定論。我祇能說這些看法是我個人經過鄭重考慮而得到的，也許可以提供對這個問題有興趣的人參考。

文化一詞有廣義和狹義的種種用法。以本文而言，則所謂中國文化是取其最廣泛的涵義，所以政治、社會、經濟、藝術、民俗等各方面無不涉及。以近代學者關於「文化」的討論來說，頭緒尤其紛繁。三十年前克羅伯（A. L. Kroeber）和克拉孔（Clyde Kluckhohn）兩位人類學家便檢討了一百六十多個關於「文化」的界說。他們最後的結論是把文化看作成套的行為系統，而文化的核心則由一套傳統觀念，尤其是價值系統所構成。這個看法同時注意到文化的整體性和歷史性，因此曾在社會科學家之間獲得廣泛的流行。近幾十年來人類學家對文化的認識雖日益深入，但是關於文化的整體性和歷史性兩點卻依然是多數人所肯定的。

另一方面，近一、二十年來，由於維柯（Giovanni Battista Vico, 1668-1744）與赫爾德（Johann Gottfried von Herder, 1744-1803）的歷史哲學逐漸受到西方思想界的重視，不但文化是一整體的觀念得到了加強，而且多元文化觀也開始流行了。所謂多元文化觀即認為每一民族都有它自己的獨特文化；各民族的文化並非出於一源，尤不能以歐洲文化為衡量其他文化的普遍準則。赫爾德並且強調中國文化的形成與中國人的民族性有關，其他民族如果處於中國古代的地理和氣候的環境中則不一定會創造出中國文化。這種文化多元論有助於打破近代西方人的文化偏見。（但是必須指出，赫爾德本人並未能完全免於此一偏見，他仍以歐洲文化高於印度與中國。）

從維柯與赫爾德一系的文化觀念出發，我們可以說，祇有個別的具體文化，而無普遍的、抽象的文化。古典人類學所尋求的是一般性的典型文化，這樣的文化祇是從許多個別的真實文化中抽離其共相而得來的觀念，因此僅在理論上存在。但是最近的人類學家也開始改變態度了。例如紀爾茲（Clifford Geertz）便曾批評這種尋求文化典型的研究方法。他認為研究文化尤應把握每一文化系統的獨特之處。所以在這個方面史學觀點和人類學觀點的合流目前已見端倪；我們的注意力應該從一般文化的通性轉向每一具體文化的個性。以下討論中國文化大致便是從這一立場出發的。

如果我們基本上接受這一看法，那麼所謂「中國文化」便不可能是和「現代生活」截然分為兩橛的。普遍性的「現代生活」和普遍性的「文化」一樣，也是一個抽象的觀念，在現實世界中是找不到的。現實世界中祇有一個個具體的現代生活，如中國的、美國的、蘇俄的、或日本的；而這些具體的現代生活都是具體的文化在現代的發展和表現。這當然不是否認現代生活可以歸納成某些共同的特徵。事實上，社會科學家關於「現代化」的無數討論主要都是在尋求共同的特徵，也就是理想的典型。但是典型如果要適用於一切具體的、個別的現代社會勢不能不通過最高的概括。其結果則是流為一些空洞的形式，而失去了經驗的內容。舉例言之，我們大概都承認民主是現代政治生活的主要方式。可是我們祇要把西歐、英、美的民主政治與納粹德國和蘇俄的極權體制加以對照，嚴重的問題馬上便發生了。無論我們怎樣鄙棄極權體制，我們似乎都不好否認希特勒時代的德國和列寧以來的蘇俄已進入了現代化的階段。所以不少社會學家祇好用「大眾社會」（mass society）或「人民社會」（populistic societies）之類的概念來概括現代的政治生活。這種寬泛的概念雖能勉強把「民主」與「極權」兩種截然對立的政治方式統一起來，但畢竟祇剩下一點形式的意義了。民主制度下的「大眾」或「人民」是能積極「參與」（participation）政治生活的，而極權體制下的「大眾」或「人民」卻連「代表性」（representation）也談不到，他們不過是受統治集團操縱的政治工具而已。利用最新的大眾傳播技術來提高人民的政治警覺和社會意識，這是現代民主生活的特徵；而利用同樣的技術來控制和操縱人民則是現代極權政治的主要內涵。這兩者之間是無法畫等號的；其背後實有價值系統的根本不同。

我們通常所謂「現代化」或「現代生活」是含有頌揚和嚮往的意義的。以政治的現代化而言，我們的理想當然是建立民主制度，而不是極權體制。這就涉及了現代生活的實際內容和價值取向，不能脫離具體的文化傳統來討論了。

不但如此，討論現代化或現代生活還不可避免地要碰到另一更嚴重的困難，即現代化與西化之間的混淆。西方學者所說的現代化實際上是以十七世紀以來西歐與北美的社會為標準的。所以現代化便是接受西方的基本價值。這個看法有是有非，未易一言以斷。以「五四」以來所提倡的「民主」與「科學」而言，西方的成就確實領先不止一步，應該成為其他各國的學習範例。但是現代西方的基本文化內涵並不限於這兩項，其中如過度發展的個人主義、漫無限止的利得精神（acquisitive spirit）、日益繁複的訴訟制度、輕老溺幼的社會風氣、緊張衝突的心理狀態之類，則不但未必能一一適合於其他非西方的社會，而且已引起西方人自己的深切反省。在現實世界中我們實在找不到任何一個具體的西方現代生活是十全十美，足供借鏡的。英、美、德、法各國儘管同屬西方文化一系，其間仍多差異，各具獨特的歷史傳統。現代化之不能等同於西化是非常明顯的事實。

以上的討論並不是否認「文化」與「現代化」具有超越地域的通性。通性不但可以從經驗事實上歸納得出來，而且在理論上更是必要的，否則社會科學便不能成立了。我的根本意思是說，在檢討某一具體的文化傳統（如中國文化）及其在現代的處境時，我們更應該注意它的個性。這種個性是有生命的東西，表現在該文化涵育下的絕大多數個人的思想和行為之中，也表現在他們的集體生活方式之中。所謂個性是就某一具體文化與世界其他個別文化相對照而言的，若就該文化本身來說，則個性反而變成通性了。

以下我要專談中國文化的問題。但是在我的理解中，中國文化與現代生活並不是兩個原不相干的實體，尤其不是互相排斥對立的。「現代生活」即是中國文化在現階段的具體轉變。中國文化的現代轉變自然已離開了舊有的軌轍，並且不可否認地受到了西方文化的重大影響。西化是這一轉變中的一個重要環節，這是毋須諱言的。但是現代化絕不等於西化，而西化又有各種不同的層次。科技甚至制度層面的西化並不必然會觸及一個文化的價值系統的核心部分。現在一般深受西方論著影響的知識分子往往接受西方人的偏見，即以西方現代的價值是普遍性的（universalistic），中國傳統的價值則是特殊性的（particularistic）。這是一個根本站不住的觀點。其實，每一個文化系統中的價值都可以分為普遍與特殊兩類。把西化與現代化視為異名同實便正是這一偏見的產物。

什麼是中國文化？我們怎樣才能討論中國文化這樣一個廣大的題目？不用說，我們勢非採取一種整體的觀點不可。如果採取分析的途徑，從政治、經濟、宗教、藝術、文學、民俗各方面去探索以期獲得一個大家都能接受的確定結論，那將是一個永遠無法實現的夢想，因為這是一個沒有止境的分析過程。但是另一方面，整體的觀點則難免有流於獨斷的危險，思想訓練不夠嚴格的人尤其喜歡用「一言以蔽之」的方式武斷地為中國文化定性。

我個人由於出身史學，一向不敢對中國文化的性格輕下論斷，雖則我自己也一直在尋求一種整體的瞭解。幾經考慮之後，我最近企圖通過一組具有普遍性、客觀性的問題來掌握中國文化的價值系統。這種處理的方式也許比較符合前面所提到的人類學家和歷史哲學家的最近構想。這一組問題一方面是成套的，但另一方面也分別地涉及中國文化的主要層面。在分別討論每一個層面時，我將同時點出中、西的異同。我希望從這一角度來說明中國文化與現代生活的內在關係。中國文化的現代化何以不可能完全等於西化也許可以從這種對照中凸顯出來。

一談到價值系統，凡是受過現代社會科學訓練的人往往會追問：所謂文化價值究竟是指少數聖賢的經典中所記載的理想呢？還是指一般人日常生活中所表現的實際傾向呢？這一問題的提法本身便顯示了西方文化的背景。西方的理論與實踐（約相當於中國所謂「知」與「行」）、或理想與現實之間往往距離較大，其緊張的情況也較為強烈，這也許和西方二分式的思維傳統有關，此處無法做深度的討論。無論如何，烏托邦式的理想在西方的經典中遠較中國為發達。（〈禮運〉大同的理想到近代才受西方影響而流行起來。）中國思想有非常濃厚的重實際的傾向，而不取形式化、系統化的途徑。以儒家經典而言，《論語》便是一部十分平實的書，孔子所言的大抵都是可行的，而且是從一般行為中總結出來的。「古者言之不出恥躬之不逮」、「君子欲訥於言而敏於行」、「聽其言而觀其行」、「其言之不作，則為之也難」……這一類的話在《論語》中俯拾即是。《春秋》據說是孔子講「微言大義」的著作，但後人推尊它仍說它「上明三王之道，下辨人事之紀」或「上本天道，中用王法，而下理人情」。總之，現代西方人所注重的上層文化與下層文化或大傳統與小傳統之間的差異在中國雖然不是完全不存在，但顯然沒有西方那麼嚴重。（這一點我已在《史學與傳統》的序言中有所討論。）我特別提及這一層，意在說明下面檢討中國文化的基本價值，我將盡量照顧到理想與實際的不同層面。

我們首先要提出的是價值的來源的問題，以及價值世界和實際世界之間的關係問題。這兩個問題是一事的兩面，但是後一問題更為吃緊。這是討論中西文化異同所必須涉及的總關鍵，祇有先打開了這一關鍵，我們才能更進一步去解說由此而衍生的，但涉及中國價值系統各方面的具體問題。

人間的秩序和道德價值從何而來？這是每一個文化都要碰到的問題。對於這個問題，中西的解答同中有異，但其相異的地方則特別值得注意。

中國最早的想法是把人間秩序和道德價值歸源於「帝」或「天」，所謂「不知不識順帝之則」、「天生烝民，有物有則」，都是這種觀念的表現。但是子產、孔子以後「人」的分量重了，「天」的分量則相對的減輕了。即所謂「天道遠，人道邇」。但是孔子以下的思想家並沒有切斷人間價值的超越性的源頭——天。孔子以「仁」為最高的道德意識，這個意識內在於人性，其源頭仍在於天，不過這個超越性的源頭不是一般語言能講得明白的，祇有待每個人自己去體驗。「夫子之言性與天道不可得而聞」，是說孔子不正面去發揮這一方面的思想，並不是他不相信或否認「性與天道」的真實性。近代學人往往把孔子的立場劃入「不可知論」的範圍，恐怕還有斟酌的餘地。「天生德於予」、「知我者其天乎」之類的語句對孔子本人而言是不可能沒有真實意義的。孟子的性善論以仁、義、禮、智四大善端都內在於人性，而此性則是「天所以與我者」。所以他才說「知其性者則知天」。後來《中庸》說得更明白：「天命之謂性，率性之謂道。」

道家也肯定人間秩序與一切價值有一超越的源頭，那便是先天地而生的形而上的道體。「道」不但是價值之源，而且也是萬有之源。但是在中國人一般的觀念中，這個超越的源頭仍然籠統地稱之為「天」；舊時幾乎家家懸掛「天地君親師」的字條便是明證。我們在此毋須詳細分析「天」到底有多少不同的涵義。我們所強調的一點祇是中國傳統文化並不以為人間的秩序和價值起於人間，它們仍有超人間的來源。近來大家都肯定中國文化的特點是「人文精神」。這一肯定是大致不錯的。不過我們不能誤認中國的人文精神僅是一種一切始於人、終於人的世俗精神而已。

僅從價值具有超越的源頭一點而言，中、西文化在開始時似乎並無基本不同。但是若從超越源頭和人世間之間的關係著眼，則中西文化的差異極有可以注意者在。中國人對於此超越源頭祇做肯定而不去窮究到底。這便是莊子所謂「六合之外，聖人存而不論」的態度。西方人的態度卻迴然兩樣，他們自始便要在這一方面「打破沙鍋問到底」。柏拉圖的「理型說」便是要展示這個價值之源的超越世界。這是永恆不變，完美無缺的真實（或本體）世界。而我們感官所能觸及的則是具有種種缺陷的現象世界。儘管柏拉圖也承認這個真實世界是不可言詮的，但是他畢竟還要從四面八方來描寫它。亞里斯多德的「最後之因」，或「最先的動因」（first unmoved mover）也是沿柏拉圖的途徑所做的探索。所以柏、亞兩師徒的努力最後非逼出一個至善的「上帝」的觀念不止。這是一切價值的共同來源。

但是希臘人是靠「理性」來追溯價值之源的，而人的理性並不能充分地完成這個任務。希伯來的宗教信仰恰好填補了此一空缺。西方文化之接受基督教絕不全出於歷史的偶然。無所不知、無所不能、無所不在的上帝正為西方人提供了他們所需要的存有的根據。宇宙萬物是怎樣出現的？存有是什麼？一切人間的價值是從何而來的？這些問題至此都獲得了解答。不過這種解答不來自人的有限的理性，而來自神示的理性（revealed reason）而已。神示和理性之間當然有矛盾，但是這個矛盾在近代科學未興起之前是可以調和的，至少是可以暫時相安的。中古聖托馬斯（St. Thomas）集神學的大成，其中心意義即在於此。西方的超越世界至此便充分地具體化了，人格化的上帝則集中了這個世界的一切力量。上帝是萬有的創造者，也是所有價值的源頭。西方人一方面用這個超越世界來反照人間世界的種種缺陷與罪惡，另一方面又用它來鞭策人向上努力。因此這個超越世界和超越性的上帝表現出無限的威力，但是對一切個人而言，這個力量則總像是從外面來的，個人實踐社會價值或道德價值也是聽上帝的召喚。如果換一個角度，我們也可以說，人必須遵行上帝所規定的法則，因為上帝是宇宙間一切基本法則的唯一創立者。西方所謂「自然法」（natural law）的傳統即由此而衍生。西方的「自然法」，廣義地說，包括人世間的社會、道德法則（相當於中國的「天理」或「道理」）和自然界的規律（相當於中國的「物理」）。西方超越世界外在於人，我們可以通過「自然法」的觀點看得很清楚。

在西方的對照之下，中國的超越世界與現實世界卻不是如此涇渭分明的。一般而言，中國人似乎自始便知道人的智力無法真正把價值之源的超越世界清楚而具體地展示出來。（這也許部分地與中國人缺乏知識論的興趣有關。）但是更重要地則是中國人基本上不在這兩個世界之間劃下一道不可逾越的鴻溝。西方哲學上本體界與現象界之分，宗教上天國與人間之分，社會思想上烏托邦與現實之分，在中國傳統中雖然也可以找得到蹤跡，但畢竟不佔主導的地位。中國的兩個世界則是互相交涉，離中有合、合中有離的。而離或合的程度則又視個人而異。我們如果用「道」來代表理想的超越世界，把人倫日用來代表現實的人間世界，那麼「道」即在「人倫日用」之中，人倫日用也不能須臾離「道」的。但是人倫日用祇是「事實」，「道」則是「價值」。事實和價值是合是離？又合到什麼程度？或離到什麼程度？這就完全要看每一個人的理解和實踐了。所以《中庸》說：「君子之道費而隱，夫婦之愚可以與知焉。及其至也，雖聖人亦有所不知焉。夫婦之不肖可以能行焉。及其至也，雖聖人亦有所不能焉。」在中國思想的主流中，這兩個世界一直都處在這種「不即不離」的狀態之下。佛教的「真諦」與「俗諦」

截然兩分，最後還是為中國的禪宗思想取代了。

禪宗普願和尚說「平常心是道」，這便回到了中國的傳統。「擔水砍柴無非妙道」，真諦、俗諦的間隔終於打通了，聖與凡之間也沒有絕對的界限。宋明理學中有理世界與氣世界之別，但理氣仍是不即不離的，有氣便有理，而理無氣也無掛搭處。

中國的超越世界沒有走上外在化、具體化、形式化的途徑，因此中國沒有「上帝之城」（City of God），也沒有普遍性的教會（universal church）。六朝隋唐時代佛道兩教的寺廟絕不能與西方中古教會的權威和功能相提並論。中國儒家相信「道之大原出於天」。這是價值的源頭。「道」足以照明「人倫日用」，賦予後者以意義。禪宗也是這樣說的。未悟道前是砍柴擔水，既悟道後仍然是砍柴擔水。所不同者，悟後的砍柴擔水才有意義，才顯價值，那麼我們怎樣才能進入這個超越的價值世界呢？孟子早就說過：「盡其心者知其性，知其性則知天。」這是走內向超越的路，和西方外在超越恰成一鮮明的對照。孔子的「為仁由己」已經指出了這個內向超越的方向，但孟子特提「心」字，更為具體。後來禪宗的「明心見性」、「靈山祇在我心頭」也是同一取徑。

內向超越必然是每一個人自己的事，所以沒有組織化教會可依，沒有有系統的教條可循，甚至象徵性的儀式也不是很重要的。中國也沒有西方基督教式的牧師，儒家教人「深造自得」、「歸而求之有餘師」，道家要人「得意忘言」，禪師對求道者則不肯「說破」。重點顯然都放在每一個人的內心自覺，所以個人的修養或修持成為關鍵所在。如果說中國文化具有「人文精神」，這便是一種具體表現。追求價值之源的努力是向內而不是向外向上的，不是等待上帝來「啟示」的。這種精神不但見之於宗教、道德、社會各方面，並且也同樣支配著藝術與文學的領域。所以「心源」這個觀念在繪畫和詩的創作上都是十分重要的。論畫有「外師造化，中得心源」的名言，論詩則說「憐渠直道當時語，不著心源傍古人」。這可以說是內向超越所必經的道路。

我無意誇張中、西之異，也不是說中國精神全在內化，西方全是外化。例外在雙方都是可以找得到的。但以大體而言，我深信中西價值系統確隱然有此一分別在。外在超越與內向超越各有其長短優劣，不能一概而論。值得注意的是中西文化的不同可以由此見其大概。這種不同到了近代更是尖銳化了。

前面曾指出，西方價值之源的超越世界，由於希臘理性與希伯來信仰的合流，在中古時期曾獲得暫時的統一，但是信仰與理性的合作終究不能持久。中古時代哲學是神學的婢女，理性處於輔佐信仰的地位。文藝復興以後，理性逐漸抬頭；特別是科學革命以來，理性已壓倒了信仰。西方的超越世界於是分裂了。科學解答了自然世界的奧祕，這是理性的大勝利。宇宙是有秩序、有規律的，可以通過人的理性來發現。理性的分量從此愈來愈重，人們對基督教的上帝的信仰相對地減輕了。牛頓仍然相信這個有秩序、有規律的宇宙是上帝創造的，但是自然科學的成功畢竟把上帝推遠了一大步。自然事實的價值源頭開始被切斷了。「自然法」（natural law）中的一大部分現在變成了「自然的規律」（laws of nature）。

康德的哲學最能反映西方兩個世界分裂和緊張的情況。康德是理性時代的最高產品，但是他卻要推究理性的限度何在。理性祇能使人知道現象界，而不是本體界。這便為上帝保留了地位，因為本體或物自體祇有上帝才能完全知道。（其基本假定是祇有創造者才能對其創造品有完全的知識。）康德又特別提出實踐理性來保證價值世界的客觀存在。他一方面承認人受經驗世界一切規律的支配，另一方面又規畫出一個自主、自由的價值世界。這兩個世界——一方面是事實世界、必然世界，另一方面是價值世界、自由世界——最後仍可統一在「上帝」這個觀念之下。人作為一種自然現象是在因果律支配之下，但作為一本體現象則是自由的。本體必預設上帝的觀念。康德的上帝觀自然大不同於中古以來傳統的舊說。他用批判理性來摧破了舊的形上學或思辨神學，亦同時建立了新的道德理論。

康德的哲學成就在近代是無與倫比的，但是他的努力仍未能挽救西方科學與宗教分裂的命運。他的「物自體」說、「先驗綜合原理」說，後世一直聚訟不已，至今仍處於信者自信、疑者自疑的狀態，而且疑者遠多於信者。十九世紀達爾文的生物進化論（或譯「演化論」）出世之後，上帝創造世界的信仰更受到了致命的打擊。一般號稱基督徒的西方人雖然進教堂如儀，但心中已沒有真實的上帝信仰。價值之源已斷，生命再無意義可言。所以尼采要借一個瘋人的口喊道「上帝死亡了」，「所有的教堂如果不是上帝的墳墓，又是什麼呢？」

一部西方近代史主要是由聖入凡的俗世化（secularization）的過程。政治、社會、思想當然也走向俗世化的途徑。十八世紀的思想家開始把自然法和上帝分開，轉而從人具有理性這一事實上重建自然法的基礎。但是西方近代文化在人世間尋找價值源頭的努力仍然遇到不易克服的困難，社會契約說所假定的「自然狀態」是一種烏托邦，不足以成為道德的真源。（最近勞爾思〔John Rawls〕所建立的「原始立場」〔original position〕說是這一方面的重要發展。）功利主義的快樂說過分注重效用與後果，又有陷入價值無源論的危險。在重要關頭，西方人往往仍不免要乞靈於上帝的觀念。美國「獨立宣言」把那些不容剝奪的「天賦人權」都說成是「不證自明的真理」（self-evident truths），因為人的基本權利是創世主（creator）的恩賜。甚至今天在一般西方人的觀念中，人權還是來自上帝。

現代的中國知識分子都認為西方近代文化從中古基督教權威中解放出來是一個最偉大的成就，因為我們心嚮往之的民主與科學便是在這一解放過程中發展出來的。這個看法當然是有根據的，但是我們不能誤解西方近代的俗世化是徹底地剷除基督教，更不能把科學和宗教看成是絕對勢不兩立的敵體。走「外在超越」之路的西方文化終不能沒有一個精神世界為它提供價值的來源。相反地，基督教經過宗教改革的轉化之後反而成為西方現代化的重要精神動力之一。以科學而言，伏爾泰（Voltaire）便曾說過，傳道師不過告訴孩子們有上帝存在，牛頓則向他們證明了宇宙確是上帝智慧的傑作。牛頓對上帝的深信不疑正是激勵他探求宇宙秩序的力量。據專家研究，十六世紀英國的醫學發展也得力於上帝的觀念。治病救人是響應上帝的召喚，發現人體機能的奧祕和藥物的本性也是執行上帝的使命。醫德和醫學研究的熱誠都源於對上帝的信仰。在政治社會思想方面，我們已指出「天賦人權」的觀念具有基督教的背景。根據白特菲（Herbert Butterfield）的觀察，西方近代的個人主義和近代基督教的發展有密切的關聯。宗教改革以後，各種教派興起，彼此相持不下，於是才出現了「良心的自由」（freedom of conscience）的觀念。這是個人主義（個人自做主宰）的一個重要構成部分。我們還可以補充一點，「容忍」這一重要觀念也是在這一宗教背景之下產生的。再就資本主義的興起來說，韋伯（Max Weber）關於新教倫理的理論已成為大家耳熟能詳的常識了。韋氏理論引起的辯難很多，但他的基本論點並未被推翻。英國的陶奈（R. H. Tawney）在重新檢討了這個問題之後，依然肯定清教徒的倫理觀對英國的勞動和企業精神的興起發生了決定性的刺激作用。不但如此，英國清教徒不肯向國教屈服的精神（nonconformity）對英國民主的發展貢獻尤為重大。

由此可見基督教在西方近代文化中有兩重性格：制度化的中古教會權威在近代科學的衝擊之下已徹底崩潰了，但是作為價值來源的基督教精神則仍然瀰漫在各個文化領域。外在超越型的西方文化不能完全脫離它，否則價值將無所依託。啟蒙運動時代西方文化思想家所攻擊祇是教會的專斷和腐敗，而非基督教所代表的基本價值。反教會最烈的伏爾泰，據近人的研究，其實是相信上帝的。尼采和齊克果（Kierkegaard）都曾公開著書反對基督教，但是他們對原始教義仍然是尊重的。他們祇是不能忍受後世基督徒的庸俗和虛偽。尼采認為古今祇有一個真正的基督徒，但已釘死在十字架上了。他把耶穌（Jesus）和基督（Christ）一分為二，其用意即在此。現代西方的神學家也接受了他的分別。

以上是對西方現代化的一個極簡要的說明。從這個說明中，我們可以確切地瞭解到西方所走的途徑是受它的特殊文化系統所限定的。中國的歷史文化背景與西方根本不同；這就決定了它無法亦步亦趨地照抄西方的模式。但是近代中國的思想界卻自始便未能看清這點。康有為提倡成立孔教會，顯然是要模仿西方政教分立的形式。事實上中國既屬於內向超越的文化型，其道統從來便沒有經過組織化與形式化。臨時見異思遷是注定不可能成功的。由於中國的價值與現實世界是不即不離的，一般人對這兩個世界不易分辨。因此「五四」以來反傳統的人又誤以為現代化必須以全面地拋棄中國文化傳統為前提。他們似乎沒有考慮到如何轉化和運用傳統的精神資源以促進現代化的問題。中國現代化的過程因此而受到嚴重的思想挫折，是今天大家都看得到的事實。「五四」的知識分子要在中國推動「文藝復興」和「啟蒙運動」，這是把西方的歷史機械地移植到中國來了。他們對儒教的攻擊即在有意或無意地採取了近代西方人對中古教會的態度。換句話說，他們認為這是中國「俗世化」所必經的途徑。但事實上，中國的現代化根本碰不到「俗世化」的問題，因為中國沒有西方教會的傳統，縱使我們勉強把六朝隋唐的佛教比附於西方中古的基督教，那麼禪宗和宋明理學也早已完成了「俗世化」的運動。中國的古典研究從來未曾中斷，自然不需要什麼「文藝復興」；中國並無信仰與理性的對峙，更不是理性長期處在信仰壓抑之下的局面，因此「啟蒙」之說在中國也是沒有著落的。康德在〈什麼是啟蒙？〉一文中開頭便標舉「有運用理性的勇氣」一義。這是西方的背景。宋明理學的一部分精神正在於此。理學中的「理」字雖與西方的reason不盡相同，但相通之處也不少，所以中國人用「理性」兩字來譯reason，西方人也往往用reason一字來譯「理」字。我絕不是說「五四」時代對中國傳統的攻擊完全是無的放矢，更不是說中國傳統文化毫無弊病。「五四」人物所揭發的中國病象不但都是事實，而且尚不夠鞭辟入裡。中國文化的病是從內向超越的過程中長期積累而成的。這與西方外在超越型的文化因兩個世界分裂而爆發的急症截然不同。中、西雙方的病象雖有相似之處，而病因則有別。「五四」人物是把內科病當外科病來診斷的，因此他們的治療方法始終不出手術割治和器官移植的範圍。

這裡不是討論中國文化的缺點的地方。相反地，我要從正面說明中國文化的內向超越性在現代化的過程中所已經發生或可能發生的作用。中國人的價值之源不是寄託在人格化的上帝觀念之上，因此既沒有創世的神話，也沒有包羅萬象的神學傳統。達爾文的生物進化論在西方引起強烈的抗拒，其餘波至今未已。但進化論在近代中國的流傳幾乎完全沒有遭到阻力。其他物理、化學、天文、醫學各方面的知識，中國人更是來者不拒。我們不能完全從當時人要求「船堅炮利」的急迫心理上去解釋這種現象，因為早在明清之際，士大夫在接受耶穌會所傳來的西學時，他們的態度已經是如此了。十七世紀初年中國名士如虞淳熙、鍾始聲、李生光等人攻擊利瑪竇的《天學初函》（此書一半神學、一半科學），其重點也完全放在神學方面，至於科學部分則並未引起爭端。前面已提到，中國人認定價值之源雖出於天而實現則落在心性之中，所以對於「天」的一方面往往存而不論，至少不十分認真。他們祇要肯定人性中有善根這一點便夠了。科學知識不可避免地要和西方神學中的宇宙論、生命起源論等發生直接的衝突。但是像「天地之大德曰生」、「生生不已」、「一陰一陽之為道」、「人之異於禽獸者幾希」這一類中國的價值觀念和價值判斷，卻不是和科學處在尖銳對立的地位。不但不對立，而且還大有附會的餘地，譚嗣同的「仁學」便是一個最好的例證。譚氏用舊物理學中「以太」的觀念來解釋儒家的「仁」；用物質不滅、化學元素的觀念來解釋佛教的「不生不滅」。我們可以從這個實例看出近代中國人比較容易接受西方的科學知識確與其內向超越的價值系統有關。中國文化中沒有發展出現代科學是另一問題，但是它對待科學的態度是開放的。換句話說，內向超越的中國文化由於沒有把價值之源加以實質化（reified）、形式化，因此也沒有西方由上帝觀念而衍生出來的一整套精神負擔。科學的新發現當然也會逼使中國人去重新檢討以致修改傳統價值論的成立的根據，但是這一套價值卻不致因科學的進步而立刻有全面崩潰的危險。

在西方近代俗世化的歷史進程中，所謂由靈返肉、由天國回向人間是一個最重要的環節。文藝復興的人文主義者首先建立起「人的尊嚴」的觀念（如辟柯〔Pico〕〈關於人的尊嚴演講詞〉，約寫於一四八六年）。但是由於西方宗教和科學的兩極化，人的尊嚴似乎始終難以建築在穩固的基礎之上。傾向宗教或形而上學一方面的人往往把人的本質揚舉得過高；而傾向無神論、唯物論、或科學一方面的人又把人性貶抑得過低。近來深層心理學流行，有些學者專從人的「非理性」的方面去瞭解人性，以致使傳統「人是理性的動物」的說法都受到了普遍的懷疑。所謂「人文主義」（humanism）在西方思想界一直都佔不到很高的地位。沙特的人文主義中的「人的尊嚴」祇剩下一個空洞的選擇自由，事實上則人生祇有空虛與徬徨。海德格（Heidegger）反駁沙特「存在先於本質」之說，認為人文主義低估了人的特殊地位。所謂人的特殊地位是指人必須依附於至高無上的「存有」（Being）。但他的「存有」則是一個最神祕不可解的觀念。我看「存有」祇能是「上帝」的替身，或「上帝」的影子，儘管他自己一再申明「存有」不是「上帝」。否則「存有離人最近、也最遠」之類的話便很難索解了。另一方面，他又說人類已忘記了「存有」，而「存有」也離人而去。所以人在世間變成了「無家可歸」的情況。由此可見，海氏雖極力要把人提高到「存有」——其實即上帝——的一邊，最後還是落下塵埃。人的尊嚴依然無所保證。這是西方在俗世化過程中建立「人的尊嚴」所無法避免的困難。

中國文化正因為沒有這一俗世化的階段，人的尊嚴的觀念自孔子以來便鞏固地成立了，兩千多年來不但很穩定，而且遍及社會各階層。孔子用「仁」字來界定「人」字，孟子講得更細些，提出仁義禮智的四端，後來陸象山更進一步提出「不識一字也要堂堂做一個人」的口號。中國人大致都接受這種看法。孟子說「人皆可以為堯舜」，荀子說「塗之人可以為禹」，佛教徒竺道生也說「一闡提可以成佛」，都是說人有價值自覺的能力。所以中國的「人」字最有普遍性，也無性別之分。如果語言文字能夠反映文化的特性，那麼單是這個「人」字的發現和使用就大有研究的價值。聖人固然是「人」，小人也還是「人」，其中的分野便在個人的抉擇。有知識、有地位、有財富並不能保證人格也一定高，所以《論語》上有「小人儒」、「為富不仁」的話。

我當然不否認中國傳統社會上人有等級、職業種種分別分化的事實，但那完全是另一不同的問題。我在這裡特別強調的祇是一點，即在中國文化的價值系統中，人的尊嚴的觀念是遍及於一切人的，雖奴隸也不例外。我們知道，亞里斯多德的社會理論中是肯定了奴隸這一階級的。中國的社會思想自始便否認人應該變成奴隸。其主要根據便是「天地之性人為貴」的觀念。兩漢禁奴隸的詔令開首常常引用這句話。陶淵明送一個僕人給他的兒子，卻寫信告訴他：「此亦人子也，當善遇之。」唐代道州刺史陽城抗疏免道州貢「矮奴」，當時和後世傳為佳話。白居易特歌詠其事於「新樂府」，「道州水土所生者，祇有矮民無矮奴」，便成了兩句有名的詩句了。康德的倫理哲學強調人必須把人當作目的，不是手段；又說：除非我願意我行事的根據成為普遍的道德法則，否則我將不那樣做。這是西方近代的觀念。但中國儒家的思想向來便是如此。康德的道德法則更合乎孔子的「己所不欲，勿施予人」。比基督教的「己所欲，施予人」的金律（Golden Rule）更為合理。所以伏爾泰有時引孔子的話來代替基督教的「金律」。人人把別人當人，這是現代自由社會的普遍信念。民主理論也建築在這個觀念上面。近代西方人常講的人是生而平等的、生而自由的這些話無非都是從這一基本觀念中所衍生的。所以僅就人的尊嚴一點而言，中國文化早已是現代的，不必經過俗世化才能產生。習慣於西方知識論思路的人也許要問：我們怎麼知道「天地之性人為貴」呢？這一論斷有科學的根據嗎？中國思想史上關於人的道德本性的問題曾有過很多的論證，這裡不必詳舉。但是哲學論證是次要的，科學的證據尤屬題外，這一點康德早已分析得很明白了。其實在中國人看來，這根本不構成一問題。古今無數道德實踐的實例已足夠證明人是天地間唯一具有價值自覺能力的動物了。中國人的邏輯——知識論的意識向不發達確是事實，但這個問題至少到今天為止還不是邏輯——知識論所能充分解答的；也不是經驗科學所能完全證實或否證的。所以今天還沒有絕對性的科學證據非要求中國人立刻放棄這種信念不可。這裡我們再度看到內向超越的價值論的現代意義。

整個地看，中國文化祇對價值的超越源頭做一般性的肯定，而不特別努力去建構另外一個完善的形而上的世界以安頓價值，然後再用這個世界來反照和推動實際的人間世界。後者是西方文化的外在超越的途徑。在實際的歷史進程中，西方的外在超越表現了強大的外在力量。西方人始終感到為這股超越外在的力量所支配、所驅使。亞里斯多德的「最後之因」、「不動的動者」、中古基督教的「神旨」（Providence）、黑格爾的「精神」或「理性」、馬克思的「物」，以至社會科學家所講的歷史或社會發展的規律，都可以看作同一超越觀念的不同現形。英人柏林（Isaiah Berlin）把它們統稱之為「巨大的超個人的力量」（這是借用艾略特〔T. S. Eliot〕的話）。這種力量要通過人來實現它自己的價值，而人在它的前面則祇有感到無可奈何，感到自己的渺小。所以深一層看，西方近代的俗世化其實並沒有能改變它的價值世界的結構。科學家從前門把「上帝」驅逐了出去，但是「上帝」經過各種巧妙的化裝後又從後門進來了。

我們可以說中國文化比較具有內傾的性格，和西方式的外傾文化適成一對照。內傾文化也自有其內在的力量，祇是外面不大看得見而已。內在力量主要表現在儒家的「求諸己」、「盡其在我」，和道家的「自足」等精神上面，佛教的「依自不依他」也加強了這種意識。若以內與外相對而言，中國人一般總是重內過於重外。這種內傾的偏向在現代化的過程中的確曾顯露了不少不合時宜的弊端，但中國文化之所以能延續數千年而不斷卻也是受這種內在的韌力之賜。《大學》說「知止而後有定，定而後能靜，靜而後能安，安而後能慮，慮而後能得」。這段話大致能說明內傾文化的特性所在。這裡止、定、靜、安等本來都是指個人的心理狀態而言的，但也未嘗不適用於中國文化的一般表現。十八世紀以來，「進步」成為西方現代化的一個中心觀念。從「進步」的觀點看，安定靜止自然一無足取。黑格爾看不起中國文化的主要根據之一便是說中國從來沒有進步過。「五四」時代中國人的自我批判也著眼於此。我個人也不以為僅靠安定靜止便足以使中國文化適應現代的生活。中國現代化自然不能不「動」、不「進」，在科學、技術、經濟各方面尤其如此。但是今天西方的危機卻正在「動」而不能「靜」、「進」而不能「止」、「富」而不能「安」、「亂」而不能「定」。最近二、三十年來，「進步」已不再是西方文化的最高價值之一了。一九六〇年哥倫比亞大學的史學教授克勞夫（Shepard B. Clough）寫《西方文明的基本價值》（*Basic Values of Western Civilization*）一書時曾列專章頌揚「進步」的觀念，但是一九八〇年同一大學的史學教授倪思貝（Robert Nisbet）寫《進步觀念史》（*History of the Idea of Progress*）一部大書，在結尾時卻宣布「進步」的信念至少在今天的西方已經不再是天經地義了。他列舉了許多著名學者（特別是科學家）對科技發展和經濟成長的深切懷疑。物質上的進步與精神上的墮落恰好是成比例的。這對許多依然迷信物質進步的非西方人士而言，不啻是一個當頭棒喝。倪思貝本人最後寄望於宗教力量的復甦。他並認為已在西方，尤其是美國，看見了這種動向。我們固不必完全同意倪氏的預測，然而現代生活中物質豐裕和精神貧困的尖銳對照則是有目共睹的。存在主義所揭發的關於現代人心理失調的種種現象如焦慮、怖慄、無家感、疏離感等，更是無可否認的。如果說在現代化的早期，安、定、靜、止之類的價值觀念是不適用的，那麼在即將進入「現代以後」（Post-modern）的現階段，這些觀念則十分值得我們正視了。

以上我們對中國文化的價值系統及其現代的意義做了一番整體性的觀察。在這個基礎上，讓我們再提出四個問題來檢討這個價值系統在個別的文化領域內的具體表現。

## 一、人和天地萬物的關係

這裡無法詳論中國人對自然的看法，重點祇能放在中國人對自然的態度上面。李約瑟（Joseph Needham）認為中國人把自然看作一種有機體（organism）而不是一件機器（machine），這個看法大致上是可以接受的。西方的自然觀先後有兩大型：希臘時代是有機觀，十六、十七世紀到十九世紀是機械觀。現代生物學、新物理學興起以後，兩者又有混合的趨勢。無論如何，說中國沒有機械的自然觀是不致太錯的。就人與自然的關係而言，我們大概可以用「人與天地萬物為一體」來概括中國人的基本態度。這一觀念最早是由名家的惠施正式提出的，莊子曾加以附和，中間經過禪宗和尚的宣揚（如慈照禪師云：「天地與我同根，萬物與我一體。」），最後進入了宋、明理學的系統，所以這可以說是中國各派思想共同觀念。但是天地萬物（包括人在內）都不同，何以能成為一體呢？這就要說到中國特有的「氣」的觀念。天地萬物都是一「氣」所化；在未分化以前同屬一「氣」，分化以後則形成各種「品類」，至於分化的過程，則中國人的一般總是以陰、陽、五行來做解釋。那麼「氣」又是什麼？這是無法用現代西方觀念來解說的一個名詞，簡單地說「氣」是有生命的，但既非所謂「心」，更不是所謂「物」。希臘人雖把自然看作有機體，但這個有機體是由「心」（或「靈魂」）、「物」兩種元素合成的。這與中國「氣」的宇宙觀仍然大有區別。中國人是相信「天地之大德曰生」、「生生不已」的，因此天地萬物的運行，便是一「氣」的聚散生化的無窮過程。人也在天地萬物之內，不過他是萬物之「靈」，所以能「贊天地之化育」。所謂「人與天地萬物一體」或「天人合一」，其比較確切的涵義即在此。這種宇宙論若嚴格地用哲學尺度去檢查當然含有種種困難。但是我們在此可不必細究。值得注意的是，兩千多年來中國人大體上都接受了這種看法。從這一看法出發，中國人便發展出「盡物之性」、「萬物並育而不相害」的精神。中國人當然也不能不開發自然資源以求生存，因而有「利用厚生」、「開物成務」等等觀念。但「利用」仍是「盡物之性」，順物之情，是盡量和天地萬物協調共存，而不是征服。這是與西方近代對自然的態度截然相異之處。

中國在近兩、三百年科學技術落後於西方，這是大家所公認的事實。而科學、技術的突飛猛進正是現代化的一個主要特徵。從這一點來說，中國文化斷然是和現代生活脫了節的。所以中國必須吸收西方的科技，早已成為定案。李約瑟雖編寫了一部《中國科學技術史》的巨著，仍不能證明中國已有現代的西方科技。事實上，如果我們平心靜氣地細讀李氏的著作，我們便不能不承認傳統中國的技術是遠多於科學的。這裡我們必須將科學和技術加以區別，儘管二者的關係是非常密切的。技術屬於應用的範圍，是可以從經驗中摸索而得的，而且往往是知其然而不知其所以然的。科學則是對於自然現象各方面的規律進行系統的研究，不但要有精密的方法和工具，並且還必須有精確的理論說明。西方文化在這一點上則特顯精采。中國何以缺乏系統的「科學」是一個非常不易解答的問題，撇開歷史背景、社會經濟型態種種外緣不談，我們至少也應該從文化價值系統上對這個問題加以探索。無論就數學、天文、物理、生物各部門的成績或系統分類言，西方的科學在希臘時代便已超過中國。祇有在實用技術方面，中國在十七世紀以前尚不甚遜色而已，我們究竟怎樣來說明這一事實呢？

我認為西方文化的外傾精神有助於系統科學的發展，而中國文化的內傾精神則不積極地激勵人去對外在世界尋求系統的瞭解。這句話認真討論起來當然不易。簡單地說，畢達哥拉斯（Pythagoras）用抽象的數學形式來解釋事物活動的外在結構是西方最早的一次科學革命。這是西方人第一次從數學觀點來解決物理問題。（這是根據柯靈烏〔R. G. Collingwood〕在《自然的觀念》〔*The Idea of Nature*〕中的說法。）柏拉圖根據畢氏的數學形式的觀念發展出「理型說」，把世界一分為二，於是更進一步奠定了西方思想的外在超越的途徑。他認定世界的秩序和規律是「上帝」加以安排的結果，這就提供了一個超越的觀點，可以使人全面地去理解天地萬物。希臘著名的數學家和物理學家阿基米德（Archimedes）曾說：「給我一個立足點，我可以轉動整個宇宙。」外在超越的精神推動系統科學的進展，從阿基米德這句話中生動而形象化地表現了出來。牛頓以後西方的機械自然觀的成立仍然是淵源於這一外在超越的觀點。自然世界是上帝所造的一種機器——如鐘錶，科學家的任務便是要發現這種機器是怎樣構成的、怎樣運作的。

中國的兩個世界是不即不離的，天與人是合德的，盡性即知天，所以要求之於內。六合之外可以存而不論。荀子有「制天」、「役物」的觀念，在儒家思想中已是例外。但是他仍然說：「君子敬其在己者，而不慕其在天者」。他的精神方面還是內傾而不是外傾的；超越的外在觀點依然沒有建立起來。這當然不是說，中國幾千年來沒有個別的外傾型的思想家，如宋代的沈括便是其一。西方也不是完全沒有內傾型的思想家，如晚期斯多噶派（Stoics）三哲（西尼加〔Seneca〕、愛比克泰德〔Epictetus〕、奧里略〔Marcus Aurelius〕）強調德性自足，明顯地有由外轉內的傾向。但大體而言，中國思想確是比較實際的、貼切於人生的，有內在系統而無外在系統的。抽象化、理論化、邏輯化的思考方式不是中國的特色，也不受重視。張載比較接近西方式的系統思考，因此二程批評他「不熟」，說他「有苦心極力之象」。這裡並不是誰比誰高明的問題，而是彼此用心的對象不同。內傾文化注重人文領域內的問題，外傾文化注重人文領域以外（自然）或以上（宗教）的問題。但是由此可見中國之所以發展不出科學是具有文化背景的。（必須注明，我並不是主張文化價值決定論，其他外緣因素也應該考慮在內。此處祇是特別指出科學與文化價值有關而已。）西方的科學的突飛猛進雖是近兩、三百年的事，可是它的源頭卻必須上溯至希臘時代。中國如果要在這一方面趕上世界水平，祇有走「西化」之路。從這個特定的問題上，現代化和西化是同義語。

但是由於中國也有因實用需要而發展出來的技術傳統，因此我們容易把科學和技術混為一談。（「科技」這個含混名詞，在我的瞭解中不是指科學和技術，而是指科學性的技術。）基本科學的研究不以實用為最高目的，而是為真理而真理、為知識而知識的。這是運用理性來解釋世界、認識世界的。至於科學真理具有實用性則是次一級的問題。三百多年前培根（Francis Bacon）曾提出兩個關於科學的夢想：一是用科學的力量來征服宇宙，一是通過科學知識以認識世界的真面目。後者是基本科學的研究，前者便是技術發展。但培根的真正興趣是在用「科技」來征服和宰制自然，所謂「知識即權力」的口號便導源於培根。所以嚴格地說，培根對待自然的態度是西方現代化的主要內容之一。這應該和基本科學研究分別開來。運用理性以獲得真理是西方文化自希臘以來的一貫精神，是外在超越的西方價值系統的一種具體表現。它是超時間的（至少到現在為止），因而不存在所謂「現代化」的問題。

中國「五四」以來所嚮往的西方科學，如果細加分析即可見其中「科學」的成分少而「科技」的成分多，一直到今天仍然如此，甚至變本加厲。中國大陸提出的「四個現代化」全是「科技」的方面的事。中國人到現在為止還沒有真正認識到西方「為真理而真理」、「為知識而知識」的精神。我們所追求的仍是用「科技」來達到「富強」的目的。但是今天西方人已愈來愈不把「科技」看作正面的價值了。原子毀滅的危險、自然生態的破壞、能源的危機等都是對人類文明構成非常真實的威脅。最可怕的是「科技」不但征服了世界，而且也宰制了人。這是當年培根所無法夢見的後果。人已不是「科技」的主人，而變成了它的奴隸，用海德格的名詞說，是「科技」的「後備隊」（standing reserve）。西方思想家現在已從多種角度來指陳這種「科技」宰制世界的危機了。但我認為存在主義或「批判理論」所說的千言萬語似乎都不及莊子下面這段話能一語中的。莊子說：「有機械者必有機事，有機事者必有機心。機心存於胸中則純白不備，純白不備則神生不定。神生不定者，道之所不載也。」這裡所說的機械是指汲井水用的枯槔，是一種最簡單的原始工具。道家非不知其便利，但他們要預防的是「機心」。「科技」主宰了人便正是「機心」代替了「人心」。人雖發明了「科技」而終於變成「科技」的「後備隊」，這便是我們現在常常聽到的所謂「疏離」或「異化」（alienation）。道家對文化採取否定的態度，「科技」更不在話下。我引《莊子》這段話當然不是無條件地拒斥現代「科技」，因為那是不可能的，而且也是愚蠢的。但是在「戡天役物」的觀念已瀕臨破產的今天，莊子的話卻大足以發人深省。「人與天地萬物一體」的態度誠然不是「現代的」，然而卻可能具有超現代的新啟示。

## 二、人和人的關係

這個問題應當包括個人與個人之間、個人與群體之間，以及不同層次的社群之間的關係。但這裡祇能就根本原則簡單地談一談，詳論是不可能的。人與人之間的關係中國一直稱之為「人倫」。「倫」字意思後世的注家說是「序」，即表示一種秩序。孟子說：「使契為司徒，教以人倫：父子有親，君臣有義，夫婦有別，長幼有序，朋友有信。」這五倫大致包括了社會上最常見的幾種個人關係。雖不完備，但主要類型已具。例如其中「朋友」一倫可以包括師生，「長幼」可以包括兄弟。五倫關係有互相關聯的兩點最值得我們注意：第一是以個人為中心而發展出來的。個人的關係不同，則維繫關係的原則也不同，如「親」、「義」等即是。第二是強調人與人之間的自然關係，因此五倫始於父子。其中君臣一倫在現代人眼中雖然不是自然的，但在堅持「無父無君是禽獸也」的孟子看來，仍然是自然的。赫爾德從自然關係（natural relations）的觀點出發，也肯定了父子、夫婦、兄弟、朋友四倫。但他認為國家（state）是不自然的統治關係，所以獨不取「君臣」一倫。這不但由於時代不同，而且更由於歷史背景不同。中國古代的「封建」本是從家庭關係中延伸出來的，孟子視之為自然是可以理解的。甚至崇尚自然的莊子也明說君臣之義「無所逃於天地之間」。我在這裡不是要證明君臣關係是否合理的問題。事實上除非我們主張無政府主義或到達了真正的大同世界，否則君臣（即現代所謂「上司與下屬」、「領導與下級」、或「老闆與僱員」之類）的關係總歸是存在的。我的主要意思祇是想指出一個歷史事實，即孟子、莊子的時代，中國人一般是把五倫解釋作自然關係而已。必須指出，後世中國人也已看到君臣一倫不是自然關係。曹丕問：「君父各有篤疾，有藥一丸，可救一人，當救君耶？父耶？」當時在座賓客議論紛紛。後來邴原悖然對曰：「父也。」（《三國志・魏書・卷十一・邴原傳》注引〈原別傳〉）這顯然是以父子為「自然關係」，君臣則是「非自然關係」。有人問朱子：「獨於事君謂之忠，何也？」朱子答道：「父子、兄弟、朋友皆是分義相親。至於事君，則分際甚嚴。人每若有不得已之意，非有出於忠心之誠者。」（《朱子語類・卷二十一》）「人每若有不得已」一語更是對這種「非自然的關係」的生動描寫。

現代社會學家往往根據中國重視個人關係這一點而判斷中國的社會關係祇有「特殊性」（particularistic）而無「普遍性」（universalistic）。這種看法於是又變成了中國社會是傳統性而非現代性的論據。我個人對這一論點深為懷疑，以實際情形言，「特殊主義」和「普遍主義」是任何社會中都同時存在的現象，美國、英國同樣有個人關係發生決定性作用的實例。以文化價值而言，中國和西方都有最高的普遍原則，適用於一切個人。這在西方可以「公平」（justice）為代表，在中國則是「仁」（後來是「理」）的概念。「公平」和「仁」當然有不同，這是由外傾文化與內傾文化的差異而衍生的。「公平」是一個法律觀念，其源頭在上帝立法說，這是外在超越的取向。「仁」是一個道德觀念，其根據在心性論，這是內向超越的取向。西方人相信人是上帝創造的，所以必須服從上帝所立的法條。洛克（John Locke）曾清楚地指出：一個人若是由另一人（即指上帝）所創造，那麼他便有義務服從他的創造者所訂下的教戒（precepts）。今天勞爾思在他的《公平理論》（*A Theory of Justice*）中仍然承認這是一個具有通性（generality）的原則，儘管初看起來似乎有問題。這一通則應用在西方社會絕不致發生困難，因為他們祇承認他們的生命是上帝所賜的，而且上帝祇有一個。試問這一通則用之於不信上帝的中國社會將發生怎樣的後果？孔子的「仁」包括了「孝」的觀念，從西方的觀點看似乎走入了「特殊性」的歧途。但是如果我們一字不易地套用洛克的原則，那麼豈不恰好證明了孔子「三年無改於父之道，可謂孝矣」這句話是合乎「公平」的理論？因為中國人向來是相信「父母生我」的。中國法律上父權很重，子孫不孝或違反教戒而為祖或父所扑責致死，罪也很輕，甚至不構成毆殺罪。其根據即在洛克所說的原則。但若認為人是「天」所生，父母祇有「托氣」的媒介作用，則父亦不能殺子。《白虎通》便如此說。這也預設了洛克的原則。問題當然不這樣簡單，我也不是在這裡提倡「三年無改於父之道」的「孝道」。我要說明的是：「仁」與「公平」都是普遍性的價值，其不同乃是由於不同的文化有不同的價值預設。中國價值系統因為沒有預設客觀化的、形式化的「上帝」的觀念，因此法律沒有絕對的神聖性，也佔不到最高的位置。但是作為次一級的觀念，「法」仍然是有普遍性的。孟子的著名假設——瞽叟殺人，皋陶執法，舜負其父逃之海濱——便是承認法律有普遍性的一種表示。不過因為「法」不是中國價值系統中的最高權威，因此必須與另一基本價值——「孝」——取得協調。孔子對「其父攘羊，其子證之」的反應也說明同一原理。「父為子隱，子為父隱，直在其中」是中國價值系統下的「公平」。(「直」即是「公平」之義。)

在個人與群體之間，以及不同層次的社群之間的關係方面，中國的價值系統也同樣以個人的自然關係為起點。《大學》中「修身、齊家、治國、平天下」便是這個系統的最清楚而具體的表現。政治社會的組織祇是人倫關係的逐步擴大，即以個人為中心而一倫一倫地「推」出去的。在各層社會集合之中，「家」無疑是最重要最基本的一環，「國」與「天下」也都是以「家」為範本的。所以有「國家」、「天下一家」、「四海之內皆兄弟」之類的觀念。這是重視自然關係所必至的結論。人類的集合如果是出於自然關係的不斷擴大，那麼「國」便不能是止境，最後必然要推到「天下大同」。「天下」意識的出現雖然與中國的歷史和地理背景有關，但「大同」則顯然是「仁」的價值觀念的最高體現。莊子說：「不同同之之謂大。」可見「大同」是肯定各種「不同」而達到一更高的綜合。

我們分析中國傳統的社會理論必須著眼於兩個基本元素：一是有價值自覺能力的

個人，一是基於自然關係而組成的「家」。「家」以外或以上的群體，如「族」、「國」、「天下」都是「家」的擴大，鄉黨、宗教團體、江湖結社也不例外。佛教號稱「出家」，但有趣的是中國佛教和尚的社會秩序仍靠宗法制度即「祖」、「宗」、「子」、「孫」、「侄」等一套觀念來維繫，不過在上面加一個「法」字而已，而且輩分的分別甚嚴。（清初木陳和尚打了檗菴和尚〔熊開元〕一掌，後來寫信給人說：「唯檗菴自任為靈巖法子，則靈巖亦是我家子侄，山僧尚可以家法繩之。」這是極顯著的例子。）後世常見譏刺「和尚何不出家」的笑話，即由此而起。社會組織以自然關係為主，不但儒家的持論如此，道家也是一樣。所以魏晉新道家堅持「名教」必須合於「自然」。（上引邴原的答案即是一例。）維繫自然關係的中心價值則是「均」、「安」、「和」之類。孔子說：「有國有家者，不患寡而患不均，不患貧而患不安，蓋均無貧，和無寡，安無傾。」既然都是「一家人」，關係是自然發展起來的，和諧相處應該是辦得到的。「和」不是整齊畫一，「君子和而不同」，所以「和」首先肯定了人有不同。「均」也不是機械的平均，而是均衡，「和」與「均」在中國的社會價值中的重要性可以從制度史上得到充分的說明。歷史上以「均」與「和」為名的制度多至不可勝數。（如均田、均稅、均役、均儒、和價、和羅、和買、和售、和市、和雇等。）

中國人當然不是無睹於自然與社會都有衝突的事實。均衡與和諧都不是容易獲致的，而是必須克服重重矛盾與衝突才能達到的境界。中國思想史上關於「致中和」、

「執中」的困難有無數的討論，正足以說明這一事實。但根據中國的社會觀，「和」、「均」、「安」才是常道，衝突與矛盾則屬變道。其關鍵正在中國人認為各層次的社群都和「家」一樣，是建立在自然關係的基礎之上。

近代中國知識分子常常根據西方的標準，追問中國傳統社會是「集體主義的」還是「個人主義的」。這個問題不容易答覆，因為西方標準在此並不十分適用。中國也有近似「集體主義」的社會思想，如墨子的「尚同」、「兼愛」，法家的「壹教」；也有近似「個人主義」的，如莊子的「在宥」。但是在社會政治思想方面，真正有代表性而且發生了實際作用的則以儒家為主體。道家、法家祇能居於次要的地位。儒家一方面強調「為仁由己」，即個人的價值自覺，另一方面又強調人倫秩序。更重要的是：這兩個層次又是一以貫之的，人倫秩序並不是從外面強加於個人的，而是從個人這一中心自然地推擴出來的。儒家的「禮」便是和這一推擴程序相應的原則。這個原則一方面要照顧到每一個個人的特殊處境和關係，另一方面又以建立和維持人倫秩序為目的。經典的定義都一致說：「禮者為異」或「禮不同」，它和「法」的整齊畫一是大有出入的，前面所提的「父為子隱，子為父隱，直在其中」，便是孔子用「禮」來調節「法」的一個實例。孔子又說：「道之以政，齊之以刑，民免而無恥。道之以德，齊之以禮，有恥且格。」合起來看便可知儒家是要追求一種更高的「公平」和更合理的「秩序」。這一更高的「公平」和「秩序」仍然是從有價值自覺的個人推擴出來的。「父為子隱、子為父隱」是為了引發竊盜者的「恥」心。「法」祇是消極的，祇能「禁於已然之後」；「禮」則是積極的，可以「禁於將然之前」。社會不能沒有法律，但法律並不能真正解決犯罪的問題。這是孔子的基本立場。所以他說：「聽訟，吾猶人也；必也使無訟乎？」

表面上看，「禮」好像傾向「特殊主義」，但「禮」本身仍是一個具有普遍性的原則，是適用於每一個個人的。子女不得上法庭為父母的罪案作證儘可以成一個普遍性的條文而無損於法律的公平。事實上，以前美國法律便禁止配偶互在法庭作證，不過動機和理論根據不同而已。

「禮」雖然有重秩序的一面，但其基礎卻在個人，而且特別考慮到個人的特殊情況。從這一點說，我們正不妨稱它為個人主義。不過這裡所用的名詞不是英文的「individualism」而是「personalism」，我認為前者應該譯作個體主義。社會上的個體是指人的通性，因而是抽象的。個人則是具體的，每一個個人都是特殊的，即所謂「人心不同，各如其面」，「物之不齊，物之情也」。「禮」或人倫秩序並不否定法律和制度的普遍性和客觀性，但卻不以此為止境，法律和制度的對象是抽象的、通性的「個體」，因而祇能保障起碼的公平或「立足點」的「平等」。「禮」或人倫秩序則要求進一步照顧每一個具體的個人。這一型態的個人主義使中國人不能適應嚴格紀律的控制，也不習慣於集體的生活。這種精神落實下來必然有好有壞。從好處說是中國人愛好自由，但是其流弊便是「散漫」、是「一盤散沙」。自由散漫幾乎可以概括全部的中國人的社會性格，不但文人、士大夫如此，農民也是如此。（精神當然也有社會的基礎，以中國農民言，絕大多數是小農。他們過的是「各人自掃門前雪」的生活，彼此通力合作的機會極少，這是中西農民歷史傳統的不同。歐洲中古農村往往有「公地」，是各家從事共同畜牧或其他經營的所在。因此歐洲農民尚有集體合作的習慣。中國周代所謂「井田」也許與此有類似之處，但秦、漢以後的小農經濟大體上都是各自為政的了。）一個具有自由散漫的性格的文化絕不可能是屬於集體主義的型態的。秦代法家曾企圖用嚴刑峻法來建立一個完全服從統治階級的農民與戰士的社會，其失敗可以說是注定了的。

以群體關係而言，中國文化在現代化的挑戰下必須有基本改變，是非常顯明的。在現代社會中政治與法律都是各自具有獨立的領域與客觀的結構，絕不是倫理——人倫關係——的延長。政治法律和倫理之間究竟應當怎樣劃分界線，又如何取得合理的協調？這是一個仍待研究的問題。中國傳統的經驗在此一問題上自然可以有重要的新啟示。但是我在這裡不能旁涉過遠。現在我祇想強調一點，即中國人必須認真吸收西方人在發展法治與民主兩方面的歷史經驗。我已指出，在內向超越的中國價值系統中，由於缺乏上帝立法的觀念，法律始終沒有神聖性。但西方現代的法律已逐漸以「理性」代替「上帝」了。中國人對於人有理性的說法並不陌生，因此沒有理由不能接受現代的法治觀念。清末沈家本革新中國法律已充分地證明了這一理論上的可能性。問題祇在我們如何培養守法的習慣而已。新加坡同樣是一個以華人為主體的社會，但英國人所奠定的法治基礎已毫無困難地由新加坡華人繼承了下來。這更從事實上證明了中國人實行法治絕無所謂「能不能」的問題。

中國傳統沒有發展出民主的政治制度。這尤其是近代中國知識分子鄙棄自己文化的最重要的根據。中國過去為什麼沒有產生民主制度是一個非常複雜的問題，此處也不可能詳論。不過我願意特別指出一項重要的歷史事實，即西方近代的憲政民主發源於英國，然後西歐各國繼起，總之，都是在比較小的國家成長的，美國則是唯一的例外，這是因為美國最初是由十三個殖民地聯合組成的。以每一殖民地而言，仍是小國寡民的局面。西方民主的遠源雖可溯自希臘，但是當時的民主祇是各種政治形式之一，而且品質不高。蘇格拉底便是雅典民主體制下的犧牲品，即使我們讚美雅典的民主，我們也必須認清雅典是一小城邦這個事實。西方近代民主並非直承希臘而來，因為古代城邦的民主傳統在漫長的羅馬和中古時期早已中斷了。近代民主是一個嶄新的制度，它確是隨資產階級的興起而俱來的，資產階級在與封建貴族和專制君主的長期爭持中，逐漸靠自己日益壯大的經濟和社會力量取得了政治權力與法律保障。這些特殊的歷史條件在傳統中國並不具備。中國自秦漢以來便統一在一個強大的皇權之下。一方面我們應該肯定這是一個偉大的文化成就，但另一方面我們也應該認清中國為這一成就所付出的代價。在強大的中央政府之下，貴族階級早就消滅了，工商階級和城市則因專賣和平準等制度而無法有自由發展的機會，中國的行會也不能和歐洲的基爾特（guilds）相提並論。隋、唐以來，行會主要是政府控制工商團體的工具。宗教勢力（如佛教）也通過「僧官」制度而納入中央政府的控制系統之下。在傳統中國，祇有「士」階層所代表的「道統」勉強可與「政統」相抗衡。但由於「道統」缺乏西方教會式的組織化權威，因此也不能直接對「政統」發生決定性的制衡作用。

以上是試對中國文化何以沒有發展出民主提出一些歷史的觀察，但這並不表示中國的政治傳統一直落後於西方。相反地，在西方近代民主未出現之前，中國一般的政治和社會狀況不但不比西方遜色，而且在很多方面還表現了較多的理性，十八世紀歐洲有些思想家認為中國的政治是「開明專制」的高峰，甚至體現了盧梭的「群意」（general will），雖不免溢美，卻也不全是無稽之談。舉例來說，科舉制度儘管有流弊，但是至少在理論上肯定了「士」的道德與知識的價值高於貴族的世襲身分和商人的財富。中國農民子弟確有機會通過科舉而入仕，這在西方中古時代是不能想像的。十六世紀摩爾（Thomas More）所設想的「烏托邦」才正式提出政治領導必須由有學問的人來承當。柏拉圖「共和國」中的統治集團（guardians）顯然是貴族階級。

從價值系統看，中國沒有民主仍然是和內向超越的文化型態有關。前面已說過，國家一向是被看成人倫關係的一個環節。價值之源內在於人心，然後向外投射，由近及遠，這是人倫秩序的基本根據。在政治領域內，王或皇帝自然是人倫秩序的中心點。因此，任何政治方面的改善都必須從這個中心點的價值自覺開始。這便是「內聖外王」的理論基礎。孟子對梁惠王、齊宣王講「仁心仁政」、朱子對宋孝宗講「正心誠意」，這顯然都是從人倫關係的觀點出發。在人倫關係中，「義務」（duty）是第一序的概念，「為人臣止於敬」、「為人子止於孝」、「為人父止於慈」都是「義務」概念的具體表現。盡了「義務」之後才談得到「權利」。此即「父父、子子、君君、臣臣」，從反面看則是「父不父則子不子，君不君則臣不臣」。子的義務即父的權利，臣的義務即君的權利，反之亦然。這和西方近代的法律觀點適得其反。中國人的權利意識一向被壓縮在義務觀念之下。以人倫關係而言，這是正常而健康的。西方的道德哲學家（如康德）也以「義務」為倫理學的中心觀念。但是倫理與政治在現代生活中都各自有相對獨立的領域，彼此相關而不相掩。所以分析到最後，中國人要建立民主制度，首先必須把政治從人倫秩序中劃分出來。這是一種「離則雙美，合則兩傷」的局面。分開之後，我們反而可以更看得清中國人倫秩序中所蘊藏的合理成分及其現代意義。新加坡近年來提倡「儒家倫理」正是由於這種分離的成功。

中國文化把人當作目的而非手段，它的個人主義（personalism）精神凸顯了每一個個人的道德價值；它又發展了從「人皆可以為堯舜」到「滿街皆是聖人」的平等意識以及從「為仁由己」到講學議政的自由傳統。凡此種種都是中國民主的精神憑藉，可以通過現代的法制結構而轉化為客觀存在的。法制是民主的必需條件而非充足條件；第二次大戰前的德國和日本都有法制而無民主。然而上列種種精神憑藉，儘管遠不夠完備，卻已足為中國民主提供幾項重要的保證。從長遠處看，我們還是有理由保持樂觀的。

## 三、人對於自我的態度

自我問題也是每一個文化發展到一定的階段所必然要出現的。中國人關於自我的看法，我們在上面的討論中已涉及了不少，此處再略加補充，以中國的內傾文化與西方的外傾文化在追尋「自我」的問題上也表現了顯著的差異。大體言之，西方人採取了外在超越的觀點，把人客觀化為一種認知的對象。人既化為認知對象，則多方面的分析是必然的歸趨。這種分析一方面雖然加深了我們對「人」的瞭解，但另一方面也不免把完整的「人」切成無數不相連貫的碎片。中國人則從內向超越的觀點來發掘「自我」的本質；這個觀點要求把「人」當作一有理性、也有情感的，有意志、也有欲望的生命整體來看待。整體的自我一方面通向宇宙，與天地萬物為一體；另一方面則通向人間世界，成就人倫秩序。孔子通過「仁」來認識「人」，便是強調一個整體的觀點。所以他從各種不同的角度來隨機指點「仁」的豐富涵義。這就表示人對自我的認識和人對外在萬物的認識不能採用相同的辦法。對於萬物的認識，我們主要是依賴「知」，但對於「人」（包括自我在內）的瞭解，我們不僅需要「知」，而且還需要「仁」。《中庸》

所謂「成己，仁也；成物，知也」，似乎正是表現此一分野。「仁」可以概括「知」，「知」並不能窮盡「仁」。

中西的對比當然祇是從大體而論的，我們絕不能說西方哲人都是從外在觀點來解答「人是什麼」的問題。事實上，蘇格拉底的態度便和孔子極為接近。蘇格拉底強調人與人密切交往的重要性。他採用對話的方式便正是表示祇有在主體互相問答之間才能發現關於「人」的真理。「人」不能客體化而變成認知的對象，蘇氏也表現了內向反省的精神，所以才有「不經反省的人生是毫無價值的人生」這句名言。此後從斯多噶派的奧里略到近代歐陸維護「精神科學」（Geisteswissenschaften）傳統的思想家以至「內省」（introspection）派的心理學家都多少承繼了蘇格拉底的精神。但是不可否認地，西方思想的主流並不在此一系。兩個世界分裂下的心物對立和知識論傳統下的主客對立始終阻礙著整體觀點的建立。行為科學興起以後，「人」終於和天地萬物同成為經驗知識的對象。

中國人的邏輯——知識論的意識比較不發達。若就對客觀世界的認識而言，這自然構成一種嚴重的限制。但失於彼者未嘗無所得於此。中國人因此對於自我以及天地萬物常能保持一種整體的觀點，而比較免於極端懷疑論的困擾。中國人對自我的存在深信不疑，由自我推至其他個人，如父母兄弟夫婦，則人倫關係的存在也無可懷疑。人與天地萬物為一體，由自我的存在又可推至天地萬物的真實不虛。自我在與其他人的關係中存在，也在與天地萬物的關係中存在，此存在並不是懸空孤立的。因此自我的存在，一方面是外在客觀世界存在的保證，另一方面外在客觀世界的存在也保證了自我存在的真實性。這是一種互相依存的關係。莊子因己之「樂」即可推出魚之「樂」，邵雍由「以我觀物」即可推到「以物觀物」，程明道「萬物靜觀皆自得，四時佳興與人同」的詩句也表現了同樣的觀念，儒、道兩家在這一方面並非分道揚鑣。即使是佛教那種精微的「空」的理論也未能動搖中國人的信念。西方懷疑論者否認客觀世界的真實，最後祇剩下一個「我思故我在」的孤懸的自我。這種態度對於中國人而言，始終是相當陌生的。中國人也不能像他們那樣認為自我必須斬斷與外在世界相維繫的鎖鏈才能享有真正的自由。這又是外在超越與內向超越截然相異的一點。在中國思想中，自我對外在世界的肯定以及對內在價值之源的肯定都不是知識論和邏輯所能完全保證得了的。人的認知理性終究是有它的限度的。康德的批判哲學窮究「理性」的限度，斷定本體界和道德法則都在經驗知識的範圍之外。康德的斷定在中國人看來是順理成章的，但在西方思想界卻並未獲得普遍的承認。

中國人相信價值之源內在於一己之心而外通於他人及天地萬物，所以反來覆去地強調「自省」、「自反」、「反求諸己」、「反身而誠」之類的功夫，這就是一般所謂的「修身」或「修養」。《孟子》和《中庸》都說過「誠者天之道，誠之者人之道」的話。所以「反身而誠」不是「獨善其身」的自私或成為佛家所謂「自了漢」。自我修養的最後目的仍是自我求取在人倫秩序與宇宙秩序中的和諧。這是中國思想的重大特色之一。西方僅極少數思想家如斯多噶派曾流露過這種觀點，但已在古代末期，不久即為基督教的觀點所掩蓋。祇有在中國思想史上，個人修養才一直佔據著主流的地位。修養的理論並不限於儒家一派，道家（包括道教）的「功過格」與佛家無不如此。孔子說：「自天子以至庶人，一是以修身為本」，可見「修身」絕不是上層統治階級的專利品。

人性中除了自私自利之外，是不是還有光輝高尚的一面？我們又怎樣才能發揮光輝的一面，控制黑暗的一面？中國人對這類問題的認識與解答，並不全靠知識論和邏輯，然而也不否認經驗知識有助於人的自我尋求與自我實現。《大學》標舉「格物」、「致知」為修身的始點，至少表示道德實踐也不能完全離開客觀知識。不過修養不能止於知識的層次；「知及之，仁不能守之，雖得之，必失之」。如何「守仁」便不純是知識的事了，此中大有功夫在。朱子在宋儒中最正視讀書明理，但是他卻一再說明「讀書祇是第二義的事」，最要緊的還是讀聖賢書之後，更進一步「切己體驗」，「向自家身上討道理」。總之，中國人基本上相信人心中具有一種價值自覺的能力。（無論我們稱它為「仁」，為「良知」或任何其他名目，所指皆同。）這種能力的存在雖然不是像客觀事物那樣可以由知識來證立，但每一個人都可以通過「反身而誠」的方式而感到它的真實不虛。人如果立志要「成人」或「為人」，不甘與禽獸處於同一境界，則必須用種種修養功夫來激發這一價值自覺的能力。而修養又祇有靠自我的努力才能獲得，不是經典或師友的指點所能代替的，後者祇有緣助的功用。這種一切依賴自己的修養觀念不僅深植於知識分子的心中，而且也流行於民間。早期道教有一種「守庚申」之說便是這一觀念的變相。晉代《抱朴子》已記載，人身中有一種「三尸」之「神」或「蟲」，於庚申日上天，言人罪過，所以必須守之不使上天。（灶神信仰亦是同類，不過所監督的是一家而不是一人的善惡而已。）一般平民或不能深解儒家「仁」或「良知」的理論，所以道教徒便用這種「神道設教」的辦法來傳播相當於儒家「自省」、「自反」，或「慎獨」的修養論。「守庚申」的信仰不但流布於中國民間，並且曾傳入日本，影響頗廣。（日人窪德忠有專書研究。）無論是「良知」還是「三尸」，總之人具有一種內在的精神力量，督促自我不斷向上奮鬥。

我們現在要問：中國人對自我的態度能夠與現代生活相適應嗎？我可以十分肯定地答道：中國人這種「依自不依他」的人生態度至少在方向上是最富於現代性的。我們在上面曾提到古代斯多噶派重視人的內在德性的主張在基督教的排斥之下趨於式微。基督教認為自我應完全託付給上帝。人在精神上要求完全自做主宰適成為「我慢」；「我慢」正是自我「解放」的最大障礙之一。在中古基督教的傳統中，個人必須通過代表上帝的教會和牧師才能獲救。人有罪過時也要向牧師懺悔自白，今天的天主教仍然保持這一傳統。所以西方人的精神解救主要是借助於專業牧師的外力，不靠自我的修持。（漢末道教初興時也有「省過」的方法，但六朝以後似未見普遍流行。）宗教改革以後的新教強調個人直接與上帝交通，這自然是基督教現代化的一個重要步驟。然而牧師傳教在西方社會中仍佔據著中心的地位。

十九世紀以來，西方基督教面臨種種危機，首先是科學的挑戰，前面早已提到了。其次是真正信徒對教會和牧師的懷疑。齊克果畢生以「如何成為一個真正的基督徒」自期。西方社會上流行的基督教在他看來全是虛偽。他以為信仰是全副生命的貢獻與託付，不容有絲毫懷疑與理性批判夾雜在內。信仰的關鍵則端在個人能否做出「決斷」；因為這是純屬意志與情感的事，與理性毫不相干。這種說法對於虔誠的基督徒自然能發生堅定信仰的作用。可是他又說他之所以信仰基督教則是因為它的教義是最「荒謬的」。（事實上齊氏是引用西元二至三世紀特圖良〔Tertulian〕的名言，指耶穌死而復活等神話而言。其意在強調信仰非理性所能解，而且比理性遠為確實可靠。）而且祇有最荒謬的東西才能使人用最大的熱情和誠意去信仰。我們不能否認，有些神學家也許會在這種徹底反理性的議論中看到「深刻的真理」，但是它之絕不能在一般常人心中發生「起信」的作用則是可以斷言的。這就毋怪尼采要發出「上帝已死亡」的宣告了。

上帝死亡以後的西方人已無法真正從牧師與教堂那裡獲得自我的解救了。而上教堂做禮拜如儀的芸芸眾生在齊克果之類人的眼中則都是全無真信仰的流俗。所以近幾十年來西方（特別是美國）心理病醫生和靠椅代替了牧師和教堂。精神上有危機的西方人已轉向「心理分析」去求「解放」與「自由」。佛洛依德的學說自然是二十世紀一大成就，但它是否真能代替傳統的宗教卻不無疑問。它診治的對象是文化所壓制的人的本能，在這一方面它確有效用。人性中除了本能以外是否還蘊藏著較高的精神因子呢？這個問題至少還沒有獲得人人共同承認的科學解答。史金納（B. F. Skinner）的極端行為主義心理學曾經轟動一時，但今天也許祇有極少數心理學家還繼續相信人和實驗室中的鴿子全無分別，相信人可以簡單地用「賞」、「罰」二柄來加以操縱控制。如果我們仍不願放棄人性中有光輝一面的信心，那麼心理分析最多也祇能解決人的一半（或大部分）的精神病症。

西方存在主義者強調現代人的失落、惶恐、虛無、認同危機種種實感，這些恐怕都與「上帝死亡」後價值之源沒有著落有關。佛洛依德學說和後來發展的深層心理學對於這一類的病痛似乎尚不能提出完全有效的診斷和治療。以往西方的宗教與哲學把人性揚之過高，現在的心理學又不免鑿之過深。這裡顯然有一個如何取得平衡的問題。佛洛依德把傳統道德文化看成壓抑性的，他的「超自我」（super-ego）或「良心」（conscience）即是此種道德的化身。他的深刻觀察是不可否認的，但是我們若把中國人所說的「仁」、「良知」和「超自我」完全等同起來，那便不免「失之毫釐，差以千里」了。其實佛氏也承認人具有一種「沒有任何內容的純罪感」（pure sense of guilt without any content），它存在於「超自我」與「良心」之前。這已為人性中高貴光輝的一面留下了一隙餘地。由於這一點不是他注意力集中的所在，因此沒有詳加發揮。佛氏的後學榮格（Carl G. Jung）在這一問題上反而較為平衡。他認為成年人的人格發展更為重要；而且人格是自我發展出來的。這顯然是接引人向上的心理學。榮氏特別欣賞亞洲宗教自由自在的風格，以為比基督教的整齊狹隘猶勝一籌。他因此對易經、禪宗都能相契。我們不難由此窺見中國人對自我的看法確有其現代意義的一面。

我們並不需要藉榮格或其他西方學者的讚美以自重，也不是說中國人的自我境界將可解除西方人「上帝死亡」後的困擾。我所要鄭重指出的是中國傳統的自我觀念祇要稍加調整仍可適用於現代的中國人。在外在超越的西方文化中，道德是宗教的引伸，道德法則來自上帝的命令。因此上帝的觀念一旦動搖，勢必將產生價值源頭被切斷的危機。在內向超越的中國文化中，宗教反而是道德的引伸，中國人從內心有價值自覺的能力這一事實出發而推出一個超越性的「天」的觀念。但「天」不可知，可知者是「人」，所以祇有通過「盡性」以求「知天」。對此超越性的「天」，中國人並不多加揣測描繪，更不虛構一個人格化的上帝來代表「天」的形象。荀子說：「天地始者，今日是也。」《大學》引〈湯銘〉說：「苟日新，日日新，又日新。」《易繫辭》則說「生生之為易」。這一思想基調是強調宇宙不斷創化的過程，至於宇宙是如何開始、怎樣開始的，則不是最重要的問題。創世的神話在這種思想基調之下是不容易發展的，因為每一天都是「創世」——「天地始者，今日是也。」我們由以上的分析可以清楚地看到，中國人對自我價值的肯定不但碰不到「上帝死亡」問題的困擾，而且也不受現代基督教神學中所謂「消除神話」（demythologization）的糾纏。中國儒、釋、道三教在早期當然都有「神話」，如漢代緯書中的《演孔圖》、《太平經》中的老子誕降的異跡，以及佛教中關於佛陀降生的瑞應之類。但是這些「神話」在中國思想史上並無重要性，而且早就被「消除」了。最激烈的如禪宗大師「呵佛罵祖」，要把世尊「一棒打殺與狗子吃掉」。如果西方「消除神話」是基督教的「現代化」，那麼我們可以說中國的三教都早已「現代化」了。

中國人由於深信價值之源內在於人心，對於自我的解剖曾形成了一個長遠而深厚的傳統：上起孔、孟、老、莊，中經禪宗，下迄宋明理學，都是以自我的認識和控制為努力的主要目的。中國傳統社會中的個人比較具有心理的平衡和穩定，不能完全以外緣條件來解釋（如農業社會和家族制度之類）。我們也不能完全根據社會學的觀點，認為這是中國人對社會規範和價值的「內化」推行得較為成功所致。至少中國人特別注重自我的修養，是一個值得注意的文化特色。這當然不是說中國人個個都在精神修養方面有成就。但兩、三千年來中國社會能維持大體的安定，終不能說與它的獨特的道德傳統毫無關係。社會上祇要有少數人具有真實的精神修養，樹立道德風範，其影響力是無法低估的。

中國人的自我觀念大體上是適合現代生活的，但是也有需要調整的地方。傳統的修養論過於重視人性中「高層」的一面，忽略了「低層」與「深層」的一面。而且往往把外在的社會規範和內在的價值之源混而不分（即佛洛依德所謂「超自我」與「純罪感」混而不分。按：程伊川以為「性」中無孝、弟，祇有仁、義、禮、智，也是指這一分別而言。後者——仁、義、禮、智——也可說是「無任何內容的純道德意識」）。近代的行為科學，特別是深層心理學正可補充中國傳統修養論的不足。現代西方人遇到自我精神危機時往往向外求救，而心理分析又有偏於放縱本能的流弊，「自由」、「解放」反成為放縱的藉口。從這一點說，中國的修養傳統正是一種值得珍貴和必須重新發掘的精神資源。最後，我願意預答一個可能遇到的質難，即中國人關於人的內在價值之源的信念究竟在今天還有沒有事實的根據？如果人真的像史金納所說的，與實驗室中的鴿子、老鼠全無分別，那麼我們在上面談到的精神修養豈非全成了自欺欺人？這個問題至少可以有兩種不同的答案。第一，我們可以不必預設人有內在的價值之源，而肯定修養有助於人的心理健康。荀子認為道德規範是人為的，但仍然堅持「化性起偽」的「修身」論，至於修養之實際有助於個人的心理平衡和社會穩定則是一個無可否認的經驗事實。我們即使採取功利主義者的後果論，也應該對它加以肯定。第二，所謂內在的價值之源是指人是否具有與生俱來的價值自覺的能力。這個問題我們現在尚不能給予「科學的」答案。現代西方的經驗主義哲學和行為主義心理學都否認人有先天的認知能力或「先天觀念」（innate ideas）。理性主義早已被唾棄了。如果人並無先天的認知能力，我們也可以類推人沒有先天的價值自覺的能力。但是近年來杭士基（Noam Chomsky）卻根據他在心理語言學上的研究為理性主義翻案。從他所發現的語言結構的複雜性和小孩子很快即能自然地掌握語言這一事實，他推斷人必然具有與生俱來的語言能力。在這個基礎上，他重新提出了人有「先天觀念」的問題。他也是對史金納的心理學批評得最嚴厲的一個人，認為史氏的實驗結果絕大部分都不適用於解釋人的行為。杭士基復活理性主義的努力在西方哲學、語言學、心理學各方面都有衝擊力，但並未獲得普遍的承認，而且杭氏本人也沒有涉及「先驗道德」或「上帝存在」這一類舊理性主義的哲學論題。他祇是根據語言研究的經驗證據來駁斥經驗主義者把人完全下儕於一般動物而已。杭士基與經驗主義者之間的爭論牽涉到許多複雜問題，此處不能多說。總之，我們現在還不到下論斷的時候（也許「先天能力」這個問題在可見的未來還找不到最後的答案）。我引杭氏之說，其用意絕不是要從「人有與生俱來的語言能力」推出「人有與生俱來的價值自覺的能力」。我僅僅是要指出，杭氏關於「先天觀念」的堅持，對於「內在價值之源」的問題有一種新的啟示：現代經驗科學的知識對於這一重大問題並未能下最後的判斷。我在上面曾引及康德把道德法則劃在經驗知識之外。但在今天的行為主義者如史金納之流則根本認為「先驗道德」之說早已被「科學」推翻了。杭士基的例子至少使我們看到：經驗知識中也出現了傾向於支持「先天觀念」的證據。因此這個問題仍然是開放的，疑者固然有理由，信者也不算完全無據。換句話說，即使根據嚴格的科學觀點，中國人關於自我的看法，也還沒有到非放棄不可的境地。

## 四、對生死的看法

最後我想用幾句話交代一下中國人關於生死的見解，因為這也是每一個文化所必須面對的問題。關於這一問題，一般民間的信仰與知識分子的理解當然有較大的距離，但其間也仍有相通之處。

大體說來，中國人的生死觀仍是「人與天地萬物為一體」的觀念的延伸。以民間信仰而言，在佛教入中國以前，中國人並沒有靈魂不朽的說法。中國古代有「魂」與「魄」的觀念，分別代表天地之「氣」。「魂」來自天，屬陽；「魄」來自地，屬陰。前者主管人的精神知覺，後者主管人的形骸血肉。魂與魄合則生，魂與魄散則死。這是一種二元的靈魂觀，在世界各文化中頗具特色。更值得注意的是魂魄分散之後，一上天，一入地。最近長沙馬王堆漢墓所發現的帛畫和木牘很清楚地表現出這種分別（詳見我的〈中國古代死後世界觀的演變〉）。但是魂、魄最後復歸於天地之氣，不是永遠存在的個體。周代以來的祭祀制度有天子七廟、諸侯五廟、士庶人祭不過其祖之類的規定，其背後的假定便是祖先的靈魂日久卻化為「氣」，不再能享受子孫的祭祀了。關於這一點，子產論魂、魄時已明白指出。所以中國古代雖也有關於「天堂」與「地獄」的想像，然而並不十分發達。最重要的還是人世，天堂與地獄也是人世的延長。簡言之，生前世界和死後世界的關係也表現出一種不即不離的特色。佛教東來之後，天堂、地獄的想像當然變得更豐富，也更分明了。但輪迴的觀念仍使人能在死後不斷地重返人世，中國民間之所以易於接受佛教的死後信仰，這也是關鍵之一。在現代化的衝擊之下，中國民間關於生死的信仰雖沒有完全消失，卻毫無疑問地是日趨式微了。所以我們不必過分注意這一方面的現代演變。但是中國知識階層關於生死的看法則大值得我們重視。

孔子「未知生，焉知死，未能事人，焉能事鬼」的話是大家都知道的。這種說法曾被一些西方學者（如蕭隆〔Jacques Choron〕）誤會為「逃避問題」的態度。其實孔子並不是逃避，而正是誠實地面對死亡的問題。死後是什麼情況，本是不可知的，這種情形一直到今天仍然毫無改變。但有生必有死，死是生的完成，孔子是要人掌握「生」的意義，以減除對於「死」的恐怖。這種態度反而與海德格非常接近。不但孔子如此，主張「一生死，齊萬物」的莊子也說：「故善吾生者，乃所以善吾死也。」莊子又用「氣」的聚、散說生死。這不但和魂、魄的離合說相應，而且更可見其背後仍有一牢不可破的「人與天地萬物一體」的觀念。在經過佛教的挑戰之後，宋代的儒家關於生死的見解仍回到中國思想的主流。張載強調「生」是「氣之聚」，「死」是「氣之散」，便吸收了莊子的說法。以小我而言，既然是「聚亦吾體，散亦吾體」，自然不必為死亡而惶恐不安。以大我而言，宇宙和人類都是一生生不已的過程，更無所謂死亡。朱熹認為佛家是以生死來怖動人，所以才能在中國長期流行。但是祇要我們能超出「私」之一念，不把小我的軀體看得太重（即所謂「在軀殼上起念」），我們便可以當下擺脫「死」的怖慄。

中國思想家從來不看重靈魂不滅的觀念，桓譚論「形神」、王充的「無鬼論」、范縝的「神滅論」都是最著名的例子。但是中國思想的最可貴之處則是能夠不依賴靈魂不朽而積極地肯定人生。立功、立德、立言是中國自古相傳的三不朽信仰，也是中國人的「永生」保證。這一信仰一直到今天還活在許多中國人的心中。我們可以毫不遲疑地說，這是一種最合於現代生活的「宗教信仰」。提倡科學最力的胡適曾寫過一篇題為〈不朽——我的宗教〉的文章，事實上便是中國傳統不朽論的現代翻版。根據中國人的生死觀，每一個人都可以勇敢地面對小我的死亡而仍然積極地做人，勤奮地做事。人活一日便盡一日的本分，一旦死去，則此氣散歸天地，並無遺憾。這便是所謂「善吾生所以善吾死」。張載的〈西銘〉說得最好：「存，吾順事；沒，吾寧也。」

以上我試圖從價值系統的核心出發，疏解中國文化在現代的轉化。我希望這種多方面的疏解可以說明本文開端時所標舉的主旨，即中國文化與現代生活不是兩個互相排斥的實體。在現實中並不存在抽象的現代生活，祇有各民族的具體的現代生活，中國人的現代生活即是中國文化在現階段的具體表現。中國文化在現代發生了前所未有的劇烈變動，而西方現代文化的衝擊則是這一變動的根本原因。這都是大家有目共睹的歷史事實。但是這種激烈的變動是不是已經徹底地摧毀了中國文化的基本價值系統呢？這個問題可以從兩方面來答覆。以個人而言，一部分知識分子，特別是少數西化派，的確在自覺的思想層面上排斥了中國價值系統中的主要成分。即使是這些少數人，祇要我們細心觀察便會發現，他們在不自覺的行為層面上仍然無法完全擺脫傳統價值的幽靈。以整個中國民族而言，我深覺中國文化的基本價值並沒有完全離我們而去，不過是存在於一種模糊籠統的狀態之中。中國人一般對人、對事、處世、接物的方式，暗中依然有中國價值系統在操縱主持。這是一個經驗性的問題，必須留待經驗研究來回答，我在這裡不過姑且提出一種直覺的觀察而已。

非常粗疏的說，文化變遷可以分成很多層：首先是物質層次，其次是制度層次，再其次是風俗習慣層次，最後是思想與價值層次。大體而言，物質的、有形的變遷較易，無形的、精神的變遷則甚難。現代世界各文化的變遷幾乎都說明這一現象，不僅中國為然。中國現代的表面變動很大，從科技、制度，以至一部分風俗習慣都與百年前截然異趣。但在精神價值方面則並無根本的突破。而且事實上也無法盡棄故我。由於近百年來知識界在思想上的紛歧和混亂，中國文化的基本價值一直沒有機會獲得有系統、有意識的現代清理。情緒糾結掩蓋了理性思考：不是主張用「西方文化」來打倒「中國傳統」，便是主張用「中國傳統」來抗拒「西方文化」。中國學術思想界當然並不是沒有理性清澈而胸襟開闊之士，祇是他們的聲音本已十分微弱，在上述兩種吼聲激盪之下更是完全聽不見了。所以中國的基本價值雖然存在，卻始終處於「日用而不知」的情況之中。價值系統不經過自覺的反省與檢討便不可能與時俱新，獲得現代意義並發揮創造的力量。西方自宗教革命與科學革命以來，「上帝」和「理性」這兩個最高的價值觀念都通過新的理解而發展出新的方向，開闢了新的天地。把人世的勤奮創業理解為上帝的「召喚」，曾有助於資本主義精神的興起；把學術工作理解為基督教的天職（scholarship as a Christian calling），也促進了西方近代人文教育與人文學術的發展。「上帝」創造的宇宙是有法則、有秩序的，而人的職責則是運用「理性」去發現宇宙的秩序與法則。這是近代許多大科學家所接受的一條基本信念，從牛頓到愛因斯坦都是如此。愛因斯坦把「上帝」理解為「理性在自然界的體現」。因此他終生拒絕接受量子力學中的「不確定原則」。在政治、社會領域內，自由、人權、容忍、公平等價值也不能脫離「上帝」與「理性」的觀念而具有真實的意義。西方外在超越的價值系統不僅沒有因為「現代化」而崩潰，而且正是「現代化」的一個極重要的精神泉源。誠然，如上文所指出的，西方的價值系統在現代化的後期的今天已面臨了嚴重的危機，但西方人同時也已開始從多方面去發掘這一危機的性質及其挽救之道。他們怎樣脫出危機，現在尚不可知；可以確知的是新的反省與檢討將為西方文化下一階段的發展提供一個新的始點。

中國現代化的困難之一即源於價值觀念的混亂；而把傳統文化和現代生活籠統地看作兩個不相容的對立體，尤其是亂源之所在。以「現代化」等同於「西化」無論在保守派或激進派中都是一個相當普遍的現象。這是對於文化問題缺乏基本認識的具體表現。激進的西化論者在自覺的層面完全否定了中國文化，自然不可能再去認真地考慮它的價值系統的問題。另一方面，極端的保守論者則強調中國文化全面地高於西方，因此對雙方價值系統也不肯平心靜氣地辨別其異同。至於這兩派人在攻擊或衛護中國文化時，將價值系統與古代某些特殊的制度與習慣牽混不分，那更是一個不易避免的通病了。近代中西方文化的辯論雖僅局限在某些知識分子的小圈子之內，但經輾轉傳播之後也往往會影響到知識界以外的一般人士，以致他們在「日用而不知」之際，逐漸對中國的價值觀念發生誤解或曲解。從這一角度看，我們便不難瞭解問題的嚴重性了。凱因斯（J. M. Keynes）論及經濟問題時曾有一句名言：「從事實際工作的人，總以為他們完全不受學術思想界的影響，但事實上他們往往是某一已故經濟學家的（學說的）奴隸。」文化問題也正是如此。價值系統問題如果長久地不獲澄清，會給中國文化招致毀滅性的後果，更不必說什麼現代轉化的空話了。

我在本文中將中國文化的價值系統與古代的制度、風俗以及物質基礎等加以分別，但是這絕不表示我相信文化價值是亙古不變的，更不是說我把文化價值當作一種超絕時空的形而上實體來看待。事實上，我在分別討論中國價值系統各個主要面向時已隨處指出這個系統面臨現代變遷必須有所調整與適應。我並且毫不諱言在某些方面中國必須「西化」。但是整體地看，中國的價值系統是禁得起現代化以至「現代以後」（post-modern）的挑戰而不致失去它的存在根據的。這不僅中國文化為然，今天的西方文化、希伯來文化、伊斯蘭文化、日本文化、印度文化等都經歷了程度不同的現代變遷而依然保持著它們文化價值的中心系統（此中最極端也最富啟發性的例子是印度的「捨離此世」〔renunciation〕的價值觀念和森嚴的種姓制度〔caste system〕如何在現代化挑戰下發揮了創造性的作用。可看法國社會學家杜蒙〔Louis Dumont〕的經典著作*Homo Hierarchicus: The Caste System and Its Implications*）。這些古老民族的價值系統都是在文化定型的歷史階段形成的，從此便基本上範圍著他們的思想與行為。懷特海（A. N. Whitehead）曾說：「一部西方哲學史不過是對柏拉圖的注腳。」這祇是指哲學而言。其實這個說法正可以推而廣之，應用於各大文化的價值系統方面。各大文化當然都經過了多次變遷，但其價值系統的中心部分至今仍充滿著活力。這一活生生的現實是絕不會因為少數人閉目不視而立刻自動消失的（按：懷特海的原意是說西方後世哲學家所討論的都離不開柏拉圖所提出的基本範疇和問題，並不是說，一部西方哲學史都在發揮柏拉圖的哲學觀念。批判和立異也是「注腳」的一種方式。讀者幸勿誤解此語）。

今天世界各民族、各文化接觸與溝通之頻繁與密切已達到空前的程度。面對著種種共同的危機，也許全人類將來真會創造出一種融合各文化而成的共同價值系統。中國的「大同」夢想未必永遠沒有實現的一天。但是在這一天到來之前，中國人還必須繼續發掘自己已有的精神資源、更新自己既成的價值系統。祇有這樣，中國人才能期望在未來世界文化的創生過程中提出自己獨特的貢獻！

# 第二篇　軸心突破和禮樂傳統

## 前言

下面這篇文字是我用英文撰寫的一篇解釋性的長文〈論天人之際——中國古代思想的起源試探〉（Between Heaven and Man – An Essay on Origins of the Chinese Mind in Classical Antiquity，暫名）中的第二章，由《二十一世紀》委託盛勤、唐古譯為中文。[*]由於這是長文中的一章，開端和結尾都不免有些突兀。現在我要寫幾句話說明此文的原委。〈論天人之際〉主要在探討中國思想的一個主要特色，大致以「天」代表超越世界，以「人」代表現實世界。這兩個世界在「軸心突破」以前已存在，但兩者之間的關係則因「突破」而發生了重要變化。此文論旨甚為繁複，這裡不能詳說。此章論「軸心突破和禮樂傳統」，不過是全文中的一個歷史環節，可以單獨成立，但其涵義則必須在全文中才能充分顯露出來。全文其他部分也有涉及「軸心突破」的，但這裡無法包括進去。這是要請讀者原諒的。

「軸心突破」的觀念是一九四九年雅斯貝斯（Karl Jaspers）在《歷史的起源與目標》中首先提出的，[1]一九五三年有英譯本問世。[2]一九七五年美國*Daedalus*學報春季號有專號討論這個問題，題為「Wisdom, Revelation, and Doubt: Perspectives on the First Millennium B. C.」。英語世界對「軸心突破」的觀念發生較大的興趣，這一專號是發生了影響的。

關於古代世界中幾個主要文明（或文化）在西元前一千年之內都經過了一次精神的覺醒或跳躍，學術界早已有此共識，並不是雅斯貝斯個人的新發現。他的真正貢獻毋寧是把問題提得更尖銳、更集中。據我閱覽所及，雅氏的新說法基本上是在韋伯（Max Weber）的比較宗教史的基礎上發展出來的。「突破」這一觀念也早已涵蘊在韋伯的著述之中。一九六三年菲施賀夫（Ephraim Fischoff）譯韋伯有關宗教社會學的著作為英文，[3]帕森斯（Talcott Parsons）為該書寫了一篇很長的「引論」（Introduction），對「突破」的觀念做了重要的發揮，[4]稍後帕森斯自己寫〈知識分子〉（Intellectual）一文又繼續闡釋此義，[5]並提出了「哲學突破」（Philosophic breakthrough）的概念。所以我注意到古代「突破」問題是從韋伯與帕森斯那裡得來的，遠在我接觸雅斯貝斯之前。如果我們要深入研究古代「突破」的問題，韋伯著作所蘊藏的豐富資料是更值得發掘的。一般社會學家和史學家重視韋伯關於「現代性」問題的理論，而往往忽略他對古代各大宗教起源

---

* 編注：本文原載《二十一世紀》論「軸心突破」的專號。

1 Karl Jaspers, *Vom Ursprung und Ziel der Geschichte* (Zurich: Artemis Verlag, 1949).

2 Karl Jaspers, *The Origin and Goal of History*, trans. Michael Bullock (New Haven: Yale University Press, 1953).

3 Max Weber, *The Sociology of Religion*, trans. Ephraim Fischoff (Boston: Beacon Press, 1963).

4 同前注，pp. XXXIII-XXXIV：XIII-XIV。

5 收入Philip Rieff, ed., *On Intellectuals* (Garden City, N.Y.: Doubleday, 1970)。

的討論，在我看來，這至少是過於偏頗了。這裡我要談談雅斯貝斯和韋伯的關係。雅氏（一八八三至一九六九年）雖比韋伯（一八六四至一九二〇年）小十九歲，但在學術上是極為相得的。他們自一九〇九年相識以後，雅氏便進入了韋伯的學術圈內之中。雅氏能在海德堡大學立足（先教心理學，後主講哲學），最初也是由於韋伯的大力推薦。韋伯不立門戶，不要信徒，雅氏也不是他的學生和信徒，但受他的影響則甚大。我們祇要一讀雅氏在一九三二年所寫的長文〈Max Weber: Politician, Scientist, Philosopher〉，[6] 即可知其梗概。雅氏論「突破」特別重視哲學家作為個人（individuals）的貢獻。此意最初即由韋伯論「先知」（prophet）和卡里斯瑪（charisma）時所發。舉此一例，已可見雅氏所承受於韋伯者是如何深厚了。

我們讀韋伯和雅斯貝斯關於古代「精神突破」的討論，可以獲得一個相當確定的印象：即「突破」造成了世界各大文化的長期傳統，至今仍在支配著各大文化中人的思想和情感。這裡我要介紹一下聞一多在〈文學的歷史動向〉一文（一九四三年作）中所說的話：[7]

> 人類在進化的途程中蹣跚了多少萬年，忽然這對近世文明影響最大最深的四個古老民族——中國、印度、以色列、希臘——都在差不多同時猛抬頭，邁開了大步。約當紀元前一千年左右，在這四個國度裡，人們都歌唱起來，並將他們的歌記錄在文

字裡，給留傳到後代。在中國，三百篇裡最古部分——《周頌》和《大雅》，印度的黎俱吠陀（Rigveda），《舊約》裡最早的〈希伯來詩篇〉，希臘的《伊利亞特》（*Iliad*）和《奧德賽》（*Odyssey*）——都約略同時產生。

聞一多在這裡所描述的正是雅斯貝斯所謂「軸心突破」的現象，不過從文學方面著眼而已。但此文比雅氏的《歷史的起源與目標》要早六年。所以我說，關於古代「突破」，學術界早有共識，不可視為雅氏的創見，更不可視為西方學人的獨特觀察。聞一多在此文中又說，這四大文化互相接觸既久，個性必將逐漸消失，最後將無可避免地形成一個共同的世界文化。這個意見其實是受到西方現代性論述的暗示，在今天看來似乎並沒有足夠的根據。

我在《二十一世紀》的最近一期（二〇〇〇年二月號）上讀到艾森斯塔特（Shmuel N. Eisenstadt）〈邁向二十一世紀的軸心〉一文，論及「第二個軸心時代」的問題，不免引起一點感想，順便說一說我的看法。艾氏所謂「現代方案」其實便是五〇、六〇年代

6 收入John Dreijman, ed., *Karl Jaspers on Wax Weber*, trans. Robert J. Whelan (New York: Paragon House, 1989), pp. 29-135。

7 收入《聞一多全集》第一冊，甲集：神話與詩（上海：開明書店，一九四八），頁二〇一。

紅極一時的「現代化理論」。聞一多的世界文化也可以屬於此一方案之內。艾氏本人對「現代化理論」及其修正曾有重要的貢獻，所論自是出色當行。不過他從古代「軸心」跳到啟蒙運動以來的「第二個軸心時代」，語焉不詳，似尚未有透宗之見。如果把源於近代西方的「現代方案」定為「第二個軸心時代」，我們首先必須指出：這是「軸心突破」時代兩個文化——希臘與以色列——在歐洲混合與衝突的結果——至少從「精神」方面看是如此。希臘的「理性」傳統與以色列的「啟示」傳統在中古歐洲匯流之後，兩者之間始終存在著緊張和不安。文藝復興以來，由於種種俗世力量的出現，這兩個傳統之間的衝突也愈來愈不能調和，終至破堤而出。西方近代所謂「宗教與科學之爭」便是其最顯著的表徵。但是希臘與以色列的「軸心突破」，從我個人的觀點說，都是屬於「外向超越」型，因此一方面互相激盪，另一方面又互相加強。在激盪與加強中，近代西方文化才發展出極大的力量。這一近代西方的「軸心」終於在近兩、三百年中宰制了世界，使其他文化(包括經歷過「軸心突破」的中國、印度和近東)都淹沒在它的洪流之下，十九世紀興起的馬克思主義烏托邦想像更是「宗教」與「科學」的矛盾統一體，所以它特別有吸引力，也可以說是「現代方案」中最後一個版本。非西方地區的知識分子，有的為它的「宗教狂熱」(「革命」)所吸引，有的為它的「科學預斷」(「歷史必然性」)所吸引，最多的是兩者兼而有之。直到蘇聯解體，這個「現代方案」才真正引起不少人的反思。杭廷頓（Samuel P. Huntington）的「文明衝突論」雖然包涵了許多不符事實的論斷，但他能突出「現代化理論」的蔽障，承認西方文明不可能統一全世界，終不能說不表現一種覺悟。他的理論雖未觸及「軸心突破」的問題，但已預設「軸心突破」的幾個大文化仍然保存了它們的個性，至少這些個性並未完全消失。從歷史事實出發，我們不能不承認西方的「現代方案」構成了十九、二十世紀世界文化的「軸心」。我在此所強調的是「現代方案」並非純現代現象，我們分析所謂「西方現代文化」，應該認出其中主要精神因素源於希臘和以色列的「軸心突破」。所以「第二個軸心時代」與第一次「軸心突破」之間有一脈相承之處，這是不容否認的。

大體上說，西方「冷戰」的終結使我們對於古代「軸心突破」的持續力有了更深刻的認識。今後是否有第三個「軸心時代」的出現，或者還是「第二個軸心時代」以經濟全球化的方式繼續，變相地支配著其他文化與民族，這個問題太大，不是我能在這篇「引言」中發揮的。姑止於此。

回到本題，我在〈軸心突破和禮樂傳統〉中所處理的僅限於中國古代「突破」的歷程及其具體的歷史背景。以整個「軸心突破」為比較參照，我強調中國古代的「突破」有其獨特的取徑。儒、墨、道三家都是「突破」了三代禮樂傳統而興起的。而所謂禮樂傳統則包含著很大的「巫」文化的成分。這三家都曾與「巫」的勢力奮鬥過，最後「揚棄」了「巫」而成就了自身的「超越」。這是為什麼它們一方面致力於消除禮樂傳統中的「巫風」，另一方面又對禮樂本身做了新的闡釋。它們的「超越」不是與禮樂傳統一刀兩斷，徹底決裂。中國古代「突破」所帶來的「超越」與希臘和以色列恰恰相反，我現在可以更明確地界說為「內向超越」（inward transcendence）。我以前曾用過「內在超越」一詞，雖僅一字之差，意義則完全不同。「內在超越」早已是immanent transcendence的標準譯名，這是西方神學上的觀念，與我所表達的意思根本不合。「內向超越」的涵義很複雜，非一言可盡，詳見〈論天人之際〉其他各章。以禮樂為例，孔子提出「仁」為禮的精神內核，莊子重視「禮意」都是其例。儒、道兩家都擺脫了古代禮樂傳統中「巫」的主導成分，「天」與「人」之間溝通不再需要「巫」為仲介，代之而起則是「心」。莊子的「心齋」尤其值得注意。總之，在「軸心突破」之後，人與超越世界（可以「天」為代表，無論取何義）的聯繫主要是靠「心」。中國無西方式的「神學」，而「心性」之學則自先秦至後世有種種發展，這絕不是偶然的。所以「內向超越」成為中國思維的特色之一，直到與西方接觸以後才發生變化。

我在一九七八年寫〈古代知識階層的興起與發展〉一文，[8]曾立「哲學的突破」專節，但所據者為韋伯與帕森斯，未用雅斯貝斯，因為我對於「軸心」一詞稍有猶豫。雅氏不但有「軸心時代」之說，而且更進一步提出「軸心民族」（axial peoples），以與「未經突破的民族」（the people without the breakthrough）對比。[9]這種提法在過去視為當然，在今天多元文化的時代恐難免引起無謂的爭議。現在我改用「軸心突破」則是因為此詞已普遍流行，便於讀者。但是我願意特別聲明一句，我雖用「軸心突破」一詞，並不存文化沙文主義的偏見。如果我可以自由選擇，則「超越突破」（transcendent breakthrough）更能表達我的想法。下面便是譯文，但原有注釋一律削去，俟全文出版時再增入，讀者諒之。

## 一、中國古代突破的背景：禮壞樂崩

現在，問題在於我們如何理解這場「突然」的精神啟蒙，並且將之與天人之間的分際聯繫起來。我在本章中，打算從比較角度提出此問題以作為開始，因為，中國並非古代世界裡唯一經歷了這場啟蒙的國家。大約四十年前，雅斯貝斯提醒我們注意這樣一個極其有趣的事實：在他稱之為「軸心時代」的西元前第一千年，一場精神「突破」出現於幾個高級文明之中，包括中國、印度、波斯、以色列、希臘。其形式或是哲學思辨，或是後神話時期的宗教想像，或是中國的道德—哲學—宗教意識的混合型。顯然，軸心時代的眾多突破都是各自獨立發生的，無法確證彼此互有影響。我們至多祇能說，可能

8 收入《中國知識階層史論》（台北：聯經出版，一九八〇）；又見《士與中國文化》新版（上海：上海人民，二〇〇三）。

9 見注二一，頁五一。

當文明或文化發展到某個階段，或許會經歷某種相同的精神覺醒。雅斯貝斯更進一步提出，這場軸心突破的終極重要性對於各有關文化的性格具有定型的影響。

在過去幾十年間，針對雅斯貝斯的「突破」概念已經進行了大量討論，大家一致認為，孔子時代中國精神的巨大轉型若被視作軸心時期眾多主要突破之一，可能會得到更好的理解。因此，莊子及其門徒早已領悟了這場精神運動的意義，他們自己就曾推波助瀾，這一點也就更加值得注意了。「混沌之死」、「道為天下裂」確實抓住了「軸心突破」概念的基本涵義。

有許多方法可以描述軸心突破的特徵。考慮到我在此所做討論之目的，我傾向於將之看作內涵著原創性超越的精神覺醒。在此，「超越」的意思是，如史華慈（Benjamin I. Schwartz）所說：「對於現實世界進行一種批判性、反思性的質疑，和對於超越世界發展出一個新的見解」，說這種超越是「原創性」的，意指它從此之後，貫穿整個傳統時代，大體上一直是中國思維的核心特徵。

學者們也基本同意，軸心突破直接導致了現實世界和超越世界判然二分的出現。而這基本上正是超越的題中應有之義：現實世界被超越了，但並未被否定。不過，另一方面，超越的確切樣式、經驗內容、歷史進程，則各文明互異，因為，每一種文明超越都發生在各自獨特的前突破基礎之上。我緊接著就要談到中國超越的獨特性。有些西方學者早已注意到，與西方比較起來，中國的軸心突破好像是「最不激進」或「最為保守」

的。我認為這個判斷是有根據、有道理的。可以有許多不同的方法來討論這種情況。其中之一或許就是，中國在軸心時代期間或此後，都著重於歷史的連續性。「突破」是出現了，但是並非與突破前的傳統完全斷裂。另一種方法就是研究現實世界和超越世界之間的關係。

現在，讓我先對中國的軸心突破做一番簡單的歷史鳥瞰。帕森斯指出，希臘軸心突破針對的是荷馬諸神的世界，以色列則針對《舊約》和摩西故事，印度則是悠久的吠陀傳統，那麼，中國突破發生的背景又是什麼呢？我的簡單答案是：三代（夏、商、周）的禮樂傳統。禮樂傳統從夏代以來就體現在統治階層的生活方式之中。孔子有關夏商周禮樂傳統以因襲為主、略有損益的名言，似乎已被考古學界每一次大發現所證實，至少就商周兩代而言確是如此。

然而，到了孔子所生活的時代，古代的禮樂秩序已瀕於徹底崩壞。這種情況在孔子對當時那些違反禮樂秩序基本準則的貴族的嚴厲譴責中得到清楚的反映。魏爾（Eric Weil）曾提出一個有趣的觀察：在歷史上，崩壞經常先於突破而出現。春秋時代的禮壞樂崩恰好為魏爾的觀察提供了一個典型的例子。我斷定，正是由於政治、社會制度的普遍崩壞，特別是禮樂傳統的崩壞，才引致軸心突破在中國的出現。

為了證實這一看法，我要分別說明中國軸心時代三家主要思想流派——儒家、墨家、道家——的突破和古代禮樂傳統之間的密切關係。限於篇幅，我祇能各舉其要，不能詳述。

## 二、儒家的突破

不必說，孔子是在古代中國不斷演化、不斷持續的禮樂傳統中成長起來的。據傳說，他十多歲時就對禮樂入迷，並且終生都熱切、刻苦地研習禮樂。三十五歲時，他已是魯國出名的禮樂專家，魯國貴族為了「禮」的問題時常要求助於他。他確實極為仰慕周代早期的禮樂秩序，在某種程度上且將之理想化，他還經常用彷彿獻身於恢復周代禮樂的姿態發表意見。不過，如果把他說成是僅僅「從周」而「以能繼文王周公之業為職志」，則至少是一種誤導。如果我們將孔子視作軸心時代的一位聖人，那麼就必須瞭解，他的中心見解在何種意義上方能被闡釋成禮樂傳統的突破，因為它首先就是從這個傳統中產生出來的。就是在這一點上，我發現韋伯關於亞洲各大宗教起源所做的社會—歷史觀察值得注意。下面這段話與中國尤其有關：

> 我們在此必須確定一個具有根本重要性的事實，即亞洲各大宗教教義都是知識分子創造的……在中國，儒家的創始人孔子及其信徒，還有通常視作道家創始人的老子，他們或者是受過古典教育的官吏，或者是經過相應訓練的哲學家……這些群體都是倫

理或救贖學說的承負者。而知識階層在既成的宗教局面下，往往結合成學術性社群，大致可與柏拉圖學院的及希臘有關哲學學派相比擬。在那種情況下，這個知識階層就會和那些希臘學派一樣，對於既存的宗教實踐不採取官方的立場。他們經常對現存宗教實踐漠然無視，或者從哲學角度加以重新闡釋，而不是從中抽身而出。

韋伯從比較觀點得出的宏觀畫面在此恰好合乎我們的意圖，這是很可佩服的。將韋伯的說法做一點細微改動，我們就可以說，正如下文所要陳述的，孔子，還有老子「從哲學角度對現行禮樂實踐加以重新闡釋，而不是從中抽身而出」。關於用「禮樂」替換「宗教」，我必須即刻說明一下，我並非要取消中國禮樂傳統中的宗教傾向。中國「禮」的概念的意義遠比西方術語「宗教」所可能包容的涵義複雜寬泛，這個事實使得這一替換成為必要。我還想說明，在此採用「禮」這一術語，純粹是為了行文的方便，在本文中都必須按其原本的古典意義（禮樂）加以理解。

我們現在可以更清楚、更集中地看出，孔子的突破基本就是在於對當時的禮樂實踐做出哲學上的重新闡釋，正如韋伯所言。孔子的突破始於追問禮樂實踐的精神基礎。禮樂專家林放曾向孔子請教「禮之本」，子曰：「禮，與其奢也，寧儉。喪，與其易也，寧戚。」（《論語．八佾》）胡適很久以前就已正確地指出，孔子答林放話中有關喪禮的第二節部分在《禮記．檀弓》得以進一步詳述：子路曰：「吾聞諸夫子，喪禮與其哀不足而禮有餘也，不若禮不足而哀有餘也；祭禮與其敬不足而禮有餘也，不若禮不足而敬有餘也。」

胡適還敏銳地讓我們注意孔子與子夏的對話。弟子對禮的起源的深刻理解，給老師留下了極其強烈的印象。孔子向子夏解釋道，從「素以為絢」我們可以推出「繪事後素」。子夏即刻進一步推理道：「禮後乎？」（《論語．八佾》）這裡再次提出了「禮之本」的問題。據韋利（Arthur Waley）所云，「禮後乎？」是指「禮祇能建立在仁的基礎上」。近來，中國學者也獨立提出了這樣的解釋。

情況就是這樣，我們似乎可以進一步推論，孔子對禮樂傳統加以哲學上的重新闡釋，其結果是最終將「仁」視作「禮」的精神基礎。「仁」是一個無所不包的倫理概念，無法對之進行定義，而且也不容易納入任何西方範疇。它既非完全「理性」，又非完全「感性」，卻確實包含著以各種方式組合在一起的理性和感性成分。就「仁」代表著某種人生發生出轉化力量的內在之德而言，甚至使我們不能不疑心，「仁」在某種程度上與上古以來一直和禮樂傳統密不可分的巫文化有關係。不管確切情況究竟如何，我們完全可以講，「仁」指的是由個人培育起來的道德意識和情感，祇有「仁」，才可以證明人之真正為人。據孔子所云，正是這種真實的內在德性，賦予「禮」以生命和意義。子曰：「人而不仁，如禮何？人而不仁，如樂何？」（《論語．八佾》）又曰：「禮云禮云，玉帛云乎哉？樂云樂云，鐘鼓云乎哉？」（《論語．陽貨》）

與孔子之前關於「禮之基礎」的觀點做一比較，我們就可以較為完整地理解通過重新闡釋禮樂傳統而達至的突破。《左傳》文公十五年，即西元前六一二年，據云一位魯國貴族曾說過：「禮以順天，天之道也。」即便到了孔子的時代，這種有幾百年歷史的禮的起源觀仍未遭到挑戰。子產，既是鄭國著名政治家，又以在幾方面都是孔子的「啟蒙」先驅而聞名，他有一段話被人引於《左傳．昭公二十五年下》：

> 子產曰：夫禮，天之經也，地之義也，民之行也。天地之經而民實則之，則天之明，因地之性。

這正是艾歷亞德（Mircea Eliade）稱之為「禮儀的神聖範式」（divine models of rituals）的那類理論，見於所謂初民，亦見於發達文化。孔子的突破就是在這種理論居於支配地位的背景下發生的。他重新找尋「禮之基礎」，不外向天地，而是內向人心。不消說，「天」對聖人仍然是重要的，不過方式卻更新了。我們會在下面回過頭來討論「天人合一」問題時看到這一點。

現在，需要就孔子對禮樂實踐功能的看法略加討論了。他強調「仁」作為「禮之基礎」具有首屈一指的重要性，但是，他對必不可少的社會倫理秩序——「禮」的熱情絲毫沒有減弱。最好的例證見於下引《論語．顏淵》中一段廣為徵引同時也是爭論叢集的話：

> 顏淵問仁。子曰：「『克己復禮』為仁。一日克己復禮，天下歸仁焉。為仁由己，而由人乎哉？」顏淵曰：「請問其目。」子曰：「非禮勿視，非禮勿聽，非禮勿言，非禮勿動。」

關於這段話的解釋可謂歧義紛出，因為與我們所關心的問題無關，我也就不予涉及了。我們引用的目的祇在於表明孔子雖然將禮視作「仁」的精神賴以徹底實現的形式，但他對禮則仍極為關注。孔子列舉的「四目」，詳細解釋了「克己復禮」的內涵。我認為，「仁—禮」關係可以被理解成一種靈魂與肉體之間的關係，根據孔子時代發展起來的新概念，兩者互相依存，缺一不可，這是顯而易見的。其所以如此，因為在儒家看來，雖然「仁」起先是個人的內在德性，最終卻必然成為體現在人與人之間關係的社會德性。孔子似乎從一開始就是在禮樂傳統的脈絡下發展出「仁」的觀念的。

韋利在其《論語》譯注本裡指出，孔子所說的「克己復禮」已見於《左傳》昭公十二年（西元前五二九年），仲尼曰：「古也有志克己復禮」云云。毋庸置疑，這絕不是說孔子西元前五二九年引用了古人的話。其年他僅有二十一歲，根本不可能有史官在孔子出場時即刻記錄他所說的話。由於《左傳》現行本最早成書於西元前四世紀，因此，要麼此二說出於同一來源，要麼兩件事發生時間彼此間隔不遠，這樣的推測比較合理。無論在哪種情況下，《左傳》所載孔子的話祇能繫於他生前最後二十年之間，因為顏回（西元前五二一至前四八一年）比孔子早去世兩年。《左傳》的記載無助於我們對《論語》中的相同一段話做出新的解釋，但是，卻揭示出某種可能：孔子對禮樂傳統的重新闡釋，即「仁」、「禮」關係的新說法，也許並非他的獨創，其中重要的一部分出自他之前很久的某位無名思想家。我們不能指望徹底解決這個問題。我的目的祇是想借用這個問題進一步討論中國的軸心突破。

我在本文中所講孔子的突破，並不意味著我認為所有甚或絕大多數的特別觀念和獨到構想都是孔子個人的天才創造，我也並不認為，所謂的「突破」在時間上完全和孔子一生同其終始。如果考慮到孔子堅持自己的文化角色是「述」者，而非「作」者（《論語．述而》），也就沒有必要對「克己復禮」云云乃是引自古人而感到驚訝了。一如孔子所坦承者：「我非生而知之者，好古，敏以求之者也。」（《論語．述而》）有人提出，孔子的人文主義不僅受到以前博學之士（包括子產）發展起來的啟蒙觀念的激發，也寓於春秋時期上層文化的道德實踐之中。孔子又說：「三人行，必有我師焉。擇其善者而從之，其不善者而改之。」（《論語．述而》）表明他也熱心接受同時代人之「善」。上文提到了林放首次提出了關於「禮之本」的問題，子夏則做出了「禮後乎」的敏銳觀察，兩者都被孔子欣然採納了。因此，我們最終祇能同意孟子所云：「孔子之謂集大成」（《孟子．萬章章句下》）；或者，今天我們可以說，孔子之成就是「集大成」。這樣看來，斷斷不能將突破誤讀成孔子得之於頓悟的個人體驗。相反地，孔子的軸心突破乃是一個長程發展的結果，孔子的貢獻基本上在於將這個問題的闡明和概念化第一次提高到一個新的水準。

## 三、墨家的突破

為了使我們關於軸心時代的討論更加完整，我們現在就轉向墨家和道家。在此，我們唯一的目的乃是找出禮樂傳統在兩家主要觀點形成過程中所起的作用。然而，由於墨、道兩家的突破發生在儒家之後頗久，因此，它們不僅針對著禮樂傳統本身，同時也對儒家的重新闡釋做出了反應。

很久以來，人們就已經認識到，墨家的觀點始於對禮樂傳統的否定性回應。墨子對同時代儒家禮樂實踐的激烈攻擊，也表明他不滿意孔子的重新闡釋。早至西元前二世紀，如果不是更早的話，《莊子．天下》的作者就這樣形容墨子：

（墨子）作為非樂，命之曰節用，生不歌，死無服……不與先王同，毀古之禮樂。

類似的記載也見於西元前二世紀的《淮南子》：

墨子學儒者之業，受孔子之術，以為其禮煩擾而不悅，厚葬靡財而貧民，服生而害事，故背周道而用夏政。

應該注意到，上引的兩位作者都是道家，而非儒家，他們對墨家的整體描述幾乎一致，這是比較客觀的看法，不可疑為論敵的有意歪曲。更為重要的是，這些看法都可以由公認為《墨子》中可靠的早期作品得到完全的證明。由此，我們說，墨子的突破也是在禮崩樂壞的歷史背景下發生的，應該大致不差。

我們的下一個問題是：墨子是否完全脫離了禮樂傳統呢？還是他也試圖重新闡釋禮樂傳統呢？

我想首先要說清楚，墨子確實對當時統治階層禮樂實踐中所表現的過度奢侈的生活風格大加抨擊，但是，他並沒有徹底拋棄古代的禮樂傳統。假若我們想進一步分疏，那麼可以說，與對禮相比，他可能對樂的作用持更為基本的否定態度。情況之所以如此，我相信並不僅僅如當代學者正確注意到的那樣，乃是由於他持功利主義的立場，似乎還和他意欲建立的新宗教有關。這種宗教是以古代模式為基礎，但是要消除掉其中「巫」的成分。他清楚地引證古代文獻，以說明樂、舞曾是「先王」所禁止的「巫風」中的主要部分。

墨子不滿於孔子所做的重新闡釋，顯然源於這樣一個事實：在他看來，孔子實際上仍然維護周代發展起來的一切現存禮儀，而未做任何有意義的改革。而墨子則以徹底改造禮樂為自己的神聖使命。他所做的並不是對夏商周整個禮樂傳統棄之不顧，而是用據他說是古代先王所認可的原初簡潔性來重新闡釋這個傳統。無疑，他認為後代，尤其是東周時期，「禮」日趨複雜繁縟，並不是進步，而是墮落。上引《淮南子》「背周道而用夏政」，的確包含著一定道理。墨子在和一位名叫公孟的儒者爭論時，也批評他法周而不法夏。諸如此類的說法引導某些注釋家推測墨子宣導的為父母行三月之喪實際上乃是夏禮。不過，倘若考慮到甚至連孔子對夏禮也早已不敢確說（《論語．八佾》），則墨子是否能詳言，是很可懷疑的。我們可以相對肯定地說，墨子傾向於以包括夏代建立者在內先王的名義宣導新的禮儀方式。

至於就禮樂傳統而言，墨子大致是寧取早先之簡樸而搭其後來之繁縟的。但是，說他反對周代所代表的一切東西，則顯然是不正確的。此外，他同孔子一樣，認為古之聖典如《詩》、《書》具有極大的重要性。然而，卻有一點根本區別：對於孔子以及後來的儒家來說，「詩書」與「禮樂」是密不可分的，前者體現在後者之中，而墨子則認為，這些字詞的精神已經在禮樂的墮落退化過程中失落了。由此，他說道：

古之聖王欲傳其道於後世，是故書之竹帛，鏤之金石，傳遺後世子孫，欲後世子孫法之也。今聞先王之遺而不為，是廢先王之傳也。

這樣，我們就可以看到，在墨家的突破中，一如在儒家的突破中，並沒有出現過傳統的徹底斷裂。

## 四、道家的突破

道家的突破極有可能發生在西元前四世紀晚期至西元前三世紀早期。我完全意識到，現代學術界關於道家文獻，尤其是《道德經》的作者和時代眾說紛紜，爭吶未休。不過，這裡不是涉及這些問題的地方。我在下面祇論及明顯比孔子晚出的那些觀念。有一則古老的傳說：老子是當時突出的「禮」的專家，孔子曾向其問「禮」。這裡似乎隱含著某種暗示，即在古代禮樂傳統和道家學說的起源之間存在著某種關聯。我們在《道德經》三十八章中找到一段關於「禮」的討論，很是有趣，生動地展現了作者對禮樂傳統的態度，其文如下：

故失道而後德，失德而後仁，失仁而後義，失義而後禮，夫禮者，忠信之薄而亂之首也。

這裡描寫的是「道」的原始淳樸性逐步衰退的過程。從「失道」開始，這段話中所列舉的每一步都是對原始精神的偏離。這種精神在《老子》中是「樸」，在《莊子》中是「混沌」。同時，每一步又正是走向墮落，而我們現在則把這一墮落看作是人類文明或文化。從這個角度理解，諸如老、莊等道家確實可比擬作西方稱為尚古主義的（primitivist）思想傳統。事實上，早期道家不僅是年代上的尚古主義者，相信人類最早的階段才是最好的，而且還是文化上的尚古主義者，相信文明制度不但不是自然狀態的改進，而是對自然狀態的污染和毀滅，而人類祇有在自然狀態中才能找到完全徹底的幸福與自由。

對這位道家作者而言，「禮」的興起也就意味著原初精神衰退到了極點，因此就是「亂之首」。我們還必須將此段文字解讀成對儒學的間接批評，因為「仁」、「義」是儒學的兩個特徵，正如「道」、「德」之於道家學說。釋讀此段文字有兩種方法：從前往後讀是對「墮落」（fall，我祇是為了方便才借用了基督教術語）過程的描述，認為儒家對「禮」的興起負有直接責任；從後往前讀則是「救贖」（salvation，再次借用基督教術語）的歷程，而儒學又沒有為我們提供最終的息止之地。我們一定要返回太初之「道」。這兩種釋讀方法或多或少地得到了《老子》兩個版本的支持：一是標準本《道德經》，《道經》（三十七章）先於《德經》（四十四章）；一或許可稱《德道經》，次序正好相反。我們過去祇能基本依靠韓非的《解老》作為後者存在的證據，現在則由馬王堆所出兩件帛書進一步證實了。所以，倘若我們取《德道經》本，則上行段落正出現在《德經》首章，表明老子的文本也正是以禮樂傳統為其出發點的。

甚至更為重要的是，《老子》中僅有暗示的「救贖」歷程，更在《莊子》中獲得明確表述。莊子在關於「坐忘」（〈大宗師〉）的一段著名文字中，在三個地方虛構了孔子和他最得意的弟子顏回的三段對話。某日，顏回告訴孔子：「回益矣」，解釋道：「回忘仁義矣。」孔子曰：「可矣，猶未也。」另一天，師生再次相會，顏回又稟告孔子「回益矣」，不過這次是「回忘禮樂矣」，孔子的回答還是：「可矣，猶未也。」兩人對話的高潮最終在第三次見面時出現了。顏回描繪其精神進程（「益」）曰：「回坐忘矣。」孔子「蹴然」問道：「何謂坐忘？」顏回答曰：「墮肢體，黜聰明，離形去知，同於大通。此謂坐忘。」孔子至此徹底信服了顏回對「道」的體認，乃曰：「而果其賢乎！丘也請從而後也。」（按：《淮南子．道應訓》引此段，顏回先忘「禮樂」，次忘「仁義」，恰好與《老子》中的次序完全相反。我相信《淮南子》的次序是〈大宗師〉此段的原來狀態，故下文從之。）

不難看出，這正是《老子》所見「墮落」過程的逆反。莊子在此告訴我們如何從現在的「墮落」狀態回歸到「道」：第一步忘禮樂，第二步忘仁義，祇有這樣才能回歸大道。但是，莊子的「道」存身於感覺和一般理性無法接觸的領域之中，因此，人在追求與「道」合一時，必須「忘卻」賴以獲得有關此世確定知識的方法。然而，在我看來，這兩步導向「道」的「忘」並不能省略或越過其中之一。

在此必須記住道家的方法乃是「得魚忘筌」，「得意忘言」。但是在捕得魚之前，畢竟還是要用筌的。莊子在這個方面是先維根斯坦（Ludwig Wittgenstein）而發了，當然，後者以為這是「無關緊要之事」（a matter of indifference）。維根斯坦在《邏輯哲學論》（*Tractatus Logico-Philosophicus*）裡談到自己的命題，提出可將它們視作登上高處的階梯：「他必須，這麼說吧，爬上去後丟掉梯子。」他更進一步向我們保證：「他必須忘卻這些命題，然後將會正確恰當地看世界。」莊子大概也會說出類似的話，其精神恰相一致：「他必須先忘卻禮、樂，其次忘卻仁、義，然後才會與道漸成一體。」

我們在本文中討論了三大哲學學派與軸心突破的關係，其中道家的突破或許最為激進。這種激進態度尤其反映在兩個顯著的特徵之中。第一個特徵是對整個禮樂傳統持否定的立場，其前提是對人類文明持更為基本的否定態度；第二個特徵是，現實世界與超越世界在道家觀點裡比起在其他任何哲學派別中更劇烈地分離開來。換句話說，我們可以講，早期道家，尤其是莊子竭力向我們人類表示，在我們通過感官和智力所瞭解到的現實世界之上，還存在著一個更高的精神世界。不必說，這個精神實際上就是「道」的世界。

我們在前面已經討論過道家對禮樂傳統所持的否定態度，現在，我們來看一下道家所區分的兩個世界。我在此還想引用莊子虛構的孔子和另一位弟子子貢的對話，以說明這個問題。故事同樣始於莊子否定「禮」的觀點。孔子有一次命子貢前去參加道家朋友桑戶的葬禮，子貢驚奇地發現兩位道家竟臨屍鼓琴而歌。子貢探問此係何禮？祇引得兩人相視而笑，批評子貢完全不懂「禮意」。子貢返，以告孔子。子曰：

彼遊方之外者也。而丘遊方之內者也。外內不相及。而丘使女往弔之，丘則陋矣。彼方且與造物者為人，而遊乎天地之一氣……芒然彷徨乎塵垢之外，逍遙乎無為之業。彼又惡能憒憒然為世俗之禮，以觀眾人之耳目哉！

「遊方外」和「遊方內」後世簡化為「方外」和「方內」，成為宗教社團和世俗社會各自的標籤。就我所知，這是中國本土區分一般稱為「彼世」（other-worldliness）和「此世」（this-worldliness）最早、最清楚的表述。柏拉圖一直被稱作「西方彼世思想之父」，主要由於他關於善的觀念。他認為，那些認識到善的人「不願意料理人的事務，他們的心靈渴望將全部時間奉獻給上面的世界」，這正是莊子所說的：「相造乎道者，無事而生定（「定」讀為「足」）。」藐姑射之山上那個完滿自足的「神人」也清楚地說明了這一點：「世乎亂，孰弊弊焉以天下為事！」我們絕不能將莊子的高級「道」領域誤為自然界，因為它不在任何物理空間之內，也不能將之等同於某種宗教意義裡的天堂生活，因為這種天堂有時祇不過是此世的延長，僅僅略去了此世的痛苦和挫敗而已。相反地，「道」是看不見的永恆世界，要在較高級的王國中才可以發現：「與低級王國不僅在級別、細節上不同，而且在本質上不同。」

我自然不是說，莊子是軸心時代中唯一對這個高級精神領域有慧照的思想家。孔子、顏回、孟子也都時時對這一領域有所論說和描述，儘管孔子之「道」與莊子之「道」相當不同。我祇想說，這種分野在莊子的著作中，比起在其他任何地方，得到了更系統化、更尖銳的表現。不過，他的激進、他對此世的棄絕，斷斷不是完全徹底的。他沒有宣稱要完全遁離此世，在彼世永恆憩息。他自己未曾放棄此世。正如日後門徒所說：「獨與天地精神往來，而不敖倪於萬物，不譴是非，以與世俗處。」他甚至還強調「禮意」，「臨屍而歌」也還是一種「喪禮」。所以莊子本人也有妻死「鼓盆而歌」的傳說。莊子和道家也依然是對禮樂傳統做了新的解釋，而不是從這一傳統中全部退出。我們如何理解這半吊子的救贖呢？關於這個問題，沒有簡單的答案。雖然如此，我在道家魚—筌類比的啟發下，想大膽提出一個具體的猜想：情況或許是，莊子想其需要此世來作為階梯，祇有如此才能使他攀上更為高級的「道」的王國。襲用維根斯坦的說法，他必須忘卻此世，然後才會看到彼世。

現在讓我們來總結一下。道家的突破之所以獨特，乃是由於它不僅近乎徹底地與禮樂傳統決裂，還因為它在中國的語境下，在現實世界和超越世界之間做出了鮮明的分判。特別是莊子，更一直是中國原有的精神傳統中關於彼世思想的主要資源。眾所周知，莊子的彼世思想後來被外來的印度佛教的更強烈的彼世觀念掩去了它的光彩。但是，這個事實同樣重要，莊子的思想使中國在佛教入華時就已做好了接受其彼世學說的準備。比如魏晉新道家進一步發揮了他「忘」的觀點，就幫助了支遁（三一四至三六六年）將般若波羅密多（Prajñaparamita）比附為超越智慧，至人可藉此證得「本無」。道家觀點將中國的軸心突破推到了極限，這樣說毫不誇張。然而，兩個世界在道家觀點裡與其說是一刀兩斷般截然分開的，還不如說是相互糾纏的。在這一點上，若是從比較眼光觀看，道家的「突破」仍然不曾跳出中國「內向超越」的格局之外。（盛勤、唐古譯）

# 第三篇　新春談心

《文匯報．筆會》倡議在新春伊始之際，對中國傳統價值做一次回顧和展望；這是一個十分有意義的構想。為了響應這一構想，我決定擇談「心」為題。我為什麼要談「心」呢？這是因為在中國的思想傳統中，「心」始終被看作一切精神價值的源頭，從先秦到晚清都是如此。孟子有一句話最能傳達這個意思，他說「仁義禮智根於心」。他的著名的「四端」說——「惻隱之心，仁之端也；羞惡之心，義之端也；辭讓之心，禮之端也；是非之心，智之端也。」便是對於這一命題的有力論證，在後世發生了重大的影響。價值源於「心」從此成為一種普遍的預設：因此音樂家認為哀樂不在「聲」而在「心」，畫家強調「中得心源」，詩人也說「憐渠直道當時語，不著心源傍古人」，一切藝術上的價值創造無不歸之於「心」。這可以說是中國文化系統中一項最顯著的特色，今天好談中西文化異同的人，絕不能輕易放過。

西方的精神價值託源於「神」或「上帝」，自古典時代即已如此，中古更甚，一直到今天依然流風未泯。所以在西方思想史上，「神學」在近代科學興起之前始終佔據著中心的位置。「神學」這個名詞，早在柏拉圖、亞里斯多德的著作中便已出現，到基督教興起之後，它則取得了至尊無上的身分，連「哲學」也祇是它的「婢女」。希臘的「神話」也十足表示人所創造的價值離不開「神」。無論是文學、藝術或科學都由九位女神主司其事（即Muses）；這顯然是「神源」說，和中國的「心源」說適成有趣的對照。

由此反觀中國傳統的文化系統，我們可以大膽地說，在其中佔據著中心地位的是「心學」而不是「神學」，甚至「神話」在古代中國也比較不發達，至少遠不能和古希臘相比。但這裡所謂「心學」是最廣義的用法，不是宋、明以來的所謂「陸王心學」。事實上，「程朱理學」也同樣以「心」為「功夫」的焦距所在。朱熹說：「理得於天而具於心」。但無論是「涵養須用敬」或「致知在格物」都是在「心體」上用功夫，唯有如此才能達到「明理」和實踐「理」的境界。這樣看來「程朱理學」不過是中國「心學」的另一型態的表現罷了。

從思想史觀察，「心學」的正式建立發生在戰國時代。孔子在《論語》中稱讚顏回「其心三月不違仁」，這已是價值源於「心」的明白表示。但《論語》中「心」字甚少，儒家「心學」系統的建立者是孟子而非孔子，孟子曾引孔子的話：「操則存，舍則亡；出入無時，莫知其鄉（向）」。然後加上自己的按語說：「惟心之謂與？」但此語不見於《論語》，當是流傳下來的一句語錄，原意是不是講「心」，很難確定，不過由於孟子借它來建立儒家的「心學」，後世儒家大致都把這幾句話當作孔子關於「心」的活動的一種描述。

但戰國時代建立「心學」的並不限於儒家，其他學派也同樣在努力建構「心學」。與孟子同時代的莊子說：「唯道集虛。虛者，心齋也。」（〈人間世〉）這是一個很有力的論點，《韓非子》〈揚權〉篇「虛心以為道舍」的話便明顯地受到它的影響。此外還有齊國稷下不同學派的人也發展了不少大同小異的構想，保存在《管子》一書中，限於篇幅，這裡便不多引了。

我們讀了先秦各家對於「心」的種種構想。不能不得出一個結論，原來他們是從古代「巫」的文化背景中奮鬥出來的。「巫」是天、神或上帝與人之間的媒介，他們自稱有特殊的精神能力和訓練，可以與天上的神靈溝通，並且有法力使天神下降，附在他們身上，指示人間一切吉凶禍福的變化。「巫」為了迎神，必須先把自己的身體洗濯乾淨，衣著也必須鮮麗，這樣才能使「神」有一個暫時停留的地方。《楚辭．雲中君》：「浴蘭湯兮沐芳，華采衣兮若英，靈連蜷兮既留」，便是描寫降神附體的一幕。戰國各派思想家已不相信「巫」有此神通，更不肯承認「巫」有獨霸天人或神人之間溝通的權威。他們因此展開了一場對「巫」的尖銳交鋒。《莊子．應帝王》中關於壺子（列子的老師）與神巫季咸之間鬥法，便是以寓言方式透露出當時新舊思潮的激盪。這是中國古代思想史上一場推陳出新的革命，其結果則是各學派的興起，各家立說雖各不同，但所建立的「心學」卻有兩點共同之處：第一是將作為精神實體的「道」代替了「巫」所信奉的人格「神」；第二是用「心」代替了「巫」的功能，成為「天」、「人」之間溝通的樞紐。明乎此，我們才能懂莊子「心齋」的涵義：「心」是「道」的集聚之地，所以必須打掃得一塵不染，正如「巫」迎「神」先要沐浴更衣一樣，否則「道」便留不住了。《莊子．知北遊》所說「汝齋戒，疏瀹而心？」，同指此而言。《管子．內業》的

「精舍」和韓非的「道舍」也強調「心」為「道」居留之地。儒家也大致接受了這一觀點，所以漢代經師修道講學之地稱之為「精舍」。

由此可見，戰國「心學」是在長期與「巫」文化在奮鬥下成立的，它一方面摧破了「巫」的原始「神學」，但另一方面則通過理性將其中最有號召力的兩點加以改造，將初民宗教提升至哲學的高度。「巫」的人格「神」代表了中國早期宗教中一種超越而外在的力量，戰國各派思想家則把它轉化為「道」而收入人「心」之內。「道」與人格「神」截然有異，但其為超越則同。「道」是一種超越的力量，所以能成為精神價值的源頭，但常留在「心」之內，所以孟子說「仁義禮智根於心」。這是價值源於「心」說的終極根源。

作為「道舍」的「心」自然是「道心」而不是普通的「人心」。《荀子．解蔽篇》說：「虛一而靜，謂之大清明。」這便是他理想中的「道心」。（同篇引《道經》已有「道心」、「人心」的分別。）「道心」是不能不隨時加以淨化的，否則就留不住「道」了；先秦文本中「存心」、「盡心」、「養心」、「正心」、「洗心」等等說法都是針對「道心」而發的。秦、漢以下從儒、道、釋三教到民間宗教、小說、戲劇無不強調為人必須修「心」。在王陽明時代，「良心」一詞已普遍流行，成為「道心」的通俗版，「爾欺心」因此是一句罵人的重話。兩千多年來，中國在政治上雖亂多治少，社會還能勉強維持著起碼的穩定，「道心」或「良知」至少是發揮了一定的作用的。但十九世紀末以來，中國知識人似乎已拋棄了「道心」，以致不能「虛一而靜」，更未曾有過「清明」的時候；最近幾十年來，連「良心」兩個字在民間好像也不大流行了。我們似乎祇看到「人心」為權與錢而爭鬥，顯得十分活躍。如果我們今天還想重新認識傳統價值的真義，恐怕首先必須遵照著荀子的指示，做一點「治氣養心」的功夫，祇有在「道心」或「良心」復活之後，我們才能進一步談價值重建的問題。

二〇〇四年二月二日

# 第四篇　中國現代價值觀念的變遷

自十九世紀中葉以來，中國進入了一個全面變動的歷史階段，傳統的價值系統受到了最嚴厲的挑戰。這一百多年中，我們一方面看到傳統價值觀念的解體，另一方面也看到種種現代觀念的出現，但是價值系統所涉及的不僅是觀念世界，更重要的是日常人生。我們觀察一個社會的價值系統尤其應當著眼於該社會成員的實際行為；這主要是社會學、人類學的研究對象。不但如此，價值系統的社會實踐又往往因階層、族類、性別等而異。例如今天在西方學術界十分流行的所謂「菁英文化」與「民間文化」之別便和價值系統的問題密切相關，同一價值觀念在這兩種不同的文化層面中並不必然發生相同的作用。由此可知，如果我們要認真討論中國的價值系統在這一個半世紀中的變遷，似乎祇有在社會科學家和史學家進行了大量的經驗研究以後才能著手。但這個先決條件在今天還遠未具備。一九四九年以後，社會學、人類學、民俗學的研究在中國大陸幾乎完全停頓了。少數調查報告也是在最近十年中才開始的，還不能為我們提供充分的資料。

由於受到資料的嚴重限制，我們現在還不能對現代中國價值系統的流變提出比較準確的論斷。本文基本上是從思想層面進行觀察；這是出於三重考慮：第一，對於傳統價值系統的全面攻擊是從知識界、思想界開始的。第二，中國知識分子雖居於所謂「四民之首」，屬於菁英文化的層次，然而由於中國並沒有森嚴的階級制度，許多知識分子都是從民間來的，因此他們對於傳統價值系統的批判在一定的程度上也反映了整個社會的動向。第三，從以往的歷史看，中國知識分子雖不能說是文化價值的創造者，但他們在闡明（articulate）、維護和傳播文化價值方面，則往往起著重大的作用。現代的價值觀念和行為的變遷，追根溯源，也是從知識階層逐漸向全社會滲透的。但是這篇文字祇能就個人所知及解析略陳大概，其中一些局部的觀察和整體的結論都有待於將來經驗研究的驗證。

中國傳統的價值系統是以儒家為中心而形成的，漢代以後有佛教和道教的崛起，許多民間的價值觀念往往依託在佛和道的旗幟之下。但是整體地看，儒家的中心地位始終是很穩固的。因此傳統價值系統的動搖也始於現代知識分子對儒家失去了信心。

儒家的理論從個人的修身逐步擴大到齊家、治國、平天下，可以說是無所不包的整體。近代中國對儒教的批判最初雖是從治國、平天下（所謂「外王」）方面入手，但很快便發展到齊家的層面，最後連修身也不能幸免。於是儒家的價值系統整個都動搖了。

我們通常認為儒家的權威要到清末民初才受到正面的挑戰。就影響的廣度和深度而言，這個看法是有根據的，然而就起源而言，我們卻不能不把中國的反儒教的運動上推至十九世紀中葉。洪秀全等人信奉上帝會而到處焚毀孔廟及其他寺廟，並禁士人「讀孔子之經」，這可以代表中下層社會的邊緣分子對於儒教以至整個文化傳統的一種激烈的反抗。因此曾國藩的〈討賊檄〉才特別以「名教之大變」為號召。這一規模浩大的民變已透露出傳統價值系統的深刻危機，它絕不僅僅是一次政治、種族或經濟的抗爭。更值得指出的是：太平天國的基督教義雖極盡歪曲之能事，但畢竟代表了中國人第一次利用西方的觀念對自己的文化傳統施以猛烈的攻擊，這一象徵的意義是十分重大的。

西方勢力的入侵不僅在中國中下層邊緣分子的心靈中造成巨大的激盪，而且也立即使士大夫對儒家發生深刻的懷疑。太平天國時代的汪士鐸（一八〇二至一八八九年）便是一個較早而具有代表性的例子。汪士鐸親歷太平天國之亂，隱身江寧差不多一年，但後來曾入胡林翼和曾國藩的幕府，頗多策畫，極受胡、曾的推重。所以胡林翼說他「博大精深，胸有千秋，目營八極」，又說他是「曠代醇儒，孤介不可逼視」。曾國藩也稱道他「學問淹雅，人品高潔」（均見鄧之誠〈汪悔翁乙丙日記序〉所引胡、曾書札）。然而這位「醇儒」卻對儒家有很激烈的評論，他在《乙丙日記》中說：

由今思之，王（弼）何（晏）罪浮桀、紂一倍；釋、老罪浮十倍；周、程、朱、張罪浮百倍。彌近理彌無用，徒美談以惑世誣民。不似桀、紂，亂祗其身數十年也。周、孔賢於堯、舜一倍；申、韓賢於十倍；韓、白賢於百倍。黃、堯、舜以德不如周、孔之立言。然失於仁柔，故申、韓以懲小奸，韓、白以定大亂，又以立功勝也。[1]

他對孔子還保持著敬意，對孟子已多微詞，對宋代道學則深惡痛絕。所以他說：

道學家其源出於孟子，以爭勝為心，以痛詆異己為衣缽，以心性理氣誠敬為支派，以無可考驗之慎獨存養為藏身之固，以內聖外王之大言相煽惑，以妄自尊大為儀注，以束書不觀為傳授，以文章事功為粗跡，以位育參贊，篤恭無言、無聲色遂致太平之虛談互相欺詐為學問。[2]

自清初顏元以來，兩百年間從來沒出現過這樣激昂的反道學的言論。但汪士鐸排斥道學並不是出於無知。事實上，他出身於理學的家庭。據他的〈自述〉：「士鐸家極貧，然性好讀書。先君子好理學，除程、朱經注之外禁勿觀。日以無入不自得為訓。」[3]我們可以斷定，他中年以後思想的偏激是經歷了世變的結果。西方勢力的凌逼和太平天國的動亂使他認識到富國強兵已成當務之急，因此他才特別提倡法家與兵家。他很明白地指出：

儒者得志者少，而不得志多，故宗孔子者多宗其言仁言禮，而略其經世之說。又以

1 汪士鐸，《乙丙日記》卷二（台北：文海出版社影印本），頁九四—九五。
2 同前注，頁七六。
3 《汪梅村先生集》卷一二（台北：文海出版社影印本），頁四九三。

軍旅未之學而諱言兵，由是儒遂為無用之學……此皆孔子不得位，無所設施故爾。道德之不行於三代之季，猶富強之必當行於今。故敗孔子之道者，宋儒也；輔孔子之道者，申、韓、孫、吳也。[4]

這一段話中最可注意的是他責難後代儒者——特別是「宋儒」——完全拋棄了孔子思想中注重「經世」的一面。依照汪氏的推理，祇有「經世」才能致富強，因此法家和兵家反而能夠「輔孔子之道」。這裡透露了當時思想界的一個重要動向，十九世紀上半葉，政治、社會的危機已深，學者開始回想儒家的經世傳統，魏源強調：「自古……無不富強之王道。」他一方面諷刺宋儒說：「心性迂談可治天下乎？」[5]另一方面則正面提出「兼黃、老、申、韓之所長而去其所短，斯始國之庖丁乎！」[6]這些都是汪士鐸在《乙丙日記》中所發揮的議論，不過語氣更為偏頗而已。汪氏咸豐二年（一八五二年）曾在揚州從魏源遊，深受影響，所以後來在〈感知己贊〉中論及魏源時，特別說：「魏侯經世，為世營平。」[7]〈感知己贊〉中又有包世臣，汪氏也推重其「經世」之學。這是他參與了經世學運動的明證。

十九世紀中葉以後，宋學和漢學都受到批評，經世致用的思潮逐漸成為主流，不但魏源、包世臣等學人宣導不遺餘力，政治界的領袖如曾國藩、胡林翼等也為之推波助瀾。「經世」雖然一方面出於儒家的內在要求，但另一方面也暴露了儒家在「治國、平天下」層面的限制。王安石為經世而變法，便不期而然對商鞅有所同情，故說：「今人未可非商鞅，商鞅能令政必行。」[8]這和魏源、汪士鐸想以法家輔佐「孔子之道」在思路上是一致的。晚明也有過經世思潮的醞釀，因明亡而未及形成變法運動，其理論上的結晶則是黃宗羲的《明夷待訪錄》。《明夷待訪錄》顯然突破了傳統儒家的藩籬，所以清末變法領袖如譚嗣同、梁啟超等都特別推重它的價值。

晚清的經世運動和過去有一大不相同之點，即通過變法改制而逐步脫離了中國的傳統，從此再也沒有回到儒家「治國、平天下」的舊格局。從這一點看，汪士鐸在經世思想初興之際便對儒家展開激烈的批評，是富有象徵意義的。汪士鐸的批評雖以「治國、平天下」為限，但後來的發展說明：這個缺口打開之後，中國知識分子對儒家價值系統的整體信仰便開始動搖了。

戊戌變法前後，儒家的價值系統第一次受到比較全面的挑戰。康有為的改制雖假孔子之名，其實是以西方的政治為藍圖。換句話說，他是想以偷梁換柱的方式，使西方的

---

4 《乙丙日記》卷二，頁七四。

5 見《默觚下．治篇一》，收入《魏源集》（北京：中華書局，一九七六），頁三六—三七。

6 同前注，頁四五。

7 《汪梅村先生文集》卷四，頁一八四。

8 《臨川先生文集》卷三二（北京：中華書局，一九五九），頁三五五。

價值取代儒家。這就是當時人所說的「用夷變夏」，他還沒有直接攻擊儒家。最先向儒家價值系統公開發難的是譚嗣同，他在著名的《仁學》中對傳統的「名教綱常」提出了最尖銳的現代批判。他告訴我們：

仁之亂也，則於其名……名本無實體，故易亂。名亂焉，而仁從之，是非名罪也，主張名者之罪也。俗學陋行，動言名教，敬若天命而不敢逾，畏若國憲而不敢議。嗟呼！以名為教，則其教已為實之賓，而決非實也。又況名者，由人創造，上以制其下，而不能不奉之，則數千年來，三綱五倫之慘禍烈毒，由是酷焉矣。君以名桎臣，官以名軛民，父以名壓子，夫以名困妻，兄弟朋友各挾一名以相抗拒，而仁尚有少存焉者，得乎？[9]

對儒家「名教」或「禮教」的反抗早在魏晉時代便已發生過，不是始於譚嗣同，但那是新道家持「自然」的觀念向周、孔「名教」挑戰，仍屬於中國文化傳統內部批判的範疇。譚嗣同則以西方的政教風俗為根據（其中尤以基督教的靈魂觀為理論上的樞紐），以否定中國傳統的倫常秩序。這是一種相當透徹的現代文化批判，也是中國現代激進主義的濫觴，其涵義與魏晉的「自然」與「名教」之爭是不可同日而語的。他對「三綱」所造成的殘酷社會狀況提出了極其沉痛而深切的控訴。他說：

君臣之禍亟，而父子、夫婦之倫遂各以名勢相制為當然矣。此皆三綱之名之為害也……君臣之名，或尚以人合而破之。至於父子之名，則真以為天之所合，捲舌而不敢議。不知天合者，泥於體魄之言也，不見靈魂者也。子為天之子，父亦為天之子，父非人所得而襲取也，平等也。且天又以元統之，人亦非天所得而凌壓也，平等也……夫彼之言天合者，於父子固有體魄之可據矣，若夫姑之於婦，顯為體魄之說所不得行，抑何相待之暴也……村女里婦，見戕於姑惡，何可勝道？父母兄弟，茹終身之痛，無術以援之……又況後母之於前子，庶妾之於嫡子，主人之於奴婢，其於體魄皆無關，而黑暗或有過此者乎！三綱之懾人，足以破其膽，而殺其靈魂，有如此矣。《記》曰：「婚姻之禮廢，夫婦之道苦。」實亦三綱之說苦之也。夫既自命為綱，則所以遇其婦者，將不以人類齒……自秦重暴法，於會稽刻石，宋儒暢之，妄為「餓死事小，失節事大」之瞽說，直於室家施申韓，閨闥為岸獄。是何不幸而為婦人，乃為人申韓之，岸獄之！此在常人，或猶有所忌而不能肆；彼君主者，獨兼三綱而據其上，父子夫婦之間，視為錐刀地耳。書史所記，更僕難終……獨夫民賊，固甚樂三綱

9 《仁學・八》，收入《譚嗣同全集》下冊（北京：中華書局，一九八一），頁二九九。

之名，一切刑律制度皆依此為率，取便己故也。[10]

這篇控訴書真是有血有淚，不但無數的歷史記載都支援其中的論斷，而且他個人的痛苦經驗更提供了活生生的見證。他說「村女里婦，見戕於姑惡」，也許他記起了明代歸有光有關張貞女受虐而死的幾篇文字，那是清代最流行的作品。至於說到「庶妾之於嫡子」，那更顯然是現身說法了。據梁啟超的《譚嗣同傳》，他「幼喪母。為父妾所虐，備極孤孽苦」（見同書〈附錄〉，頁五四三）。他的父親則是一位「拘謹」的「禮法之士」（《翁文恭公日記》光緒二十三年丁酉，三月二十七日條，引在同書〈附錄〉，頁五五〇），譚嗣同因此便成了名教綱常下的犧牲品。他在《仁學》的自敘中也特別提到這一段重要的經歷。他說：

吾自少至壯，遍遭綱倫之厄，涵泳其苦，殆非生人所能任受，瀕死累矣，而卒不死。由是益輕其生命，以為塊然軀殼，除利人之外，復何足惜。[11]

可見譚嗣同「衝決倫常之網羅」的最早契機起於個人生命上的實感。而且這裡也早埋下了他後來選擇殉難的種子。但是他超越了個人的痛苦，把這個深刻的感受擴大，提升到宗教的境界——即他所說的「仁」。所以他終於把一己的「綱倫之厄」認同於整個中國的危亡，而走上了「殺身成仁」的道路。（關於譚嗣同的宗教思想，可參看張灝，《烈士精神與批判意識》，台北：聯經，一九八八年。）

但是我們也必須指出，《仁學》雖已全面攻擊儒家的名教綱常，其重點則是君臣一綱，這是因為作者深信「彼君主者，獨兼三綱而據其上」的緣故。還有一點也應該指出，譚氏在「孔子改制」的觀念籠罩之下，把儒家「倫常之網羅」歸罪於荀子，甚至提出「二千年來之學，荀學也，皆鄉愿也」的論斷，至於孔子的原始教義，他則說成是「黜古學，改今制，廢君統，倡民主，變不平等為平等」。[12]這些看法是否符合歷史事實是另一問題，但正因如此，他才沒有全面否定中國文化的傳統。這又是他和「五四」時代的文化批判者有所區別之所在。無論如何，譚嗣同的綱常批判確是中國近代史上一次破天荒之舉，其意義的重大是無可否認的。他個人的遭遇使我們不能不相信他的綱常批判是發自內心的，更是值得我們同情的。流行了兩千年的所謂「萬古綱常」似乎已面臨解體的階段了。但是兩千年來，呻吟在「綱倫之厄」下的中國人不計其數，為什麼要等到譚嗣同出來才正式提出抗議呢？這當然是因為譚嗣同已有西方的宗教和倫理作為參

10 《仁學．三十七》，收入《譚嗣同全集》下冊，頁三四八—四九。

11 同前注，頁二八九—九〇。

12 同前注，頁三三七。

照系統。西方的價值系統為他提供了一個外在的立足點，使他能看清三綱五倫的壓制性。他說：

五倫中於人生最無弊而有益，無纖毫之苦，有淡水之樂，其惟朋友乎，顧擇交何如耳。所以者何？一曰平等；二曰自由；三曰節宣惟意。總括其義，曰不失自主之權而已矣。[13]

這個說法明明是從西方模式中脫胎而來的。所以他又說：

其在耶教，明標其旨曰：「視敵如友。」故民主者，天國之義也，君臣朋友也；父子異宮異財，父子朋友也；夫婦擇偶判妻，皆由兩情自願，而成婚於教堂，夫婦朋友也；至於兄弟，更無論矣。[14]

這正是譚氏持說的主要根據的所在。雖然他也企圖把原始孔教和佛教都解釋為「朋友一倫論」，以證成他的新三教合一說，但牽強附會是一望可知的。

《仁學》在清末的思想界發生了很大的影響，但這個影響並不在一般的倫理觀念上，而是在政治思想方面。換句話說，《仁學》動搖了人們對於君臣一綱的信念，但似乎還沒有衝擊到整個綱常的系統。十幾年後，中國之所以能夠那樣輕而易舉地廢除了帝制，在思想上不能說不是得力於《仁學》的傳播。胡適晚年論及帝制在中國的消失說：

> 我們必須記住，中國是歐洲以外第一個廢除世襲君主制度的民族。這個制度在中國至少存在了五千多年。僅就「皇帝也非得走開不可」這件事來說，它在大多數中國人心理上便必然產生了巨大的影響。[15]

胡氏所謂心理上的巨大影響，具體地說便是三綱的一角已隨君主制的廢除而崩塌了，其他兩個角的崩塌也祇是時間的問題。但在辛亥革命以前，譚氏《仁學》對於其他兩綱的衝擊還沒有激起強烈的迴響。要說明這一點，我們必須略察當時人對《仁學》的評論。

一九〇四年王國維發表了〈論近年之學術界〉一文，恰好為我們提供了有用的資料。王氏在此文中對康有為和譚嗣同的著作是這樣評介的：

---

13 同前注，頁三五〇。

14 同前注，頁三五一。

15 見Shih Hu, "The Chinese Tradition and the Future," *Sino-American Conference on Intellectual Cooperation, Report and Proceedingsm* (Seattle: University of Washington, 1960), p. 20。

> 其有蒙西洋學說之影響而改造古代之學說，於吾國思想界佔一時之勢力者，則有南海□□□（按：即康有為）之《孔子改制考》、《春秋董氏學》，瀏陽□□□（按：即譚嗣同）之《仁學》。□（康）氏以元統天之說大有泛神論之臭味，其崇拜孔子也，頗模仿基督教。其以預言者自居，又居然抱穆罕默德之野心者也。其震人耳目之處在脫數千年思想之束縛，而易之以西洋已失勢之迷信。此其學問上之事業不得不與其政治上之企圖同歸於失敗者也。然□（康）氏之於學術非有固有之興味，不過以之為政治上之手段，荀子所謂今之學者以為禽犢者也。□（譚）氏之說則出於上海教會中所譯之《治心免病法》；其形而上學之以太說，半唯物論半神祕論也。人之讀此書者，其興味不在此等幼稚之形而上學，而在其政治上之意見。□（譚）氏此書之目的亦在此而不在彼，固與南海□（康）氏同也。[16]

王國維的論斷不但平允，而且深刻，洞見康、譚兩家之學的隱微。譚嗣同深受《治心免病法》的啟發，《仁學》本文中未見提及，今可從他〈上歐陽中鵠〉第十書中知其詳。[17] 但王氏當時便能一語道破，足見他對思想界動態瞭若指掌（關於《治心免病法》一書原本及中譯經過，可看張灝前引書，頁六五至六六）。王氏對兩家的批評完全是從學術的觀點出發，在政治上，他是同情戊戌變法的。[18] 以他的敏感，也僅僅提到康、譚的影響「在脫數千年思想之束縛」以及「政治上之意見」，他並沒有理會《仁學》中「衝決倫常之網羅」的激烈觀點。所以王氏此文最能證明《仁學》的作用當時仍限於政治層面。

譚嗣同論人倫關係，首以自由與平等為兩大原則，而總括其義曰：不失自主之權。這個提法自然是從個體本位出發的，其中「不失自主之權」一語確實抓住了「現代人」的本質。但《仁學》一書畢竟破多於立，對於怎樣才算是一個「不失自主之權」的現代人則未加深論。這一正面的建設工作直到戊戌變法以後才由梁啟超承擔了起來。一九○二年梁啟超在日本創辦了《新民叢報》，這一年之中，他發表了十幾篇文字，從各種不同的角度發揮「新民」的理念，合成《新民說》一部專集。《新民說》的宗旨是要用西方現代的新倫理來補充和刷新中國的舊倫理，以造成獨立、自由、自尊的新人格。用最簡單的話說，「新民」是以西方的「公民」為範本而發展出來的新概念。和譚嗣同不同，他不再與三綱五倫相糾纏，而直截了當，以宣揚新倫理為己任。所以他首先強調「新民」必具「公德」的觀念，並指出中國傳統倫理是「私德居其九，而公德不及其

16 見《靜安文集》，《海寧王靜安先生遺書》本（台灣：臺灣商務印書館，一九七六），頁一七〇〇—七〇一。

17 《譚嗣同全集》下冊，頁四五九、四六一。

18 見他於一八九八年九月二十六日〈致許同藺〉札，收入吳澤主編，《王國維全集・書信》（北京：中華書局，一九八四），頁一七—一八。

一」。他說：

> 今試以中國舊倫理與泰西新倫理相比較：舊倫理之分類，曰君臣、曰父子、曰兄弟、曰夫婦、曰朋友。新倫理之分類，曰家族倫理、曰社會倫理、曰國家倫理。舊倫理所重者，則一私人對於一私人之事也；新倫理所重者，則一私人對於一團體之事也。

他在小注中又補充說：

> 若中國之五倫，則惟於家族倫理稍為完整，至社會、國家倫理，不備滋多。此缺憾之必當補者也，皆由重私德輕公德所生之結果也。[19]

梁氏的「新民」也是以個人為本位的，這在他「論權利思想」一節中有明白的表示。他說：

> 一部分之權利，合之即為全體之權利；一私人之權利思想，積之即為一國家之權利思想。故欲養成此思想，必自個人始。[20]

限於篇幅，我們不能多討論《新民說》的內容了。我們所要強調的是《新民說》不但對「不失自主之權」的現代人做了極其詳細的描述，而且確實改變了中國人——特別是知識分子——的價值觀念。《新民叢報》時代是梁啟超在思想上發揮了最大影響的時代。黃遵憲說：「《清議報》勝《時務報》遠矣，今之《新民叢報》又勝《清議報》百倍矣。驚心動魄，一字千金，人人筆下所無，卻為人人意中所有，雖鐵石人亦應感動，從古至今文字之力之大，無過於此者矣。」[21] 這幾句話實在不算誇張。胡適在《四十自述》中也承認《新民說》對他早年的思想發生了極大的震盪。他告訴我們：

> 《新民說》的最大貢獻在於指出中國民族缺乏西洋民族的許多美德……他指出我們所最缺乏而須采補的是公德，是國家思想，是進取冒險，是權利思想，是自由，是自治，是進步，是自尊，是合群，是生利的能力，是毅力，是義務思想，是尚武，是私德，是政治能力。他在這十幾篇文字裡，抱著滿腔的血誠，懷著無限的信心，用他那

19《飲冰室合集》專集之四（北京：中華書局，一九八九，重印本），頁一二——一三。

20 同前注，頁三六。

21 光緒二十八年四月黃公度，〈致飲冰室主人書〉，收入丁文江、趙豐田編，《梁啟超年譜長編》（上海：上海人民，一九八三），頁二七四。

枝「筆鋒常帶感情」的健筆，指揮那無數的歷史例證，組織成那些能使人鼓舞，使人掉淚，使人感激奮發的文章。其中如論毅力等篇，我在二十五年後重讀，還感覺到他的魔力。何況在我十幾歲最容易受感動的時期呢？[22]

胡適是後來新文化運動的一個重要的領袖，但他顯然是沿著梁啟超所開闢的道路，向前再跨進了一步，不過以價值觀念的變遷而言，這卻是關鍵性的一步，因為踏出了這一步，胡適才能提出「重新估定一切價值」的嶄新命題。

中國的價值系統發生全面的變動是在「五四」時代。但這個大變動並不是突然而來的，它是譚嗣同「衝決倫常之網羅」的實踐，也是梁啟超「新民說」的進一步的發展。陳獨秀在《青年雜誌》（即《新青年》的前身）第一卷第五期〈一九一六年〉文中首先揭櫫了「尊重個人獨立自主之人格，勿為他人之附屬品」一項大原則。他解釋道：

以一物附屬一物，或以一物附屬一人而為其所有，其物為無意識者也。若有意識之人間，各有其意識，斯各有其獨立自主之權。若以一人而附屬一人，即喪其自由自尊之人格……集人成國，個人之人格高，斯國家之人格亦高；個人之權鞏固，斯國家之權亦鞏固。而吾國自古相傳之道德政治胥反乎是。儒者三綱之說為一切道德政治之大原：君為臣綱，則臣於君為附屬品，而無獨立自主之人格矣；父為子綱，則子於父為附屬品，而無獨立自主之人格矣；夫為妻綱，則妻於夫為附屬品，而無獨立自主之人格矣。率天下之男女為臣、為子、為妻，而不見有一獨立自主之人者，三綱之說為之也。緣此而生金科玉律之道德名詞，曰忠、曰孝、曰節，皆非推己及人之主人道德，而為以己屬人之奴隸道德也。人間百行，皆以自我為中心，此而喪失，他何足言？奴隸道德者即喪失此中心，一切操行悉非義由己起，附屬他人以為功過者也。[23]

這篇文字發表在文學革命開始的前一年，真可以說是「新文化運動的第一顆炸彈」。[24]文中摧破三綱和提倡獨立自主之人格，其實是一事的兩面。這正是譚嗣同在《仁學》中所最先指出的。但是陳獨秀的三綱批判遠比譚嗣同為透徹：第一，他把三綱溯源至「吾國自古相傳之道德政治」，並不特別像譚氏那樣從今文經學的立場上為孔子開脫。關於這一點，他在其他幾篇文字中發揮得更為明白，例如〈吾人之最後覺悟〉的

22 胡適，《四十自述》（台北：遠流，一九八六），頁五七。

23 一九一六年正月號，頁三。

24 陳東原，《中國婦女生活史》（台灣：臺灣商務印書館，重印本，一九七五），頁三六八—六九。

「倫理的覺悟」一節，[25]〈憲法與孔教〉，[26]尤其是〈孔子之道與現代生活〉。[27]這是反儒家的戰火蔓延到孔子身上的一個有系統的開端。第二，他的批判重心已不再停留在君臣一綱上面，而毋寧是更重視父子和夫婦兩綱。第三，他提倡個性的解放更不是譚嗣同「不失自主之權」那樣一句簡單的話所能相提並論的了。梁啟超的《新民說》雖已觸及個人的自由、權利、自尊等方面，但因所涉及的範圍太廣，也沒有深入地發掘個性解放的涵義。陳獨秀則不然，他借用尼采「奴隸道德」與「主人道德」的概念以區別中國的三綱和西方的個人自主。儘管他對這兩個概念做了望文生義的曲解，但他對於個性解放的強烈願望也因此而充分顯露出來了。在「五四」前夕，我們可以毫不遲疑地說：陳獨秀是一個十足的個人主義者。試看他在一九一五年論〈東西民族根本思想之差異〉中所說的一段話：

> 西洋民族以個人為本位；東洋民族以家族為本位。西洋民族自古迄今，徹頭徹尾個人主義之民族也……舉一切倫理、道德、政治、法律、社會之所嚮往，國家之祈求，擁護個人之自由、權利與幸福而已。思想言論之自由，謀個性之發展也。法律之前，個人平等也。個人之自由權利，載諸憲章，國法不得而剝奪之，所謂人權是也……東洋民族……以家族為本位，而個人無權利。一家之人聽命家長……尊家長、重階級，故教孝……國家組織一如家族，尊元首、重階級、故教忠。忠孝者，宗法社會封建時

代之道德，半開化東洋民族一貫之精神也……宗法制度之惡果蓋有四焉：一曰損壞個人獨立自尊之人格；一曰窒礙個人意思之自由；一曰剝奪個人法律上平等之權利；一曰養成依賴性，戕賊個人之生產力。東洋民族社會中種種卑劣不法慘酷衰微之象，皆以此四者為之因。欲轉善因，是在以個人本位主義易家族本位主義。[28]

據我所知，陳獨秀好像是現代史上正式提議以「個人本位主義」來取代「家族本位主義」的第一人。從他對家族制度的嚴厲攻擊，我們不難看出他的三綱批判是以父子、夫婦兩綱為重點的。這正是「五四」時代反儒家的主要傾向，同時也是共同傾向。

從一九一七年開始到一九一九年「五四」爆發，這兩年多期間，《新青年》反儒家的火力集中在家族制度和婦女解放兩大問題上。除了陳獨秀本人的文字外（主要見於《新青年》「通信」欄中），比較重要的還有吳虞的〈家族制度為專制主義之根據論〉一文（《新青年》第二卷第六號（一九一七年二月一日））。陳獨秀在前引〈一九一六年〉中已正式攻擊與三綱相應的忠、孝、節三種德目，吳虞則要直接摧破《論語》中關

25 《青年雜誌》一卷六號（一九一六年十二月十五日），頁四。
26 《新青年》二卷三號（一九一六年十一月一日），頁一—五。
27 同前注，二卷四號（一九一六年十二月一日），頁一—七。
28 《青年雜誌》一卷四號（一九一五年十二月十五日），頁一—二。

於孝悌的理論，對傳統價值觀念的批判便這樣一步一步地逼近儒家經典的核心了。從第二卷第六號起，《新青年》又開闢了「女子問題」的專欄，以供當時受過高等教育的婦女從女性的觀點提出有關婦女解放種種問題的討論。例如吳虞的夫人吳曾蘭女士便在第三卷第四號上（一九一七年六月一日）發表了〈女權平等〉一長文（「女子問題」欄，頁一至五）。一九一八年更是《新青年》宣導婦女解放最有成績的一年：一月號（四卷一號）有社會學家陶孟和的〈女子問題〉，五月號（四卷五號）有周作人譯日本與謝野晶子的〈貞操論〉，六月號（四卷六號）是「易卜生專號」，七月號（五卷一號）有胡適的〈貞操問題〉和唐俟的〈我之節烈觀〉；[29]九月號（五卷三號）有胡適的〈美國的婦人〉。這些文字在當時都曾激起社會上巨大的震盪。

從思想史的角度看，《新青年》攻擊家族制度和宣導婦女解放可以說是繼續並完成了譚嗣同所提出的「衝決倫常之網羅」的命題。前面已指出，譚嗣同的《仁學》曾有力地打擊了君臣一綱，對於另外二綱則僅觸及而未撼動。這個未竟之業便落到了「五四」一代知識分子的身上。所以從《仁學》到《新青年》，其間貫穿著一條內在的理路。這就是說，「五四」反綱常名教的運動在社會現實的根據之外，同時還有思想史的根源。我們之所以能這樣斷定，是因為「五四」一代的思想領袖在傳統批判方面仍沒有完全脫出《仁學》的典範。讓我們舉兩個例子來說明這一點。吳虞在〈讀荀子書後〉（《新青年》第三卷第一號（一九一七年三月一日））一文中把儒教的一切罪惡歸之於荀子，並明引夏曾佑之言為立論的依據，這明明是承繼了晚清梁啟超、譚嗣同、夏曾佑等人的「排荀」運動。[30]而譚氏的《仁學》則把這一「排荀」的觀點發展到了極端。梁啟超告訴我們：

> 嗣同……對於中國歷史，下一總批評曰：「二千年來之政，秦政也，皆大盜也；二千年來之學，荀學也，皆鄉愿也；惟大盜利用鄉愿，惟鄉愿工媚大盜。」（《仁學》卷下）當時譚、梁、夏一派之論調，大約以此為基本，而嗣同尤為悍勇……[31]

這是《仁學》典範的一個重要的構成部分，一直流行到「五四」的前夕。例如李大釗在一九一六年五月所寫的〈民彝與政治〉一篇長文便根據《仁學》的觀點，重申「大盜與鄉愿交為狼狽、深為盤結」之說，[32]甚至遲至一九一九年一月底，他還在《每週評

29 「唐俟」是魯迅的另一筆名，此文後來收入《墳》，見《魯迅全集》第一冊（北京：人民文學，一九七三，重排本），頁一〇三—一五。
30 梁啟超，《清代學術概論》（上海：商務印書館，一九二一），頁一三八—三九。
31 同前注，頁一五二—五三。
32 《李大釗選集》（北京：人民，一九五九），頁四四—四五。

論》上發表了〈鄉愿與大盜〉的短評，[33]這已在他歡呼〈Bolshevism的勝利〉的三個月之後了。這時李大釗已成為馬克思主義的信徒，但他對於中國歷史的見解卻依然沒有跳出譚嗣同的典範。[34]

對這一思想史的觀察可以使我們認識到中國綱常觀念的解體是經過了一段醞釀時期，才臻於成熟的，並不是在「五四」時代忽然有幾個人出來大聲呵斥，三綱五倫的系統便立刻崩潰了。但「五四」確是一個「重新估定一切價值」的時代，因為文化的各方面恰好都在發生變化，而且互相影響。這裡我們要特別提到文學革命的重要作用。前面已指出，陳獨秀在《新青年》上抨擊傳統倫理，其事尚在文學革命興起之前，吳虞有關反儒家的一系列論文雖發表的時間與胡適的〈文學改良芻議〉和陳獨秀的〈文學革命論〉相先後，但撰寫則尚在其前。[35]而陳、吳等的論文仍用的是文言，流傳和影響也都有限。但從一九一八年起，白話文開始風行，所謂「打倒孔家店」的運動便在全國範圍內展開了。魯迅的〈狂人日記〉（《新青年》第四卷第五號〔一九一八年五月十五日〕）在當時青年一代的心理上所激起的震盪，我們今天已很難想像了。〈狂人日記〉寫道：

> 我翻開歷史一查，這歷史沒有年代，歪歪斜斜的每頁上都寫著「仁義道德」幾個字。我橫豎睡不著，仔細看了半夜，才從字縫裡看出來，滿本都寫著兩個字是「吃

人」。[36]

魯迅用新文學的筆觸揭露綱常名教殘酷性的一面，其感人的力量遠比陳獨秀、吳虞等人的正面攻擊為深切。（〈日記〉寫「妹子是被大哥吃了」，當然是象徵女子在家庭中所受的壓迫。）吳虞在讀了〈狂人日記〉之後也深受感動，特別在一九一九年八月寫了一篇〈吃人與禮教〉，舉出中國史上許多記載來證實魯迅的控訴。[37]從此「禮教吃人」便成為「五四」時代一個最著名的口號了。十七年後（一九三五年）魯迅為《中國新文學大系・小說二集》寫〈序〉，提到〈狂人日記〉時，說它「意在暴露家族制度和禮教的弊害」，[38]這自然是可信的自白。但是〈狂人日記〉說中國歷史滿本都寫的是「吃人」兩個字，這句話的涵義卻已遠遠超出了「家族制度和禮教」，而涵蓋了全部中

33 同前注，頁一二八。

34 李大釗關於馬克思主義的系統解說〈我的馬克思主義觀〉，發表在一九一九年五月號和十一月號的《新青年》上，見《李大釗選集》，頁一七三—二一一。

35 〈吳虞致陳獨秀書〉，《新青年》二卷五號（一九一七年一月一日），「通信」欄，頁三—四。

36 《魯迅全集》卷一，頁二八一。

37 《吳虞文錄》（上海：亞東圖書館，一九二一），頁六三—七三。

38 《魯迅全集》卷六，頁二四二。

國文化的傳統。所以客觀地說，「五四」反傳統的基調是在魯迅的筆下決定的。

白話文學擴大了「五四」時代的綱常批判還可以從北京大學的學生傅斯年（孟真）、羅家倫等所創辦的《新潮》月刊（一九一九年一月創刊）得到印證。這是一個全部用白話文為媒介的雜誌，在「重新估定一切價值」的運動中發揮了巨大的作用。據羅家倫在三十一年後（一九五〇年）回憶：

民國七年孟真和我，還有好幾位同學，抱著一股熱忱，要為文學革命而奮鬥。於是繼《新青年》而起，組織「新潮社」，編印《新潮》月刊，這是在這個時代中公開主張文學革命的第二個刊物。我們不但主張而且實行徹底的以現代人的語言，來表達現代人的思想，所以全部用語體文而不登載文言文。我們主張文學的任務，是以人生的表現與批評，應當著重從這個方面去使文學美化和深切化，所以我們力持要發揚人的文學，而反對非人的文學與反人性的文學。我們主張學術思想的解放，打開以往傳統的束縛，用科學的方法來整理國故。我們推廣這種主張到傳統的社會制度方面，面對固有家族制度和社會習慣加以批評。我們甚至於主張當時駭人聽聞的婦女解放……我們主張的輪廓，大致與《新青年》主張的範圍，相差無幾。我們天天與《新青年》主持者相接觸，自然彼此間都有思想的交流和相互影響。不過當時的一般人看來，彷彿《新潮》的來勢更猛一點，引起青年們的同情更多一點。《新潮》的第一卷第一期，複印到三版，銷到一萬三千冊，以後也常在一萬五千冊左右，則聲勢不可謂不浩大。[39]

《新潮》在攻擊傳統社會制度方面的勇敢激烈，可以從傅斯年在創刊號發表的〈萬惡之原〉見其一斑。傳文把傳統的中國家庭稱之為「萬惡之原」，在當時也是一個很猛烈的口號。（辛亥革命前十年已有革命者力主摧毀家庭，並提出「蓋家也者，為萬惡之首」的論斷，不過這些政論文字影響有限，並沒有延續到「五四」時代。）[40]傅斯年的基本論點是一切「善」都從「個性」發出來，而中國的家庭則是破壞「個性」的最大勢力，所以是「萬惡之原」。他在文章快要結束時更咬牙切齒地說：

> 更有那些該死的論（倫）理家，偏講那些治家格言，齊家要旨。請問成天齊家去，還能做什麼事？況且家是齊得來的嗎？又有人說，這是名教，不可侵犯。還有人說，什麼「名教罪人」、「名教罪人」，不可不小心的。其實名教本是罪人，哪有不名教

39 〈元氣淋漓的傅孟真〉，轉引自傅樂成，《傅孟真先生年譜》（台北：傳記文學，一九六九），頁一三—一四。

40 參看李文海、劉仰東，〈近代「孝」的觀念的變化〉，《中華文化的過去、現在和未來》（北京：中華書局，一九九二），頁二二二—二二三。

的罪人，名教本是殺人的，哪有不殺人的名教。[41]

這篇文章是很有影響的，同年（一九一九年）七月十三日李大釗便在《每週評論》上寫了一篇〈萬惡之原〉的短評，作為一種呼應。他也認為「中國現在的社會，萬惡之原，都在家族制度」。[42] 甚至遲到一九五一年熊十力還在用力地發揮這一論點。他在〈與梁漱溟〉的一封信上說：

其實，家庭為萬惡之源、衰微之本，此事稍有頭腦者皆能知之，能言之，而且無量言說也說不盡。無國家觀念、無民族觀念、無公共觀念，皆由此。甚至無一切學術思想亦由此……有私而無公，見近而不知遠，一切惡德說不盡。百忍以為家，養成大家麻木、養成掩飾，無量罪惡由此起。[43]

一位自由主義者、一位馬克思主義者和一位新儒家——這是中國二十世紀三個不同的思想流派——都異口同聲地說中國的家族制度是「萬惡之原」，這也許要算是中國現代思想史上的一個奇蹟。但由此也可見「五四」反傳統的聲勢多麼猛烈，中國知識界的價值觀念真正經歷了一場革命性的變化。

以《新青年》和《新潮》為中心的文學革命和綱常批判終於激起社會上守舊派的反

擊。一九一九年三月十八日北京《公言報》刊出了一篇報導，題目是〈請看北京學術界思潮變遷之近況〉。在敘述了陳獨秀、胡適等人所領導的新思潮和其他學派的活動之後，記者在結尾時說：

> 唯陳、胡等於新文學之提倡，不第舊文學一筆抹殺，而且絕對的菲薄舊道德，毀斥倫常，詆誹孔、孟。並且有主張廢國語而以法蘭西文學為國語之議，其鹵莽滅裂，實亦太過。[44]

這位《公言報》記者的偏見是很明顯的，而且事實也多歪曲。緊接在這篇報導之後，同一天的《公言報》也刊出了那篇最有名的〈林琴南致蔡子民書〉。林紓對蔡元培領導下的北京大學提出了兩點最嚴厲的指責：第一，「覆孔孟、鏟倫常」；第二，「盡廢古書、行用土語為文字」。蔡元培的〈答林琴南書〉對這兩點都做了有力的反駁。蔡

---

41 《傅孟真先生集》第一冊，上編，丙：「社會問題」（台北：國立台灣大學發行，一九五二），頁五。

42 《李大釗選集》，頁二二七。

43 熊十力，〈中國文化散論〉，《十力書簡》選載，深圳大學國學研究所主編，《中國文化與中國哲學》（北京：東方，一九八七），頁六—七。

44 周作人，《知堂回想錄》上冊（香港：三育圖書文具公司，一九七〇），頁三四〇。

氏的答書是中國現代教育史和思想史上一篇重要的文獻，限於篇幅，這裡不能討論。[45]《公言報》和林紓的強烈迴響說明了一項重要的事實，即「五四」前夕綱常批判和文學革命彼此支援，已經在社會上發生普遍的影響，白話文的流行使綱常批判如虎添翼，因為它是可以雅俗共賞的。林紓特別把這兩件事同時提出來不是沒有緣故的，因為他所認同的主要價值已受到最嚴重的威脅了。

林紓的憤怒起於他深信北京大學師生「覆孔孟、鏟倫常」之舉足以敗壞人心，使「中國之命如縷絲」。從此以後，「五四」運動破壞了中國的舊道德，幾乎成了保守主義者的共同看法。一九二〇年前後，四川有一個十九歲的女子殺了她的殘廢丈夫，四川法院判了她十五年的監禁。北京司法部認為判罪太輕，把原審法官交付懲戒。當時法官懲戒委員會的會長便大罵北京大學的教授，說他們提倡打倒禮教影響了四川的法官，因此才造成這次的寬縱。[46]這是責難「五四」新思潮的一個典型的例子。那麼，「五四」對於傳統倫理秩序究竟發生了多大的負面影響呢？這種影響又具體表現在什麼地方呢？這一類的問題目前還不能有比較準確的答案，因為資料和研究兩俱不足，這裡祇能略做一點推測。

一九一七年，嚴復曾對當時婚姻習慣的變遷有如下的觀察：

今日一知半解之年少，莫不以遲婚為主義者。看似於舊法有所改良，顧細察情形，乃不盡爾。蓋少年得此可以抵抗父母奪其舊有之權，一也。心醉歐風，於配偶求先接洽，既察姿容之美惡，復測性情之淺深，以為自由結婚之地，二也。復次，凡今略講新學少年，莫不以軍國民自居，於古人娶婦所以養親之義，本已棄如涕唾。至兒女嗣續，尤所不重。則方致力求進之頃，以為娶妻適以自累，且無端假不知誰氏女子，以一與之商終身不二之權利，私計亦所不甘，則何若不娶單居。他日學成，幸而月有百金以上之入，吾方挾此遨遊，脫然無累……孰與挾一伉儷，而啼寒號饑，日受開門七件之累乎？此其三也。用此三因，於是今之少年，其趨於極端者，不但崇尚晚婚，亦多傫然不娶。[47]

這封信寫在「五四」新文化運動發端之際，陳獨秀、胡適等人的影響還沒有開始。嚴復所描寫的情況好像已流行多年，大概起於清末民初之際。這段話中透露出兩個重要的事實：第一，是這些「新學少年」在西方的影響（歐風）之下已開始要求譚嗣同所說

45 林、蔡兩封信的全文收入《五四運動文選》（北京：生活・讀書・新知三聯書店，一九五九），頁二二二—三〇。

46 胡適，〈悲觀聲浪裡的樂觀〉，《胡適論學近著》（上海：商務印書館，一九三五），頁五〇四。

47 《嚴幾道與熊純如書札節錄》第五十四，《嚴幾道晚年思想》（香港：崇文書店，一九七四，影印本），頁一〇五—一〇六。按：據《嚴復合集》四（台北：辜公亮文教基金會，一九九八），這是《與熊純如書・六十三》，寫於民國六年舊曆十二月初七，西曆已在一九一八年初，見頁一一二〇—一一二一。

的「自主之權」，這一「自主之權」首先便表現在婚姻自由上面。第二，自主的先決條件是經濟獨立，因此這些「新學少年」在學成就業之前都不肯結婚。嚴復根據這兩個事實來解釋當時一部分「新學少年」晚婚甚至「不娶」的風氣，是相當可信的。我們從這兩個事實更可以推斷，到了民國初年，至少大城市中已出現了家族本位向個人本位轉變的社會現象，無論就價值觀念或經濟狀況說，青年人已頗有傾向於自立門戶的了。我們雖無法確知這一現象普遍到什麼程度，但它既已引起嚴復的關切，則至少不會是偶然的孤立事件。這一現象自然不能讓「五四」的新思潮來負責，它毋寧構成了新思潮興起的一種歷史背景。嚴復在一九一八年提到夏曾佑（穗卿）和他的兒子夏元瑮之間的情形。他說：

> 穗卿……現在京師住兵馬司中街，教育部尚有一二百元月薪。其子元瑮在大學校，月俸頗優，然其父無涉也。[48]

這是一個實例，說明二十世紀初中國知識界父子異居分財的情況。夏曾佑是清末新學的一位先驅，其子元瑮則是科學家，其時任北大理科學長。嚴復的口氣似乎責備夏元瑮在父子之道方面有所不足，但無論真相如何，這種父子關係也絕不可能是「五四」新思潮所造成的。相反地，這個例子可證明「五四」時代中國的家族制度事實上已發生變化。

嚴復所批評的現象大概以北京為限，讓我們再舉四川成都為例。據李璜的回憶，自清末川江下游輪船行駛之後，與外省交往日趨便利，新的觀念也隨之湧入四川，使成都的土風土習都為之一變。他說：

> 青年知識分子在清末民初，敢違親旨，而私自逃往上海、北京讀書者，在成都，已成為風氣。那一時期，不但父兄之教不嚴，子弟之率不謹，而且父子之間，因思想衝突，而引起家庭糾紛，即後來之所謂「家庭革命」，也已喧騰眾口，認為是人倫大變的。[49]

李璜還記述了他所親見的吳虞在一九一〇年因和他的父親打架而對簿公堂的故事。由於名教下的輿論偏袒父親，吳虞竟印發傳單暴露他的父親在家中的種種醜行。這便是「五四」時代「打倒孔家店」的起源。[50] 最後李璜告訴我們，「家庭革命」這個名詞，

48《嚴幾道與熊純如書札節錄》第六十二，頁一二〇。

49 李璜，《學鈍室回憶錄》（台北：傳記文學，一九七三），頁一一—一二。

50 關於吳虞的「家庭革命」，現有《吳虞日記》（成都：四川人民，一九八四）提供了第一手的資料。請參看小野和子，《五四時期家族論の背景》第三章第一節（京都：同朋社，一九九二），頁六七—八六。

遠在「五四」的八、九年以前便已在成都流行了。這個例子說明，清末商業的發展（長江輪船）把新觀念帶到了成都，終於引發了「家庭革命」。

古人說，一葉落知天下秋，上面所引北京、成都兩處的事例雖不完備，但已足以說明中國倫理秩序的解體早在清末民初便開始了。西方經濟和思想的入侵則是導致此一解體的主要力量。陳寅恪在〈王觀堂先生挽詞序〉上說得很透徹：

> 吾中國文化之定義，具於《白虎通》三綱六紀之說，其意義為抽象理想最高之境，猶希臘柏拉圖所謂Idea者。若以君臣之綱言之，君為李煜亦期之以劉秀；以朋友之紀言之，友為酈寄亦待之以鮑叔。其所殉之道，與所成仁，均為抽象理想之通性，而非具體之一人一事。夫綱紀本理想抽象之物，然不能不有所依託，以為具體表現之用；其所依託以表現者，實為有形之社會制度，而經濟制度尤其最要者。故所依託者不變易，則依託者亦得因以保存……近數十年來，自道光之季，迄乎今日，社會經濟之制度，以外族之侵迫，致劇疾之變遷；綱紀之說，無所憑依，不待外來學說之掊擊，而已消沉淪喪於不知覺之間；雖有人焉，強聒而力持，亦終歸於不可救療之局。[51]

陳寅恪此說雖頗帶社會經濟決定論的色彩，但是如果僅僅用來解釋三綱六紀的解體，則顯然是有效的。以通常的事理推之，帝制消失之後，君為臣綱之說自然無所依託，父權與夫權制度崩潰之後，父子、夫婦兩綱也失去了依據。大家族制度瓦解之後，六紀中諸父、兄弟、族人、諸舅四紀便不免名存實亡；學校制度變革之後，「師長有尊」的觀念已失去普遍的意義；整個社會結構變遷之後，朋友之紀也不可能維持「貨則通而不計，共憂患而相救，生不屬，死不托」那樣高的理想了。

我們在上面討論了傳統倫理秩序的解體與社會經濟制度的變遷密切相關，不盡出於思想的影響，而且早就始於「五四」之前。但這並不是否認「五四」在這一方面的巨大作用。根據歷史資料，我們現在可以把這個作用比較具體地歸納成兩點：第一，十九世紀末葉以來，許多人早已在思想上或實際生活上不斷衝擊著名教綱常的堤防。由於這些衝擊是個別的、孤立的、斷斷續續的，所以它們僅造成了一些缺口，整個堤防依然存在。「五四」新思潮的作用則是把這個堤防全面衝破了。但如果不是堤防已先有缺口，恐怕「五四」的反名教運動也未必能那麼輕易而迅速地取得成功。第二，「五四」新思潮的另一個重要作用是使反抗名教綱常完全合法化了。在「五四」以前，反抗名教綱常的事件也時時有之（事實上，在歷史上也沒有斷過），但反抗者的結果照例是很悲慘的，他們從此在社會上為人所不齒。「五四」以後則不同了，反抗者所得到的同情遠比譴責為多，而且同情的一方代表了正流，譴責的一方則成了逆流。以吳虞為例，他在辛

51《寒柳堂集》附錄〈寅恪先生詩存〉（上海：上海古籍），頁六—七。

亥之前打傷了父親，被父親控告他忤逆不孝後，官司雖以和解結束，然而他從此在成都不理於眾口。最後成都教育界更宣布他為「名教罪人」，並取消了他的教員資格。他祇有倉皇出川了。然而到了「五四」前夕，他在《新青年》發表了許多批判名教綱常甚至「非孝」的文字，不但不再受責難，反而贏得了「四川省隻手打倒孔家店的老英雄」的稱號。「名教罪人」這時已成為一個被嘲弄的名詞，再也沒有阻嚇人的力量了。正如傅斯年所說的「名教本是罪人，哪有不名教的罪人」。中國人的價值觀念已徹底改變了。「五四」對於名教綱常的衝擊自然是巨大的。一九一九年五月四日的學生運動爆發以後，半年之內中國便出版了四百種白話報刊。[52] 新思潮因此也傳布到全國各地。中國小學正式有男女同學和大學招收女生也都是在「五四」以後才開始的。一九二二年全國受高等教育的女子，除教會學校外，已有六六五人。這是「五四」時代提倡「婦女解放」的一項重要成就。[53]

但是以中國之大，「五四」新思潮究竟衝擊了多少傳統的大家庭，以致導發了「家庭革命」，則至今還是一個無法回答的問題。首先我們必須指出，首當其衝的主要是城市中受過教育的中上層社會，包括知識分子和工商階層；其次，大概靠近交通要道的農村中的鄉紳地主家庭也不免受到波及，如果他們有子女在城市讀書的話。至於絕大多數不識字的農民，我們還不知道有過受「五四」影響而發生「家庭革命」的實例。小說家、戲劇家寫暴露大家庭黑暗的作品也都是以中上層社會為背景。而且即使是中上層的社會，也並不是所有大家庭的子女都被名教綱常壓迫得喘不過氣來，以致人人都非反叛不可。蕭公權的經驗提供了一個相反的例子，他的父母都死得很早，但他的成長反而得力於舊式大家庭的制度。他晚年回憶說：

> 一個人的性格和習慣一部分（甚至大部分）是在家庭生活當中養成的。上面提到的尊長和弟兄在不同時間，不同環境，不同方式之下，直接地或間接地，有意地或無意地，給予我幾十年的「家庭教育」，奠定了我向學及為人的基礎。五四運動的健將曾經對中國舊式家庭極力攻擊，不留餘地。傳統家庭誠然有缺點。但我幸運得很，生長在一個比較健全的舊式家庭裡面。其中雖有不能令人滿意的地方，父母雙亡的我卻得著「擇善而從」的機會。因此我覺得「新文化」攻擊舊家庭有點過於偏激。人類的社會組織本來沒有一個是至善盡美的，或者也沒有一個是至醜極惡的。「新家庭」不盡是天堂，舊家庭也不純是地獄。[54]

---

52 可看Tse-tsung Chow, *The May Fourth Movement: Intellectual Revolution in Modern China* (Cambridge: Harvard University Press, 1960), pp. 176-82。

53 陳東原，《中國婦女生活史》，頁三八七—九二。

54 《問學諫往錄》（台北：傳記文學，一九七二），頁一三。

這是一個親歷了新舊文化交替的人的持平之論。不用說，「比較健全的舊式家庭」在「五四」前後依然是存在的。總之，在過渡時代，每個人的早年遭遇不一樣，因此對於舊式家庭的感受也因人而異。「五四」健將批判舊家庭制度特別激烈的往往有個人的背景，吳虞即是一例。傅斯年寫〈萬惡之原〉和顧頡剛寫〈對於舊家庭的感想〉（《新潮》）也都曲折地反映了個人的遭遇。[55]由於衹有受了委屈的人才會吶喊，而沒有痛苦經驗的人則保持緘默，所以在「五四」時我們往往衹聽到前者的聲音。我們似乎也不宜把「五四」反名教綱常在實際生活中所發生的作用估計得過高。「家庭革命」的氾濫，以全中國的範圍來說，恐怕還是有限度的，雖然它在新文化運動中的主流地位不容置疑。

最後，我願意再舉通俗文化中的一個例子，以說明「五四」綱常批判的影響並不如一般想像中那樣地無遠弗屆。一九一七年，陳獨秀在北京神州學會講演，曾指出：

> 一般社會應用的文字，也還仍舊是君主時代的惡習。城裡人家大門對聯，用「恩承北闕」、「皇恩浩蕩」字樣的，不在少處。鄉里人家廳堂上，照例貼一張「天地君親師」的紅紙條。講究的還有一座「天地君親師」的牌位。這腐舊思想布滿國中。所以我們要誠心鞏固共和國體，非將這班反對共和的倫理文學等等舊思想，完全洗刷得乾乾淨淨不可。[56]

當時正離袁世凱帝制的失敗不久，而再過兩個月（七月一日）便是張勳的復辟，所以陳獨秀特別關心民間的舊思想對於國體有不良的影響。其實，天、地、君、親、師這五個字非常簡單扼要地表現了中國一般人的價值系統。如果把這五個字僅僅看作是君權的護符，那便不免過於低估它的意義了。吳虞在前引〈讀荀子書後〉一文中也專門討論過這五個字的起源。他說：

> 〈荀子〉〈禮論篇〉曰：「禮有三本：天地者，生之本也；先祖者，類之本也；君、師者，治之本也。無天地，惡生？無先祖，惡出？無君師，惡治？三者偏亡焉，無安人。故上事天，下事地，尊先祖而隆君師。是禮之三本也……」此實吾國天、地、君、親、師五字牌之所由而立。[57]

吳虞的溯源工作是不錯的，但他的評論仍偏重在君主政體和家庭制度互相依附上

55 Vera Schwarcz, *The Chinese Enlightenment: Intellectuals and the Legacy of the May Fourth Movement of 1919* (Berkelay: University of California Press, 1986), pp. 110-12.

56 陳獨秀，〈舊思想與國體問題〉，《新青年》三卷三號（一九一七年五月一日），頁三。

57 《新青年》三卷一號，頁一。

面，而一切歸咎於儒家思想。先師錢賓四先生晚年也談到這五個字。他說：

> 天地君親師五字，始見荀子書中。此下兩千年，五字深入人心，常掛口頭。其在中國文化、中國人生中之意義價值之重大，自可想像。[58]

我覺得錢先生從中國文化、中國人生的傳統上去認取這五個字的意義與價值，其觀點是較為全面的。記得在錢先生逝世前的兩、三年，有一次在素書樓談話，他曾問我這五個字連成一句，懸掛在家家戶戶的廳堂上究竟是什麼時候開始的。我當時說，我還沒有在正式文獻中，包括筆記和小說，發現過這五個字。不過據我的推測，大概不會太早，應該是在清代才流行的。兩年前我讀《容肇祖集》，偶然發現容氏所引清初廖燕（一六四四至一七〇五年）〈續師說一〉一文中有下面這一段話：

> 宇宙有五大，師其一也。一曰天；二曰地；三曰君；四曰親；五曰師。師配天地君而為言，則居其位者，其責任不綦重乎哉！[59]

看廖燕的語氣，天地君親師為宇宙「五大」已是當時流行的觀念，也許其起源還可上溯到明代。但是從廖燕不厭其煩地順序列舉這五個字的情況來說，則此五字此時恐尚未普遍在民間懸掛（參看附錄〈「天地君親師」的起源〉）。

這五個字，兩千多年來深入中國人心中是不成問題的，但是其中君親兩個字的次序則是有爭論的。依荀子的原文說，先祖應該在先，君師為連類應該在後。而且據近人研究，從魏晉到南朝這三百多年間，禮家的持論大致都是以父在君先，一直要到唐初，由於唐太宗的干預，才勉強糾正了過來。[60] 但問題尚不止此，唐代儒家定喪服制度，父仍重於君。[61] 可見帝王的權威並不能完全壓住禮學專家之間的公論。這樣看來，天地君親師五字的決定版大概確實是明清時代君權空前高漲下的產品，但通兩千餘年以觀，其意義則絕不能簡單地解釋成專為便於帝王專制而設。無論君親的先後怎樣安排，過去中國民間確信宇宙間有此五大價值。正由於民間接受了這個系統，「五四」時代陳獨秀、吳虞的大聲疾呼並不能立刻把這個觀念「完全洗刷得乾乾淨淨」。抗日戰爭期間（一九三七至一九四五年），我在安徽潛山的鄉下住了整整八年，每年正月初一，許多人家都用

---

58 錢穆，《晚學盲言》（上）（台北：東大圖書，一九八七），頁三七七。
59 《容肇祖集》（濟南：齊魯書社，一九八九），頁六六七。
60 唐長孺，〈魏晉南北朝君父先後論〉，《魏晉南北朝史論拾遺》（北京：中華書局，一九八三），頁二三三—二四八。
61 章炳麟著，孫世揚校錄，《國學略說》（香港：寰球文化服務社，一九七二），頁八六。

紅紙寫五個大字懸掛在中堂上。不過這五個字已換了其一，即「天地國親師」。這當然是因為民國時代無「君」了。這一字之易象徵了現代化，然而宇宙五大仍存則說明傳統的價值觀念也不是旦夕之間便能完全轉化過來的。

總的說來，在中國現代史上，「五四」是價值觀念轉變的關鍵時代。這是由於知識分子自動自發並且有意識有系統地進行了「重新估定一切價值」的巨大努力。「五四」的知識分子不但徹底衝擊了傳統的價值系統，而且也引進了許多新的價值，如民主、科學、自由、人權之類。這些新的價值為什麼在七十多年之後仍然是中國大陸上知識分子追求的目標，我們在這裡已不能討論了。「五四」以來新價值儘管名目繁多，但從根源上說，都可以歸繫到一個中心價值上，即個人的自做主宰，這是從譚嗣同、梁啟超，到蔡元培、早期的魯迅（如〈文化偏至論〉，見《全集》第一卷，《墳》，頁三八至五四），和陳獨秀、胡適等所共同提倡的。然而這絕不是說，他們所嚮往的是西方式的個人主義，而置國家民族的大群於不顧。相反地，他們都是在建立新的群體秩序這一大前提之下，宣導個性解放、個人自主的。中國文化的傳統本偏於群體論——今天西方人稱之為「communitarianism」，與西方近代主流文化之偏於個體論（individualism）恰成鮮明的對照。「五四」的領袖雖然鼓吹西方文化，但是由於他們自幼受中國傳統的薰陶，畢竟擺脫不掉那根深柢固的群體意識。胡適一向被人看作是個人主義者，但是我們祇要一讀他的〈不朽——我的宗教〉和〈非個人主義的新生活〉兩文（都收在《胡適文存》

第一集第四卷），便不能不修改這個流行的誤解。《胡適的日記》[62]第八冊一九二九年四月二十七日寫道：

> 傅孟真說：孫中山有許多很腐敗的思想，比我們陳舊多了，但他在安身立命處卻完全沒有中國傳統的壞習氣，完全是一個新人物。我們的思想新，信仰新；我們在思想方面完全是西洋化了；但在安身立命之處，我們仍舊是傳統的中國人……孟真此論甚中肯。

這是很深刻的自我解剖，其涵義是豐富的。所謂「安身立命之處」即是現代西方人所說的「終極關懷」（ultimate concern），也就是價值的根源。

陳獨秀一生尤其負天下重謗，好像他是破壞一切秩序的人。但是他在一九二一年六月一日出版的《新青年》上發表了一篇〈青年的誤會〉，讓我摘引幾句在下面：

> 教學者如扶醉人，扶得東來西又倒。現在青年的誤解，也和醉人一樣……你說不可埋頭讀書，把社會公共問題漠視了，他就終日奔走運動，把學問拋在九霄雲外。你說

62《胡適的日記》（台北：遠流，一九九〇）。

婚姻要自由，他就專門把寫情書尋異性朋友做日常重要的功課。你說要打破偶像，他就連學行值得崇拜的良師益友也蔑視了。你說學生要有自動的精神，自治的能力，他就不守規律不受訓練了。你說現在的政治法律不良，他就妄想廢棄一切法律政治。你說要脫離家庭壓制，他就拋棄年老無依的母親。你說要提倡社會主義、共產主義，他就悍然以為大家朋友應該養活他。你說青年要有自尊底精神，他就目空一切，妄自尊大，不受善言了……長久這樣誤會下去，大家想想，是青年進步還是退步呢？[63]

這時離他創建中國共產黨祇有一個月了，但我們能說他的意識深處已完全洗淨了傳統的價值觀念嗎？

從「五四」到一九四九年之間，中國社會上的價值觀念一直在自然的轉化之中，沒有再發生突破性的變動。但中國在二〇、三〇年代，先是因西方勢力（主要是英國）的橫行而激發了民族意識，稍後更由於日本軍國主義的逼迫而亡國的危機一天比一天深化，群體的存在問題終於淹沒了個體自主的問題。胡適在一九三三年曾將中國現代的思想發展劃分成兩個階段：從梁啟超到《新青年》，大致是側重個人的解放；一九二三年以後，中國思想進入「集團主義」（collectivism）時代，「無論為民族主義運動，或共產革命運動，皆屬於這個反個人主義的傾向」。[64]胡適以一九二三年為分水線，當然是因為第二年（一九二四年）便是國民黨改組，「一黨專政」、「統一思想」的格局在中國成立了。一個以「革命」為藉口的新「名教」已大有繼傳統名教而起的趨勢。[65]

從社會史的觀點看，「五四」以後中國傳統的民間社會正開始向現代的公民社會轉化，中國人的價值觀念也在隨著這個轉化而不斷地調整。假以時日社會結構和價值意識之間的互動也許能在中國創造出一個新的局面。這一過程必然是緩慢的，因為價值意識一方面淵源於傳統，一方面植根於生活的實踐，不是少數人可以憑空創造而強加於整個社會的。祇要社會本身有其相對的獨立性——相對於國家（state）的權力而言，價值觀念的變遷也自然會找到它自己的軌跡。

## 附錄：「天地君親師」的起源

一九三七年抗日戰爭爆發之後，我隨伯父一家從安慶移居祖籍潛山縣的官莊鄉，一

63 《新青年》九卷二號，「隨感錄」欄，頁二—三。

64 《胡適的日記》第一一冊，一九三三年十二月二十二日。

65 參看胡適在一九二八年所寫的〈名教〉一文，收入《胡適文存》三集一卷。

直到九年以後（一九四六年夏天），我才重回城市。這九年的鄉居在我個人的生命史上是一個很重要的階段。我雖然因此而失去了受現代學校教育的機會，但卻能在前現代的社會和文化中度過童年和少年時代，親身體認到中國傳統的內在意義。現在回想起來，不能不說是一種特殊的幸運，因為這種直接從生活體驗中得來的知識，絕不是任何書本上可以獲得的。如果我今天對中國傳統的價值觀念還有一點真切的瞭解，那便是受了這九年鄉居生活之賜。

我這樣說，是因為我的故鄉——潛山官莊——是一個十足的窮鄉僻壤，當時和現代文化是處於完全隔絕的狀態。我相信我當時所見到的官莊鄉，和一、兩百年以前的情況並沒有本質上的差異，不過更衰落、更貧困而已。在精神面貌上，官莊幾乎相當完整地保持了中國的傳統，這裡沒有新式學校，偶爾有一、兩處私塾，教的也還是《三字經》、《古文觀止》、《四書》之類的東西。通俗化的儒、釋、道仍然支配著鄉人的信仰和行為。最具諷刺意味的是陳獨秀這位「五四」健將是懷寧人，和潛山是緊鄰，但我第一次聽到他的名字是因為有人說他寫下了「父母有好色之心，無得子之意」這兩句大逆不道的話（這當然是借用了王充的說法），又曾公開提倡「萬惡孝為首，百行淫為先」。可見城市知識分子歌頌了幾十年的「五四」新文化根本沒有涉足我們的鄉間。我現在寫這篇談「天地君親師」的小文，原因便在五十多年前的鄉居時代。

一九三八年的舊曆年，我第一次看見伯父寫大批的紅紙春聯，其中有一條幅是「天地國親師」五個大字，那是貼在放祖先牌位的廳堂中間牆上的。伯父又向我解釋，這五個字原來是「天地君親師」，不過現在已沒有皇帝了，所以「君」字改成了「國」字。這一字之改雖然也透露了一點「現代化」的痕跡，但整個價值系統的結構顯然原封未動。這五個字正是「五四」前夕陳獨秀所要徹底剷除的。他說：

> 一般社會應用的文字，也還仍舊是君主時代的惡習。鄉里人家廳堂上，照例貼一張「天地君親師」的紅紙條。講究的還有一座「天地君親師」的牌位。這腐舊思想布滿國中。所以我們要誠心鞏固共和國體，非將這班反對共和的倫理文學等等舊思想，完全洗刷得乾乾淨淨不可。[66]

我現在不準備討論這五個字的文化意義，而願意做一點歷史探源的嘗試，即「天地君親師」的紅紙條怎樣開始在中國社會上流行起來的。「五四」時代那位號稱「隻手打倒孔家店的老英雄」吳虞，曾對這個問題做過一點溯源的工作，他在〈讀荀子書後〉中說：

66 陳獨秀，〈舊思想與國體問題〉，《新青年》三卷三號（一九一七年五月一日），頁三。

〈禮論篇〉曰：「禮有三本：天地者，生之本也；先祖者，類之本也；君、師者，治之本也。無天地，惡生？無先祖，惡出？無君、師，惡治？三者偏亡焉，無安人。故上事天，下事地，尊先祖而隆君、師。是禮之三本也」。此實吾國天、地、君、親、師五字牌之所由而立。[67]

從思想的實質說，天地君親師確已包括在上引《荀子．禮論篇》之中。先師錢賓四（穆）先生也說：

天地君親師五字，始見荀子書中。此下兩千年，五字深入人心，常掛口頭。其在中國文化、中國人生中之意義價值之重大，自可想像。[68]

但這還不夠解答這五個字究竟什麼時候才變成紅紙條，貼在廳堂上的。大概在錢先生逝世前的兩、三年，他也曾在素書樓問過我這個問題。我當時還沒有注意到文字記載，祇能說：也許不會太早，大概是從清代開始的。經錢先生這一問，我兒時的記憶一下子復活了，從此我便留心尋找文獻上的根據。但這像大海撈針一樣，是無從有計劃地搜集的。最近一、兩年內，我在瀏覽文集、筆記之餘，居然碰到了幾條線索，雖然不完不備，不妨先寫出來，以供有心人的繼續考索。清初廖燕（一六四四至一七〇五年）在

《二十七松堂集．卷十一．續師說》中說：

宇宙有五大，師其一也。一曰天；二曰地；三曰君；四曰親；五曰師。師配天地君而為言，則居其位者，其責任不綦重乎哉！

我所看到的《二十七松堂集》是日本柏悅堂文久二年（西元一八六二年）刊本，文末又有魏禮（和公，一六二九至一六九五年）的評語云：

天地君親師五字為里巷常談，一經妙筆拈出，遂成千古大文至文。

魏禮的評語尤其重要，他指出這五個字是「里巷常談」，可見清初已頗為流行。則此五字連用不始於清代，也許要上溯至明代。然而我們還是不知道它在什麼時候寫出來供在廳堂上的。後來我終於在張履祥（一六一一至一六七四年）的著作中找到了一條明確的證據。張氏《喪祭雜說》云：

67 《新青年》三卷一號（一九一七年三月一日），頁一。

68 《晚學盲言》（上），頁三七七。

> 家禮祠堂之制則貴賤通得用之。乃吾鄉千百家無一也……惟家設一廚曰家堂，或於正寢之旁室置之，或懸之中堂而已……其稍知禮者，則立一主曰：家堂香火之神，或曰：天地君親師，而以神主置其兩旁。[69]

這就是後來陳獨秀所見到的制度了。據《楊園先生全集》的〈編年詩文目〉，〈喪祭雜說序〉成於崇禎庚辰十三年（西元一六四〇年），則這個制度至少在明末已流行。但看張履祥的語氣，還不是家家戶戶都立此五字的牌位或「紅紙條」的。

我們現在還不能確知「天地君親師」起源的上限，但是我偶然發現了一條記載，可以證明它不能早於十三世紀中葉。南宋的俞文豹在《吹劍三錄》中說：

> 韓文公作〈師說〉，蓋以師道自任，然其說不過曰：師者所以傳道、授業、解惑也。愚以為未也。記曰：天生時、地生財、人其父生而師教之，君以正而用之。是師者固與天地君親並立而為五。夫與天地君親並立而為五，則其為職必非止於傳道、授業、解惑也。[70]

《吹劍三錄》俞序作於淳祐八年戊申（西元一二四八年），此文所引「記曰」出於何書尚待考，因為它和荀子之說及《國語·晉語》「民生於三」之說都不同。但俞氏無疑是最早提出「師」與「天地君親」當並列而為五之一人。此時「天地君親師」不但未成為制度，而且也還沒有形成「里巷常談」。這是可以斷言的。

最後，我要補充一句，魏禮說「天地君親師」是「里巷常談」，確是一針見血的話。這五個字是在民間逐漸發展出來的，而且重點也未必一定放在「君」上面。俞文豹所特尊的其實是「師」。《水滸傳》宋江在將吃「板刀面」時也說：「為因為我不敢天地，不孝父母，犯下罪責」（第三十六回，金聖嘆批改本），便包括「天、地、親」三者。林沖火併王倫之後，要吳用坐第二把交椅，說「學究先生在此，便請做軍師」，這也是「尊師」的明確表現。可見宇宙五大，梁山泊已承認其四了。今天無論研究中國的上層文化和民間文化，天地君親師所代表的價值系統還是值得我們注意的。

69《楊園先生全集》卷一八（台北：中國文獻，一九六八，影印本），頁三四八。

70 台北世界書局輯，《宋人札記八種》本，一九六三，頁六九—七〇。

# 第五篇　價值荒原上的儒家幽靈

今天又可以談談儒家在當前中國文化景況中的問題了。這是因為近幾十年來，藉所謂「亞洲價值」說的聲勢，儒家的地位在中國大陸上陡然上升了。大陸官方對儒家的態度發生變化，在這裡起著決定性的作用。最近官方更提出「和諧社會」的口號，與以前「階級鬥爭」的觀點形成最尖銳的對照。在意識形態的統治領域內，大陸正在從馬列正統向儒家道統逐步移形換位是一個無可掩飾的動態。今年夏天有一位大陸的哲學專家到普林斯頓來訪談，他屬於中年一代，並且在一間著名的大學中負有領導的任務。在談話中，他提出了一個很嚴肅的問題：今天我們能不能創建一個以儒學價值為主導的「宗教」，在社會上發揮近似傳統時代「移風易俗」的教化功能？這個問題來得很突然，我沒有心理準備，不敢亂說，祇好指出以前康有為創立「孔教」的困難經驗，連梁啟超也不肯參加。但訪者的態度是十分懇切的，憂世之意，溢於言表，很引起我的同情。我因此才深切地體會到從官方到學術界，大陸上確有不少人為現存的政治、社會秩序擔心，希望重建儒家的某些價值，以化解衝突，走向和諧與穩定。

上面所說的文化新動態，還可以在許多有關「儒學」或「國學」的活動中得到印證。據我所知，北京的法政大學已推出了一個龐大的「儒學工程」，經費和人員都十分充足，上海復旦大學則開創了一個「國學班」，以「儒、佛、道、易」四家來塑造「卓越女性的人格魅力」，引起了網路上的紛紛議論。但是最值得注目的是國際儒學聯合會最近出版的《儒學與當代文明》四卷本論文集（二〇〇五年）。國際儒聯在二〇〇四年十月舉辦了一個規模極大的國際學術討論會，紀念孔子誕辰二五五五年，參加會議的三百多位學者，來自世界各地。四卷所收論文共一百多篇，真是洋洋大觀。其中大陸學者關懷現實的文字甚多，開幕第一篇便是「說忠孝」，其餘論及「和諧」、「穩定」、「德治」、「民本」等等價值的，佔了很大的比重。這部論文集清楚地告訴我們：大陸官方和一部分學人正在認真地努力，想把儒家價值引入當前的政治社會、經濟生活之中，以挽救一切可能發生的危機。

我們都知道，儒家價值在傳統時代（十九世紀以前）瀰漫於整個中國社會之中，無所不在。無論我們今天怎樣評價它，儒家價值維繫了兩千年中國人的生活方式，雖屢經政治上的大變動，仍然持續不斷，這是無可否認的事實。這一套價值系統又是和傳統的社會系統緊密地配合而成一難解難分的整體。中國人一向承認儒、釋、道三教是三大精神支柱，但以俗世人生而言，我們終不能不承認，「儒」所佔據的位置更為根本。然而十九世紀中葉以後，主要由於西方文化的入侵，傳統的社會系統和價值系統都開始解體。所以從清末到一九一九年的「五四」運動，我們看到一個劇烈的全面解體過程，關於這一過程，我已討論過不少，這裡無法多談。（參看我的《現代儒學的回顧與展望》〔北京：生活·讀書·新知三聯書店，二〇〇四〕。）現在我祇想補充一個論點，在一九四九年以前，儒家價值雖已在一部分知識人的顯意識中變成了負面的東西，但在絕大多數人的潛意識中仍然起著支配他們行為的作用。這是因為「五四」畢竟祇是一個文化的、知識的運動，不能強迫人人都接受「反儒家」的立場。事實上，正面起而為儒家辯護的知識人也所在多有，形成一種「信者自信，疑者自疑」的局面。這種多元價值並存而互競的狀態本是十分正常的。日本明治維新以後也有「脫亞入歐」的運動，但西方價值與本土原有價值互相激盪，卻走出了一條自然演化的道路。

但是一九四九年以後，政治暴力直接進入價值轉化的過程！開始了一個有計畫、有意識的全面掃除儒家價值的運動，而且一波接著一波，愈來愈激烈，至所謂「文化大革命」而登峰造極。傳統中國是所謂「天高皇帝遠」的狀態，專制皇權祇下延到縣一級為止，再下面則是士、農、工、商雜處的民間社會。維繫著民間社會的精神力量主要便是儒家價值，這些價值大抵是通過「士」階層的傳播而在民間社會逐漸生根成長的，先後經歷了兩千年以上的長時期。但從一九四九到一九八〇年左右，經過三十年有計畫、有系統的全面摧毀，民間社會已蕩然無存，最多祇剩下幾許殘骸。儒家價值則變成了「封建遺毒」，是必須徹底掃除的第一大敵，子女清算父母，夫婦之間劃清政治界線，學生鬥爭老師等等，完全取代了孝弟、相敬如賓、尊師之類傳統的價值。承擔著價值世界的知識人（傳統的「士」）更是古今中外最不幸的人群，比起希特勒治下猶太人的命運還要悲慘。希特勒大規模地消滅猶太人的生命，其殘酷固不必多說。中國讀書人則深受儒家「士可殺，不可辱」的影響，往往把個人的尊嚴看得比生命還重。但「黨天下」的統治者偏偏抓住這個致命的弱點，盡量「辱」而不「殺」。實在忍受不了而自殺的雖也不少，但絕大多數知識人卻祇有忍辱偷生一途。這是因為自殺被視為反抗政權的行為，罪莫大焉，必然罪及家人，特別是兒女，使他們永遠為人所不齒。忍辱偷生的知識人在日以繼夜的鬥爭、批判、檢討……之下，精神上自尊一點一滴地被剝得精光，自己也愈來愈鄙視自己。這恰恰便是「黨天下」所追求的目的，因為一切價值都必須由黨壟斷，絕不許在黨外還另有價值的來源。我說得這樣沉痛絕非出於一時的情緒衝動。這是我最近幾星期來細讀十大冊的《吳宓日記續編》（一九四九至一九七四年）的深切感受。我對一九四九至一九七六年中國「黨天下」的大大小小的「運動」自覺已積累了相當豐富的知識。但讀了這部詳細的《日記》我才第一次好像親臨其境，嚐到了知識人在這一段漫長時期中過的是什麼樣的屈辱不堪的日子。又由於吳宓是一位真正融化了儒家基本價值的知識人，他的《日記》中才持筆寫出這些價值怎樣一一被摧毀的具體過程及各種方式。其他老一輩的學人也偶有日記傳世，但由於視野不同、關懷不同，因此都遠不及這部紀錄的翔實和生動。

上世紀九〇年代我曾讀過一部關於中國文化的基本價值在「黨天下」統治下遭受毀滅的調查報告。調查的地區是上海附近的鄉鎮，研究方法是社會科學中最常用的問卷。據研究者說，不但仁義、道德、慈孝、中庸、和諧、容忍等等傳統價值失去效用，而且一切宗教信仰，包括敬祖先的意識，也都在若存若亡之間，這種精神狀態在各年齡層都是一樣。這些價值的衰亡都發生在一九四九年以後，而以「文化大革命」為最重要的關鍵。最後研究者指出：中國正處於文化危機之中，舊的價值系統已殘破不堪，但新的價值系統卻未出現（見Godwin C. Chu and Yanan Ju所著*The Great Wall in Ruins*〔紐約州立大學出版社，一九九三年〕）。現在這個報告，得到《吳宓日記續編》的證實，便更可信賴了。

一九九三年以後中國市場經濟一天比一天活躍，大陸儼然已是經濟大國。但是價值「荒原」（wasteland）或「廢墟」（ruins）的狀態不僅沒有改變，而且日益暴露了出來，官商勾結和腐敗的普遍化，學術界抄襲作假的風氣，「一切向錢看」的心理等等都是價值荒原的明確表徵。這一類不道德的行為，自不是從今天始，也不限於中國大陸。但最大不同之處在於以前或別處有此等行為，一旦被揭發之後，當事人必感羞愧，無面目見人。今天大陸上的貪官、奸商、知識竊賊等等，不幸而被揭發，受到刑事處分，則祇怨自己運氣太壞或「關係」不夠強大，卻全無羞愧之感。這才是價值荒原的中國特色。

在這個價值荒原上如何把儒家價值重新整頓起來，和現代社會系統進行有機的配合，最後使它們能進入多數人的識田之中，這實在是一個艱巨無比的大工程。價值意識毀之易而建立難，這是因為價值必須內化，成為實際行為的指南，才可以當得起「價值」兩個字。否則不過是一些空洞的話語而已。顧炎武論曹操摧毀東漢的道德價值的罪過，說：「夫以經術之治，節義之防，光武、明、章數世為之而未足；毀方敗常之俗，孟德一人變之而有餘。」中國變成價值荒原，其經過正與此相同。

大陸官方和一部分學術界人士想恢復儒家價值，無論其動機為何，也不論其能否收效，就事論事，我還是願意樂觀其成。儒家價值最初是以「治人者」和「士」為對象的，要他們「修己」然後「治人」，最後這些價值才有機會傳播到民間社會。今天提倡儒家價值的在位者和輔治者也必須先從自己做起。套用一句漢代的老話：

「儒家價值不在多言，顧力行如何耳！」

二〇〇六年八月二十七日

# 第六篇　中國知識人之史的考察

## 一、知識人與「道」

知識人在古代中國叫做「士」，而「士」的出現則是和「道」的觀念分不開的，所以孔子說：「士志於道。」（《論語．里仁》）但是「士」和「道」兩個名詞在孔子以前早已存在，其涵義也頗有不同。讓我們先簡單地談一談孔子以前的情況。

商、周文獻中常見「多士」、「庶士」、「卿士」等稱號，這一類的「士」大概是當時「知書識禮」的貴族。商代卜辭中所見的「卜人」也許便是「士」的一種。《說文解字》和《白虎通》都說「士，事也」。因此今天不少學者都相信，商、周文獻中的「士」，是指在政府中擔任各種「職事」的人。周代的教育以禮、樂、射、御、書、數的「六藝」為主，受過「六藝」訓練的人也稱作「術士」或「儒」；他們可以根據自己擅長的技藝而出任不同的「職事」。例如孔子曾為「委吏」，是管理倉庫、核查出入數字的職事。這當然必須學過六藝中的「數」。孔子自己又說過：「吾何執？執御乎？執射乎？」（《論語．子罕》）可見他也學過「御」和「射」。至於「禮」和「樂」，則更是孔子研究得最深的兩門藝業。「禮」和「樂」在古代貴族社會中的用途最廣，學了這兩種知識技能之後，更可以有許多「事」可做，如各種「相禮」和「樂師」。所以，《說文》以「事」來解釋「士」確是有根據的。

在孔子以前，「道」的觀念大體上是指「天道」，即以「天道」的變化來說明人事的吉凶禍福。關於這一點，清代錢大昕已有很扼要的考證。他說：

古書言天道者，皆主吉凶禍福而言。《古文尚書》：滿招損，謙受益，時乃天道。天道福善而禍淫。《易傳》：天道虧盈而益謙。《春秋傳》：天道多在西北。天道遠，人道邇。灶焉知天道！天道不語。《國語》：天道賞善而罰淫。我非瞽史，焉知天道？《老子》：天道無親，常與善人。皆論吉凶之數。（《十駕齋養新錄．卷三．天道》）

春秋以前還沒有《論語》、《老子》中所說的抽象之「道」；「道」字單獨使用，其本義祇是人走的「路」。故《說文》云：「道，所行道也。」

總之，古代的「士」是政府各部門中掌「事」的官員，所以顧炎武說：「謂之士者大抵皆有職之人。」（《日知錄．卷七．士何事》）另一方面，古代也沒有發展出一種普遍而抽象的「道」的觀念。春秋以前的所謂「天道」則是具體的，主管著人間的吉凶禍福。這種「天道」還沒完全脫離原始宗教（primitive religion）的階段。在原始宗教中，祇有少數有特殊能力的人，可以成為天人或神人之間的媒介，如商代的卜人，周代的巫、瞽或史。但是卜人、巫、瞽或史祇是「士」的一小部分，其餘的「士」則和「天道」並沒有直接的關係。所以單襄公答魯成公之問，曰：「吾非瞽、史，焉知天道？」

（《國語・周語下》）據韋昭的注解，瞽是樂太師，掌音樂，聽軍聲以察凶吉；史是太史，掌天時。這兩種人的職事都是「知天道」的。

由此可知，孔子所說的「士志於道」是指一種新出現的歷史情況，和春秋以前的傳統截然不同。這一新情況的出現，說明「士」和「道」兩個觀念，在春秋時代都發生了基本的變化。我們現在要追溯一下這一變化的過程。

春秋以前的「士」，誠如顧炎武所言，「大抵皆有職之人」。這是因為在周代封建制度之下，「士」屬於貴族階級中最低的一層，「士」的上面則有「天子」、「諸侯」、「大夫」各級，形成一個金字塔（pyramid）式的結構。封建貴族是世襲的，不但壟斷了詩、書、禮、樂等各種知識，而且也壟斷了各級政府的職位。在這種情形下，「士」的地位是受到限定的。這一限定性可以從三個方面來說：以社會身分而言，「士」限定在封建貴族階級之內；在政治方面，「士」限定在各種具體的職位之中；在思想上，「士」則限定在詩、書、禮、樂等王官學的範圍之內。在這三重限定之下，「士」自然不容易發展出一種超越的精神，使他們可以全面而系統地對現實世界進行反思和批判。所以春秋以前的「士」還不能算是「知識人」（intellectuals）。現代觀念中的「知識人」，必然同時也扮演社會批判者（social critics）的角色。這當然不是說，春秋以前的「士」對現實社會完全沒有批評。從《詩經》來看，西周晚期（厲王以下）便多批評現實的作品，諷刺的詩篇大量出現。根據召公對厲王所說的話：「故天子聽政，使公卿至於列士獻詩。」（《國語・周語上》）這些「刺詩」中便包括了「士」的批評。又據《左傳・襄公十四年》「士傳言，庶人謗」之說，則「士」在古代原已負有批評的責任。但是西周時期的社會批評，如《詩經》中〈小雅・節南山〉、〈正月〉、〈十月之交〉、〈大雅・桑柔〉、〈瞻仰〉等篇，都是局部的、具體的譏諷。這和孔子以後的「士」大不相同，後者是從「道」的超越觀點來批判現實世界的，所以遠為全面、深刻和徹底（radical）。這前後兩期「士」的不同，主要便在前期的「士」的思想，限定在社會地位和政治職位上面。這正是曾子所說的：「君子思不出其位。」（《論語・憲問》）如果「士」所思考的問題，完全限定在他的職務範圍之內，那麼他所能提出的批評自然也祇能是具體的和局部的了。

但是到了春秋時代，「士」的社會地位發生了根本的變化。這主要是周代封建秩序解體的結果。在封建制度下，「士」原在「大夫」之下，是貴族的最低一級，「士」的下面便是平民，即所謂「庶人」。根據現存文獻，大概從西元前六世紀始，「士」逐漸和「庶人」連在一起了。《國語・楚語下》記觀射父論祭祀，便說「士、庶人舍時」、「士、庶人不過其祖」。金文《邾公華鐘》也說：「台宴士、庶子。」即指「士、庶人」。可見在當時人的觀念中，「士」和「庶人」之間，社會距離已比「士」和「大夫」之間更接近。這一現象是社會流動（social mobility）的結果：一方面，「庶人」已有不少機會上升為「士」，另一方面，貴族階級，尤其是「士」，也大批下降為「庶人」。西元前五三八年，叔向已指出晉國貴族中八姓的後代「降在皀隸」（《左傳．昭公三年》）。西元前五〇九年，史墨也感慨地說：「三後之姓，於今為庶。」（《左傳．昭公三十二年》）這裡的「三後」並不是專指虞、夏、商三代的王族，而是泛指自古以來一切亡國公族和衰落貴族的後代。由於「士」是最低層貴族，這一階層恰好成為貴族下降和庶人上升的匯聚地帶。士、庶之間的界限因此愈來愈模糊了。發展到戰國時代（西元前五世紀中葉以後），「士」終於不再屬於貴族，而成為四民之首。《穀梁傳》成公元年條說：

> 上古者有四民：有士民、有商民、有農民、有工民。

《穀梁傳》寫定較晚，這裡所說的「四民」以及「士民」等，大致可以認作戰國中晚期流行的名詞。

「士」從最低級的貴族轉變到四民之首，是一個最重要的歷史發展。從此以後，「士」便從固定的封建秩序中獲得了解放。他們一方面失去了職位的保障，進入顧炎武所謂士「無定主」的狀態（《日知錄．周末風俗》）；但另一方面，他們也自由了，思想不受「定位」的限制了。他們往往被稱為「游士」，這個「游」字至少有兩層涵義：第一是周遊列國，尋求職業；第二是從封建關係中游離了出來。他們代表著中國史上知識人的原型。

上述「士」的轉變發生在孔子的時代，恰可以說明孔子「士志於道」之說的歷史背景。封建解體和社會流動的結果，「士」不再受固定的身分的束縛，因此在思想上也解放了。他們過去是「思不出其位」，現在則可以「思出其位」了。這一超越精神的出現，不但使他們能夠對於現實世界進行比較全面的反思和批判，而且也使他們能夠自由自在地探求理想的世界——「道」。所以在中國史上，知識人一開始便和「道」是分不開的。[1]

## 二、哲學突破與內向超越

清代章學誠（一七三八至一八〇一年）在《文史通義・原道中》說過：「蓋官師治教合，而天下聰明範於一，故即器存道，而人心無越思；官師治教分，而聰明才智不入於範圍，則一陰一陽入於受性之偏，而各以所見為固然，亦勢也。」用現代的話說，他的意思是：在孔子以前，政治和思想是合一的，學者還沒有一種超越的觀點（「心無

1 本節所論，參考余英時，《士與中國文化》第一篇，〈古代知識階層的興起與發展〉（上海：上海人民，一九八七）。

越思」），所以他們祇能從自己的職位上考慮具體的問題（「器」），而不能對政治社會秩序的本質（「道」）有整體的理解。但在孔子以後，政治和思想分家了，學者的聰明才智不再受到限制，因此他們可以根據自己的稟性（endowed nature）去發揮獨特的見解，並且都自以為看到了「道」的全貌。章學誠最後說：「諸子紛紛，則已言『道』矣……皆自以為至極，而思以其『道』易天下者也。」這是一個很有現代眼光的深刻觀察，但是其根據則在《莊子．天下》。〈天下〉篇說：

> 天下大亂，賢聖不明，道德不一，天下多得一察焉以自好。譬如耳目鼻口，皆有所明，不能相通。猶百家眾技也，皆有所長，時有所用。雖然，不該不遍，一曲之士也……悲夫，百家往而不反，必不合矣。後世之學者，不幸不見天地之純，古人之大體，道術將為天下裂。

〈天下〉篇的作者指出古代統一性的「道」，在戰國時代已完全破裂了，因此才有諸子百家的興起；他們都各自得到了「道」的一部分。這確是中國「道」的歷史一大變化，其他古代思想家也有同樣的觀察。荀子說：「凡人之患，蔽於一曲，而暗於大理。」又指出諸子各有所「蔽」，所見到的「皆道之一隅」（《荀子．解蔽篇》）。《淮南子．俶真訓》則說：「周室衰而王道廢，儒、墨乃始列（裂）道而議，分徒而訟。」這都可以證明章學誠的論點是正確的；諸子都紛紛言「道」，並且都要「以其『道』易天下」，正是因為他們都已有了超越的觀點，成為自由的知識人了。

「道」的觀念的重大變化，也發生在孔子的時代。首先是原始的「天道」信仰發生了動搖。西元前五二三年子產說：

> 天道遠，人道邇。非所及也，何以知之？（裨）灶焉知天道？（《左傳．昭公十八年》）

裨灶是鄭國瞽、史之類的人物，他的專業是「知天道」。現在子產已不相信他能「知天道」。不但如此，子產「天道遠，人道邇」一語，更是一個重要的宣言，說明「道」的重心已從「天」轉向「人」了。子產已突破了專講「吉凶禍福」的原始「天道」，這一點對後來儒家的影響最大。所以孟子說：「盡其心者，知其性也。知其性則知天矣。」（《孟子．盡心上》）荀子則有「敬其在己者，而不慕其在天者」（《荀子．天論篇》）之論。這都是強調：祇有通過「人」的自我瞭解，然後才能「知天」。

西元前四九四年范蠡說：

> 天道盈而不溢，盛而不驕，勞而不矜其功……天因人，聖人因天。人自生之，天地

形之，聖人因而成之。（《國語・越語下》）

這也是一種比較新穎的「天道」，而近於後世道家的觀點。[2] 原始的「天道」似乎假定「盈而蕩」（《左傳・莊公四年》）或「盈必毀」（《左傳・哀公十一年》），吉凶禍福」即可由此推出。這種傳統的思想，在孔子時代依然很有勢力。我們不難看出：「盈而不溢」，正是「盈而蕩」、「盈必毀」的反命題（antithesis）。此外，如墨子的「天志」則將「天」加以人格化，也超越了以「吉凶禍福」為主的原始「天道」。總之，自孔子以來，諸子百家都各自發展了「道」的觀念。大體上說，各家的「道」，都把「天道」和「人道」結合了起來，所以都具有所謂「天人合一」的傾向。至於各家的歧異，則主要在重點各有不同，例如有的偏重於「人」（儒家），有的偏重於「天」（道家）。

但是《莊子・天下》、《荀子・解蔽篇》和《淮南子・俶真訓》所說的「道」或「天道」，並不是專指吉凶禍福的「天道」而言。事實上，「道術將為天下裂」主要是指古代文化社會秩序全面解體，即當時人所說的「禮壞樂崩」。春秋時人也把「禮」看作「天道」，如季文子說：「禮以順天，天之道也。」（《左傳・文公十五年》）子產也曾說過：「夫禮，天之經也，地之義也，民之行也。」（《左傳・昭公二十五年》）所以〈天下〉篇所謂「道」的分裂，可以看作是對於「禮壞樂崩」的一種哲學的描述。

從比較文化史的觀點看，「道術將為天下裂」，恰好是現代社會學家、哲學家和史學家所說的「哲學的突破」（philosophic breakthrough）或「超越的突破」（transcendent breakthrough）。古代幾個主要文化都經過了這一「突破」的階段。古希臘的「突破」產生了蘇格拉底（Socrates）和柏拉圖（Plato）的古典哲學；以色列的「突破」帶來了先知運動（prophetic movement），普遍而超越的上帝（God）的觀念由此成立；印度的「突破」則以業報（karma）和輪迴（samsara）為其中心的觀念，而視經驗世界為虛幻（illusion）。[3] 又據史學家的觀察，歷史上的「突破」，往往緊接著「崩壞」（breakdown）而出現。正由於原有的文化社會秩序崩壞了，思想家才努力尋求新的突破。[4]

春秋戰國時代完全符合從「崩壞」到「突破」這一歷史過程。所謂崩壞即是「禮壞樂崩」，所謂突破即是儒、墨、道三家的興起。這三家都直接起於對「禮壞樂崩」的反響，這是十分明顯的事實。儒家的反響是更新禮樂的傳統，給予禮樂以新的精神基礎，這便是孔子的「仁道」。「禮壞樂崩」是因為禮樂已流為虛偽的形式。所以孔子說：

2 馮友蘭，《中國哲學史》，頁五七。

3 Talcott Parsons, "The Intellectual: A Social Role Category," *On Intellectuals: Theoretical Studies / Case Studies*, ed. Philip Rieff (New York: A Doubleday Anchor Book, 1970), pp. 6-7.

4 Eric Weil, "What is a Breakthrough in History?" *Daedalus* 104 (Spring 1975): 21-36.

禮云禮云，玉帛云乎哉？樂云樂云，鐘鼓云乎哉？（《論語．陽貨》）

為了克服形式化的流弊，孔子強調禮樂必須以「仁」為其內在的根據。因此他又說：

人而不仁，如禮何？人而不仁，如樂何？（《論語．八佾》）

克己復禮為仁。一日克己復禮，天下歸仁焉。為仁由己，而由人乎哉！（《論語．顏淵》）

墨家對於「禮壞樂崩」的反應，和儒家恰好相反。墨子否定古代禮樂傳統的價值，因此也反對儒家關於禮樂的理論，《墨子》書中〈節葬〉和〈非樂〉兩篇最能代表墨家的態度。《莊子．天下》說墨子「毀古之禮樂」，確是有根據的。墨家的「突破」，採取宗教的方式，建立了有意志的「天」，「兼愛」和「非攻」都承「天志」而來。

道家的「突破」也是要超越禮樂的傳統。《老子》云：

故失道而後德，失德而後仁，失仁而後義，失義而後禮。夫禮者忠信之薄而亂之道。

道家的「道」以「自然」為宗，因此否定文化。「禮」則是文化的產物，也是使人從「自然」狀態墮落的始點。這裡的「仁」和「義」是指儒家的理論。「仁」、「義」雖超越了古代的禮樂，但在道家看來仍然是人為的，不是自然的。所以莊子的「坐忘」也是先「忘仁義」，再「忘禮樂」，最後則「忘」一切知識。「忘」即是超越；人必須超越文化所造成的一切分別相，才能和「道」完全合而為一（《莊子．大宗師》）。

西方學者曾指出，中國古代的「超越的突破」最不激烈（least radical）[5]或最為保守（most conservative）。[6]這一論斷是和其他各大文化的「突破」互相比較而獲得的。「突破」在文化史上最重要的意義，可以說是兩個世界的出現，即「世間」（this world）和「超世間」（other world）的劃分。例如希臘古典哲學中有「真實世界」（the real world）和「現象世界」（the phenomenal world）的分別。柏拉圖的理型說（Platonic theory of ideas or forms）便為這一分別提出了哲學的解釋。現象世界中的具體事物，都是真實世界中「理型」（forms or ideas）的不完美的複製品（copies or duplicates）。由此可

5 Ibid, p.7.

6 Benjamin I. Schwartz, "Transcendence in Ancient China," *Daedalus* 104 (Spring, 1975): 60.

見，希臘「哲學的突破」後的兩個世界是界線分明的：超世間是世間一切價值之源，它不但高於世間，並且也外在於世間。

以色列的「突破」也出現兩個尖銳對照的世界：上帝和祂所創造的人世。先知（prophets）則是上帝的使者（messengers），向世人傳達上帝的旨意。「世間」一方面完全依賴於上帝而存在，另一方面又是實現上帝的一切計畫的工具。

印度的「哲學的突破」，大致可以《奧義書》（*Upanishads*）中的哲理和佛教教義為代表。人生因無明（avidyā）而造業報，因造業報而陷入輪迴。要想脫離輪迴的苦海，則必須依靠「智慧」（jñāna or vidyā）。這一套思想至《奧義書》和佛教才得到系統的發揮。印度的兩個世界即建立在這一套思想的上面。世間便是無常的輪迴，祇有負面（negative）的意義，後來哲人更強調世間如幻之說。超世間則是梵（Brahman），梵是造物主，也是恆常世界。《奧義書》的中心觀念以梵與真我（atman）合而為一。所以人若求解脫，祇有永住梵界。印度的出世思想至此完全顯現。對於世間採取捨離的（renunciatory）態度，沒有比印度思想更徹底的了。

中國的兩個世界則與上述三大文化都不相同：世間和超世間是「不即不離」的關係。儒家和道家自漢代以來已成為中國思想的主流，讓我們以此兩家為例稍加說明。儒家是主流中的主流，對世間最為肯定，但是同時也強調世間的一切價值來自超世間。如果以「道」代表儒家的「超世間」，以日常人生代表儒家的「世間」，那麼我們便可看到：這兩個世界既不是完全合一的，又不是截然分離的。《中庸》首章說：

道也者，不可須臾離也，可離非道也。

朱熹《集注》云：

道者，日用事物當行之理，皆性之德而具於心，無物不有，無時不然，所以不可須臾離也。若其可離，則為外物而非道矣。

《中庸》又引孔子的話：

道不遠人。人之為道而遠人，不可以為道。（第十三章）

可見「道」一方面超越「日用事物」，一方面又遍在於「日用事物」之中。王陽明有詩句云：

不離日用常行內，直造先天未畫前。（〈別諸生〉）

這都足以說明儒家「即世間而超越世間」的態度。

道家比較偏重於超世間，然而仍然不捨離世間。《老子》說「道」是「周行而不殆」（第二十五章），《莊子》也說「道」是「無所不在」（〈知北遊〉）。因此道家的超世間和世間並不是截然分開的。《老子》有「和其光，同其塵」之說（第四章），河上公注云：

雖有獨見之明，當知闇昧，不當以擢亂人也。常與眾庶同垢塵，不當自別殊。

這是說有道之人仍然在世間，並且和塵俗之人打成一片。《莊子．天下》也說莊子「不譴是非，以與世俗處」。這更是道家不與塵俗斷絕的明證。郭向注《莊子》說：

故與世同波，而不自失，則雖游於世俗，而泯然無跡。豈必使汝驚戰！（《莊子．天地》）

我們可以說，道家的立場是「超世間而不離世間」。

不但儒、道兩家如此，後來中國的佛教——特別是禪宗也是如此。《壇經》說：

法元在世間，於世出世間，勿離世間上，外求出世間。（敦煌本第三十六節）

世間和超世間仍是不即不離的。由此可知，中國古代的「超越的突破」，事實上，決定了此下兩千多年的思想傳統，也決定了中國知識人的基本性格。孔子所說的「士志於道」，不但適用於先秦時代的儒家知識人，而且也同樣適用於後世各派的知識人。中國的「道」從一開始便具有特色，我們可以稱這種特色為「內向的超越」（inward transcendence）。中國知識人大體上帶有「內向超越」的色彩。

## 三、內向超越與「改變世界」

馬克思（Karl Marx）曾說：「哲學家從來祇是以各種不同的方式解釋世界；但真正的關鍵是改變它。」（The philosophers have only interpreted the world, in various ways; the point, however, is to change it.）馬克思在這裡指出了西方知識人的兩大類型。「解釋世界」的哲學家是西方古代和中古的知識人；「改變世界」的則是西方近代和現代的知識人。古希臘「哲學的突破」是外在的超越（external transcendence），超世間而高於世間，但又外在於世間。因此哲學家的主要興趣貫注在永恆不變的超越本體或真理世界，他們以思辨理性（speculative or theoretical reason）對超越世間進行靜觀冥想（contemplation），而不大肯注意流變擾攘的世間生活。自蘇格拉底因為捲入城邦的政治生活而被判處死刑以後，古希臘的哲學家更不肯參加政治生活了。[7]柏拉圖以來，西方文化史上出現了「靜觀的人生」（*vita contemplativa*）和「行動的人生」（*vita activa*）的劃分。哲學家「解釋世界」便是「靜觀」的結果。中古的經院哲學家（schoolmen）仍然繼續著「靜觀的人生」。另一方面，西方中古基督教教會（church）則承擔了「改變世界」的任務，因為基督教是根據上帝的旨意而「救世」的。歐洲中古時代的教會對所謂「蠻族」（barbarians）進行教化，對君主的權力加以限制，同時又發展了學術和教育。這些都屬於「改變世界」的工作，也就是「行動的人生」。西方近代和現代的知識人是啟蒙運動（Enlightenment）以後才大批出現的。這是西方文化「世俗化」（secularization）的結果。十八世紀以後的西方知識人才轉而重視「行動」與「實踐」（practice）；西方近代史上的革命，都有知識人的參與和領導。

與西方的情況相對照，我們便能更清楚地看到中國知識人的特徵，這些特徵大都和「道」的內向超越性有關。第一，中國知識人自始便以超世間的精神來過問世間的事。換句話說，他們要用「道」來「改變世界」。清初顧炎武說：

> 君子之為學，以明道也，以救世也。（《亭林文集・卷四・與人書》二十五）

同時李顒「答顧寧人先生」也說：

> 如明道定心以為體，經世宰物以為用，則體為真體，用為實用。（《二曲集・卷十六・書牘上》）

「救世」、「經世」都是「改變世界」的事。這一精神上起先秦下及清代，始終貫穿在中國知識人的傳統之中。

所謂「救世」或「經世」也有正面和反面兩種方式。正面的方式是出仕；但出仕則必須以「道」是否能實現為依據。所以孔子說：「天下有道則見，無道則隱。」（《論語・泰伯》）荀子也一再強調從道不從君（《荀子・臣道篇》和《荀子・子道篇》）。這一原則至少在理論上是後世儒家知識人所共同接受的，儘管在實踐中有許多困難。宋代儒學復興，范仲淹、王安石、程頤等人都有「以天下為己任」的意識。他們雖然「在位」，但仍然能保持知識人的立場，即以「道」來「改變世界」。王安石得君行道，他

---

7 Hannah Arendt, *The Human Condition* (Chicago: University of Chicago Press, 1958), pp. 7-22; ___, *Between Past and Future: Eight Exercises in Political Thought* (New York: Penguin Books, 1977), pp. 71-72.

的「道」不但有儒家的一面，而且更有佛教的一面。雪峰禪師曾說過：「這老子嘗為眾生做什麼？」王安石便因為受到這一句話的感動，才決定接受宰相的職位的（惠洪，《冷齋夜話・卷十》）。

「改變世界」的反面方式則是對「無道」的社會加以批評。這也是隨著古代「超越的突破」而來的普遍現象。超世間的出現，使人可以根據最高的理想——「道」——來判斷世間的一切是與非。社會批判（social criticism）至此才完全成立。所以以色列的先知阿莫斯（Amos）和雅典的哲學家蘇格拉底都用上帝的名義來痛斥當時社會上種種無道的行為。[8] 中國自春秋戰國開始也出現了大量的社會批評，即孟子所謂「處士橫議」（《孟子・滕文公下》）。孔子曾說：

> 天下有道，則庶人不議。（《論語・季氏》）

可見孔子也認為如果「天下無道」，則「議」是不可避免的。儒家知識人從孔子到明代的泰州學派和清代的黃宗羲、戴震，都曾同時在「明道」之外擔任過社會批判者的角色。司馬遷引董仲舒的話說：

> 孔子知言之不用，道之不行也，是非二百四十二年之中，以為天下儀表，貶天子，

退諸侯，討大夫，以達王事而已矣。

司馬遷自己也說：

> 夫《春秋》，上明三王之道，下辨人事之紀，別嫌疑，明是非，定猶豫，善善惡惡，賢賢賤不肖，存亡國，繼絕世，補敝起廢，王道之大者也。（《史記．太史公自序》）

《春秋》是不是孔子所寫的書，我們今天還不敢斷定。但是從上引太史公的話中，我們知道漢代知識人確是把孔子看作一個最偉大的文化、社會批判者，也把《春秋》看作中國第一部最有系統的文化、社會批判的著作。這一事實同時也說明漢代知識人具有高度的社會批判的意識。這種批判是深刻而透徹的，甚至達到了「貶天子」的高度。正是在這一歷史的背景之下，漢代才出現了新的「士」的定義。劉向《說苑》云：

8 Michael Walzer, *The Compary of Critics: Social Criticsm And Political Commitment in the Twentieth Century* (New York: Basic Books, 1988), pp. 4-5.

辨然（否），通古今之道，謂之士。（卷十九，〈修文〉）

「辨然否」即是「明是非」，判斷是非的根據則在「道」。這足以說明中國知識人是文化價值的維護者。

道家的知識人往往是更徹底、更激烈的文化、社會批判者。我們可以舉漢末到魏晉的名教批判為例。漢末有一位不知名的漢陰老父曾提出一系列尖銳的政治問題：

> 請問天下亂而立天子邪？理而立天子邪？立天子以父天下邪？役天下以奉天子邪？（《後漢書．卷一一三．漢陰老父傳》）

這是對於皇帝制度發生了根本的懷疑。這種懷疑愈來愈深刻，於是出現了魏晉的無君論。阮籍認為「無君而庶物定，無臣而萬事理。」（《阮籍傳．大人先生傳》）鮑敬言更進一步說：「古者無君，勝於今世。」（《抱朴子．詰鮑》）這已是很徹底的無政府思想了。不但君臣一倫受到否定，父子一倫也遭到了攻擊。孔融和禰衡據說曾有過下面一段對話：

> 父之於子，當有何親？論其本意，實為情欲發耳。子之於母，亦復奚為？譬如寄物

瓴中，出則離矣。（《後漢書・卷一〇〇・孔融傳》）

這一段對話未必真正發生在孔融和禰衡之間，但當時一定有人發表過這一類的議論。魏晉以後新道家以「自然」來全面打擊「名教」，便是從這個基礎上展開的。儒家的名教（或禮教）在漢末已流為虛偽，當時已流傳著「舉孝廉，父別居」的諺語（《抱朴子・審舉》）。因此道家知識人的社會批判，也愈到後來愈激烈，終於對儒家所維護的基本價值——忠和孝——也拒絕接受了。道家知識人的社會批判在後世影響很大，形成了一個反傳統的傳統。明代泰州學派，清末章炳麟、劉師培，以至五四運動，都和這一傳統有思想上的淵源。

中國知識人的批判傳統還有另一特色，即經過制度化而成為政治秩序的一部分。戰國中期以後（西元前四世紀中葉），齊國創立了一個稷下學宮，尊禮當時各學派著名的知識人，號稱「稷下先生」。《莊子・天下》和《荀子・非十二子篇》中所列舉的思想界領袖，有好幾位曾經是「稷下先生」。此外，燕昭王也曾築碣石宮，以師禮待鄒衍（《史記・孟子荀卿列傳》）。「稷下先生」的最大特色，是「不治而議論」（《史記・田敬仲完世家》），或「不任職而論國事」（《鹽鐵論・論儒》）。換言之，他們不屬於官僚系統之內；他們的專業則是政治批判。所以他們依然保持著自由知識人（游士）的身分。後來秦代所設的博士，其職掌是「通古今，承問對」，與「不治而議論」

大體相同，可見博士制度是從稷下先生演變出來的，所以漢代仍稱博士為「稷下生」。9 不過博士是「吏」，稷下先生則是君主的「師」或「友」，地位已大為降低了。秦始皇三十四年（西元前二一三年），博士「以古非今」，反對廢除封建，引起政治風潮，終於發生了著名的「焚書」事件。但是從秦博士議政的風氣，我們不難推想戰國稷下先生必然享有極大的政治批判的自由。

中國傳統政治制度中又有御史和諫官，也是制度化的批判者。御史監察百官，諫官則糾正皇帝，兩者都是所謂「言官」。諫官在秦漢的正式名稱是「諫議大夫」，顧名思義，「議」便是批評。可見中國統一後的政治秩序中，內在的批評和反對自始便已取得合法化的地位。不但中央政府如此，秦、漢地方政府中也設有「議曹」，為郡守提供各種不同的意見。為什麼秦、漢政治制度的設計中包括了這許多「議」的職位呢？我們相信這和戰國時代自由知識人「議」的傳統有關，特別和稷下先生「不治而議論」的影響有關。例如東漢初年，任延為會稽都尉，聘請董子儀、嚴子陵等名士，待之以「師友之禮」，又署隱士龍丘萇為「議曹祭酒」（《後漢書．循吏列傳．任延》），這便明明是一個具體而微的稷下制度。荀子不是在稷下「三為祭酒」嗎？任延的議曹模仿稷下是極為明顯的。諫議制度為中國知識人在擔任官職以後開闢了一條合法的「言路」，使他們可以理直氣壯地批評朝政。言官的激烈批評，往往給他們招來被貶逐甚至被處死的命運。韓愈上〈論佛骨表〉，大觸唐憲宗之怒，初欲論死，終貶為潮州刺史，即日上道。

故韓愈詩云：「一封朝奏九重天，夕貶潮州路八千。」（〈左遷至藍關示侄孫湘〉，見《昌黎先生集・卷十》）但是後世知識人卻因此而更為尊敬韓愈。蘇軾撰〈韓文公廟碑〉便特別推重他「道濟天下之溺」，又說：「力可以得天下，不可以得匹夫匹婦之心，故公之精誠能開衡山之雲，而不能回憲宗之惑。」（《經進東坡文集事略・卷五十五》）這幾句話的意思正是說：知識人如韓愈，是根據「道」來進行政治批判的，而帝王如唐憲宗，則完全靠「力」來把持天下。由此可見，帝王如果無「道」，則祇能代表「世間」的負面勢力；知識人如果能謹守「明道救世」的原則，則雖立身帝王之朝，仍然可以代表「超世間」的理想。這一點最可說明儒家知識人「即世間而超世間」的特性。在世間和超世間發生直接衝突時，帝王的懲罰反而成為知識人的光榮；懲罰愈重，光榮也愈大。范仲淹三次因諫議而遭貶黜，當時知識人則認為他一次比一次更光榮：第一次僚友為他送行，說：「此行極光」，第二次說：「此行愈光」，第三次則說：「此行尤光」。所以他最後笑謂送者曰：「仲淹前後三光矣。」（文瑩，《續湘山野錄》）他第三次被貶時，梅聖俞作〈靈烏賦〉安慰他，他也作賦報答（葉夢得，（《石林燕語・卷九》）。他的〈答靈烏賦〉中有兩句名言：

9 見錢穆，《兩漢經學今古文平議》（香港：新亞研究所，一九五八），頁一六五—六六。

寧鳴而死，不默而生。（《范文正公集・卷一》）

傳統的中國知識人認為諍諫是他們的「天職」（calling），現代的中國知識人更從這兩句話得到了爭取言論自由的啟示。[10] 制度化、合法化的政治批判是「內向超越」的一個文化特徵，使得不少知識人雖出仕而仍能「明道救世」。

如果我們以西方的「外在超越」加以對照，則中國知識人的特殊精神便更為清楚了。上文已指出古代希臘關於「靜觀的人生」和「行動的人生」的劃分，因此西方古代的哲學家往往游心物外，不問世事。基督教的原始教義也屬於外在超越的形態，所以有「凱撒的事歸之凱撒，上帝的事歸之上帝」（Render unto Caesar the things that are Caesar's and unto God the things that are God's.）的說法。到了聖奧古斯丁（St. Augustine）手上，上帝的天國（the Kingdom of God）和世間的王國（Kingdoms of this world）的二元思想更獲得系統的發展，甚至遲到宗教改革（Reformation）時代，馬丁・路德（Martin Luther）還向新教聖徒說：「你們有天國，至於地上的王國，誰想要它，你們便應該讓給誰。」（You have the kingdom of heaven, therefore you should leave the kingdom of earth to anyone who wants to take it.）[11] 由於西方古典哲學和基督教都把超世間和世間清楚地劃分成兩個領域，西方知識人一直到現代都不免有一種偏見，認為知識人的本分是維護永恆的價值，而不應捲入世間的活動，特別是政治活動。法國哲學家本達

（Julien Benda）在一九二七年所著《知識人的背叛》（*The Treason of the Intellectuals*）一書便代表了這一觀點。他認為西方知識人一直都遵守耶穌的信條：「我的王國不在世間」（My kingdom is not of this world），但是從十九世紀末期開始，西方知識人已背叛了他們的使命，竟從思想的世界墮落了下來，進入了行動的世界。[12] 無論本達這部書有多少缺點，但是他所指出的西方知識人的思想傾向，確是不可否認的歷史事實，[13] 這代表了外在超越的基本精神。在內向超越的中國思想系統中，超世間和世間是無法一刀兩斷的。借用陸九淵的話說，便是「道外無事，事外無道」（《象山先生全集・卷三十四》）。所以朱熹強調「知行相須」，王陽明提倡「知行合一」。總之，中國知識人的主要傾向是「即知即行」、「即靜即動」。如果祇有「靜觀」而無「行動」，則從中國知識人的觀點言，反而是一種「背叛」了。因此明末顧憲成痛斥王學末流「水間林下，三三兩兩，相與講求性命，切磨德義，念頭不在世道上」（黃宗羲，《明儒學案・卷五十八》）。顧允成也說：「吾歎夫今之講學者，恁是天崩地陷他也不管，祇管講學。」

10 見胡頌平，《胡適之先生年譜長編初稿》（台北：聯經，一九八四），頁二二三七—四四一。
11 Michael Walzer, *The Company of Critics*, p. 31.
12 Julien Benda, *The Treason of the Intellectuals* (*La trahison des clercs*), trans. Richard Aldington (New York: W. W. Norton, 1969).
13 見H. Stuart Hughes, *Consciousness and Society* (Brighton, Sussex : Harvester Press, 1958), pp. 411-18。

（同前注，卷六十）「外在超越」和「內向超越」兩種精神的對照在這一論點上表現得特別尖銳。

## 四、修身正心與「道」的保證

內向超越給中國知識人帶來另一個顯著特徵，即重視個人的精神修養。這當然不是說所有的或多數的中國知識人在精神修養方面具有真實的成就，更不是說中國知識人的平均精神水準，高於其他民族的知識人。我們所注意的是下面這個問題：為什麼中國文化對於知識人特別提出精神修養的要求？而且這個要求至少從孔子起一直到今天還沒有完全消失？

我們首先要指出的是：自中國古代「超越的突破」以後，「修身」或「修己」是儒、墨、道各家所共同強調的一個觀念。

《論語·憲問》：

> 子路問君子。子曰：修己以敬。

《墨子·貴義》：

世之君子欲其義之成，而助之修其身，則慍。

《老子》第五十四章：

修之於身，其德乃真。

此外，《管子》書中原來也有〈修身〉一篇，但早已遺失了。為什麼各家都討論「修身」的問題呢？我們推想這和古代「禮」的傳統有關。「修身」的本義大概是指身體的外在修飾，如衣服冠履之類。這在古人行禮時是很講究的。今存《儀禮》一書所收「士冠禮」、「士相見禮」等篇，都對「士」的外在修飾有很詳細的規定。

上面已指出，中國古代的「突破」起於「禮壞樂崩」。「突破」之後，各派思想家都對「禮」的傳統加以改造，其結果是使原來講身體修飾的「禮」，變成了精神的修養。上引孔子、墨子、老子三家的話，顯然都是指精神的狀態——「敬」、「義」、「德」。不但如此，孔子的「修己以敬」和墨子的「修其身」，又同是以「君子」為對象。「君子」在孔、墨時代則是以「士」為主體。這不是說「士」以外的人可以完全不需要修養。荀子便說過：「臣下百吏至於庶人，莫不修己而後安正。」（《荀子．君道篇》）《大學》也說：「自天子以至庶人，一是皆以修身為本。」（第一章）但是先秦諸家論精神修養，特別是以知識人為對象，則是不成問題的。

為什麼知識人特別需要「修身」呢？這便和「道」有密切的關係了。孟子說：

故士窮不失義，達不離道……古之人，得志，澤加於民；不得志，修身見於世。窮則獨善其身，達則兼善天下。（《孟子．盡心上》）

孟子在別處又說：「得志，與民由之；不得志，獨行其道。」（〈滕文公下〉）合起來看，「修身」便是「行道」。所以後來《中庸》有「修身以道」、「修身則道立」的說法（第二十章）。孟子的「修身」必須從他在「知言養氣」章（〈公孫丑上〉）所討論的「不動心」和「養浩然之氣」兩點上去求得進一步的瞭解。這種「浩然之氣」是和「義」與「道」配合在一起的，所以「養氣」可以使人直接接觸到超越的「道」。有了「道」，才能達到「不動心」的境界。「修身」離不開「氣」與「心」，還可以從荀子的思想中得到印證。荀子在〈修身篇〉中反覆強調「治氣養心」的重要。他說：

凡治氣養心之術，莫徑由禮，莫要得師，莫神一好。夫是之謂治氣養心之術也。

荀子的「修身」方法雖然和孟子不同，但關鍵在「氣」與「心」則仍然一致。《管子・內業》云：

心靜氣理，道乃可止。

修心靜音（意），道乃可得。

更可見「治氣養心」以得「道」，是先秦各家所共同接受的理論。

我們從這裡可以看到「內向超越」的具體方式。「突破」以前的「天道」以吉凶禍福為主，這是因為古人相信天上有「帝」或「上帝」在那裡主宰著人的命運。「突破」以後，「道」的重心逐漸向「人」的方面移動，但「天」的源頭並沒有因此而被切斷。董仲舒所謂「道之大原出於天」（《漢書》本傳）是具有代表性的說法。戰國以來，各派知識人對於「天」大致僅做一般的肯定，而不做系統的解釋。莊子說：「六合之外，聖人存而不論。」（《莊子・齊物論》）荀子則更為極端，認為「唯聖人為不求知天」（《荀子・天論篇》）。雖然先秦各家對於「天」的理解頗有不同，但他們追求「道」都不直接訴諸「天」，而是從「心」下手。孟子說：

盡其心者，知其性也。知其性，則知天矣。存其心，養其性，所以事天也。（《孟

子・盡心上》）

這顯然是將超越的「天」收歸人的「心」中，所以「知天」不是向外或向上去認識「天」，而是向內去窮盡自己的「心」。荀子說：

人何以知道？曰：心。心何以知？曰：虛壹而靜。（《荀子・解蔽篇》）

「心」必須處於虛、壹、靜的狀態始能知「道」，這是受了道家的影響。其中「虛」字尤為重要。莊子說：

唯道集虛。虛者，心齋也。（《莊子・人間世》）

成玄英疏曰：

唯此真道，集在虛心。

這是說「心」必須在空虛的狀態，然後「道」才能集在其中。《韓非子・揚權》

說：

> 故去喜、去惡，虛心以為道舍。

宋本舊注解釋這句話如下：

> 去喜、惡以虛其心，則道來止。故為道舍。（四部叢刊本）

這樣一說，意思便完全清楚了。「心齋」、「道舍」都是用房舍來做比喻，「道」是要住在「心」中的。《管子．內業》也有一段類似的話：

> 定心在中，耳目聰明。四枝堅固，可以為精舍。精也者，氣之精者也。氣，道乃生，生乃思，思乃知，知乃止矣。

這個「精舍」也就是「道舍」，因為「氣之精」是可以和「道」結合起來的。這個「精氣」和孟子的「浩然之氣」很相似，「浩然之氣」不也是「配義與道」嗎？《管子．樞言》中還有另一種說法，也值得注意：

道之在天者，日也；其在人者，心也。

尹知章〈舊題房玄齡〉注曰：

心者，萬物由之以慮，萬理由之以斷，云為莫大焉。故謂之道。

這更是把「道」和「心」等同起來了。

我們追溯了先秦各家關於「心」和「道」的關係的見解，便可以完全確定：中國古代「哲學突破」以後，超越性的「道」已收入人的內心。因此先秦知識人無論是「為道」或「為學」，都強調「反求諸己」、強調「自得」。這是「內向超越」的確切意義。[14]

但是「內向超越」並不僅限於「突破」時代。事實上，它從此形成了一個強固的傳統，支配了後世知識人的思維模式（mode of thinking）。佛教原來是「外在超越」的形態，但經過長期的中國化的發展，終於逼出了「內向超越」的中國禪宗。宋代理學興起以後，「道」或「理」的內向超越的性格，也發展得更明確、更完備了。我們祇要引用朱熹的一段話便足以說明問題了。《朱子語類．卷九十八》：

凡物有心而其中必虛……人心亦然。祇這些虛處，便包藏許多道理，彌綸天地，該括古今。推廣得來，蓋天蓋地，莫不由此，此所以為人心之妙歟！理在人心，是之謂性。性如心之田地，充此中虛，莫非是理而已。心是神明之舍，為一身之主宰。性便是許多道理，得之於天而具於心者。

我們試把這一段話和上面所引先秦舊說做一比較，便不難看出：朱熹的說法儘管更複雜，也更周密了，但其間一脈相承的痕跡則是十分明顯的。[15]

中國知識人是「志」於道的，現在「道理」既是「得之於天而具於心」，則任何有志於「求道」、「得道」的知識人，自然都不能不首先反求諸自己的內心。「心」是「道舍」或「神明之舍」，也就是每一個知識人的「超世間」的所在。記得有首通俗的禪宗詩說：

14 我在《從價值系統看中國文化的現代意義》（台北：時報文化，一九八四）中，曾誤用流行的「內在超越」一詞，這是西方神學的觀念（immanent transcendence），與我的本意不合。今特改正為「內向超越」。今收入本書第一篇的新版也一律改正了。

15 關於理學中「心」的觀念，可看Wm Theodore de Bary, *The Message of the Mind in Neo-Confucianism* (New York: Columbia University Press, 1989)。

佛在靈山莫遠求，靈山祇在我心頭。人人有個靈山塔，各向靈山塔下修。

修心養性不但是中國知識人的特徵之一，而且這個觀念也打進了通俗文化之中。在「外在超越」的西方文化中，精神修養主要是寺院（monasteries）中修士的事，世俗知識人是不大講究修養的。近代西方知識人的言行不一，有時真到了令人吃驚的地步。[16]宗教改革以後，耶穌會（Society of Jesus）的修士也有帶領俗人去修行的，但必須在一個隱退之地（retreat），時間也不過幾個星期而已。西方最著名的講修養的著作是耶穌會創始人羅耀拉（Saint Ignatius of Loyola）的《精神修養》（*The Spiritual Exercises*）。我們試將此書和禪宗及理學家語錄加以比較，即可見內向超越和外在超越是如何不同。一切的「道」、「理」都在上帝、耶穌、聖徒那邊，都是外在於人的，而人心之內則充滿了情欲和罪惡。這是多麼強烈的對照。[17]

我們可以說中國知識人特別注重精神修養，主要是為了保證「道」的莊嚴和純一。內向超越的中國知識人，既沒有教會可以依靠，也沒有系統的「教條」（dogmas）可資憑藉。「正統」和「異端」在中國是缺乏客觀標準的。朱熹和陸象山不是曾互斥對方為「異端」嗎？王陽明和他的門人不是曾提倡過「三教合一」嗎？所以「道」的唯一保證，便是每一個知識人的內心修養，雖然是真是偽還得要由每個人自己來斷定。

但是中國知識人，特別是儒家，強調「道」，甚至提倡「道統」還有另一個重大的意義。他們是要以超世間的「道」和世間的「勢」——主要是君主的政權——相抗衡。孟子最早已指出：

> 古之賢王好善而忘勢，古之賢士何獨不然？樂其道而忘人之勢，故王公不致敬盡禮，則不得亟見之。見且由不得，而況得而臣之乎？（《孟子．盡心上》）

這樣，「道」與「勢」的緊張關係便由孟子拉開了歷史的序幕。知識人必須以「道」自任和自重，不能為了求富貴之故，向王侯臣服，這是儒家的一貫立場。陳代勸孟子去謁見諸侯，多少可以施展一點自己的理想。「枉尺而直尋，宜若可為也。」孟子堅決地回答他：

> 如枉道而從彼，何也？且子過矣！枉己者，未有能直人者也。（《孟子．滕文公

---

16 參看Paul Johnson, *Intellectuals* (New York: Harper & Row, Publishers, 1988)，論西方現代許多著名的思想家的言行相反的現象。

17 W. H. Longridge, trans., *The Spiritual Exercises of Saint Ignatius of Loyola* (London: Robert Scott Roxburghe House Paternoster Row, E. C., 1919).

下》）

孟子是不能讓「道」受屈枉的。知識人最大的弱點是抵抗不住世間權勢的誘惑。所以公孫丑問他，如果齊國給你老先生以卿相之位，使你可以「行道」，你動不動心呢？孟子曰：「否；我四十不動心。」（〈公孫丑上〉）接著便是孟子講他怎樣「善養吾浩然之氣」，然後才能達到「不動心」的境界。這一段話最能說明先秦知識人的「治氣養心」是為了保證他們「心」中的「道」的堅貞。祇有持此超世間的「道」，他們才能面對世間的「勢」而不為所動。荀子也說：

> 志意修則驕富貴，道義重則輕王公；內省而外物輕矣……士君子不為貧窮怠乎道。
> （《荀子・修身篇》）

這是荀子告訴我們，知識人為什麼必須「修身」、必須「治氣養心」。

以行「道統」來馴伏「治統」，是後世儒家知識人所最為重視的一件大事。這是中國超世間的理想在世間求取實現的唯一途徑。宋明理學的積極意義也在這裡。呂坤說得最明白：

故天地間惟理與勢為最尊。雖然，理又尊之尊也。廟堂之上言理，則天子不得以勢相奪。即奪焉，而理則常伸於天下萬世。故勢者，帝王之權也；理者，聖人之權也。帝王無聖人之理則其權有時而屈。然則理也者，又勢之所恃以為存亡者也。以莫大之權，無僭竊之禁，此儒者之所不辭，而敢於任斯道之南面也。（《呻吟語全集・卷一之四》）

為了保持「理」的尊嚴，中國知識人是不能不講心性修養的。否則「理」又何能不為「勢」所奪？更何能使「理」常伸於天下萬世？這是「內向超越」的知識人在傳統格局下的唯一出路。

# 第七篇　士在中國文化史上的地位

我的著作之一《士與中國文化》集結了十二篇歷史研究的專論，其主要的對象都是「士」。中國史上的「士」大致相當於今天所謂的「知識分子」，但兩者之間又不盡相同，為了尊重歷史事實，這裡依然沿用了「士」的舊稱。書中幾篇研究基本上都採取了文化史和思想史的角度，因此全書定名為《士與中國文化》。[1]

士在中國史上的作用及其演變是一個十分複雜的現象，絕不是任何單一的觀點所能充分說明的。但是無可爭辯的，文化和思想的傳承與創新自始至終都是士的中心任務。從文化史和思想史的角度出發，《士》書企圖觀察和呈現的是：士作為一個社會階層的精神風貌。不用說，這當然衹能是一種宏觀的歷史。但宏觀者不能建築在微觀研究的基礎之上，則將不免流於空泛而武斷。因此《士》書不取通史式的寫法，而是一系列史學專題的研究。我在各歷史階段中選擇了若干有關「士」的發展的中心論題，然後對每一論題進行比較具體而深入的分析。我希望能通過這一重點的研究方式以展示「士」在中國文化史上的特殊地位。

中國文化自成一獨特的系統，這已是今天中外大多數學人所共同承認的歷史事實。在西方文化的對照之下，這一文化系統的獨特性更是無所遁形。但是文化的範圍幾乎是至大無外的；我們很難用幾句簡單扼要的話把中國文化的特性刻畫得恰如其分。近幾十年來，討論中西文化異同的文字多至不可勝數，真是陷入了墨子所謂「一人一義，十人十義」的紛亂狀態。不過如果越過語言的層次，我們便不難發現各家的說法在表面上雖然分歧很大，實際上卻未必互不相容。與西方文化相比較，中國文化幾乎在每一方面都表現出它的獨特形態。因此觀察者從任何角度著眼，都可以捕捉到這種獨特形態的一個面向。這是眾說紛紜的根本起因。祇要觀察者不堅持以偏概全，則觀點愈多，愈能彰顯中國文化的特性。書名《士與中國文化》也部分取義於此：通過「士」這一階層的歷史發展來探索中國文化的獨特形態。

如果從孔子算起，中國「士」的傳統至少已延續了兩千五百年，而且流風餘韻至今未絕。這是世界文化史上獨一無二的現象。今天西方人常常稱知識分子為「社會的良心」，認為他們是人類的基本價值（如理性、自由、公平等）的維護者。知識分子一方面根據這些基本價值來批判社會上一切不合理的現象，另一方面則努力推動這些價值的充分實現。這裡所用的「知識分子」一詞在西方是具有特殊涵義的，並不是泛指一切有「知識」的人。這種特殊涵義的「知識分子」首先也必須是以某種知識技能為專業的人；他可以是教師、新聞工作者、律師、藝術家、文學家、工程師、科學家或任何其他行業的腦力勞動者。但是如果他的全部興趣始終限於職業範圍之內，那麼他仍然沒有具

1 編注：本篇原為作者另一著作《士與中國文化》（上海：上海人民，一九八七）的自序，精練剖析中西知識人歷史淵源的異同，切合本書的中心要旨，故收之。為求文脈順暢，予以全文照錄，只就簡繁體中文的轉換做了文字的潤飾。

備「知識分子」的充足條件。根據西方學術界的一般理解，所謂「知識分子」，除了獻身於專業工作以外，同時還必須深切地關懷著國家、社會以至世界上一切有關公共利害之事，而且這種關懷又必須是超越於個人（包括個人所屬的小團體）的私利之上的。所以有人指出，「知識分子」事實上具有一種宗教承當的精神。

熟悉中國文化史的人不難看出：西方學人所刻畫的「知識分子」的基本性格竟和中國的「士」極為相似。孔子所最先揭示的「士志於道」便已規定了「士」是基本價值的維護者；曾參發揮師教，說得更為明白：「士不可以不弘毅，任重而道遠。仁以為己任，不亦重乎？死而後已，不亦遠乎？」這一原始教義對後世的「士」發生了深遠的影響，而且愈是在「天下無道」的時代也愈顯出它的力量。所以漢末黨錮領袖如李膺，史言其「高自標持，欲以天下風教是非為己任」，又如陳蕃、范滂則皆「有澄清天下之志」。北宋承五代之澆薄，范仲淹起而提倡「士當先天下之憂而憂，後天下之樂而樂」，終於激勵了一代讀書人的理想和豪情。晚明東林人物的「事事關心」一直到最近還能振動現代中國知識分子的心弦。如果根據西方的標準，「士」作為一個承擔著文化使命的特殊階層，自始便在中國史上發揮著「知識分子」的功用。

但是我們知道，西方學人幾乎一致認定，上述那種具有特殊涵義的「知識分子」是近代的產物；「知識分子」作為一個社會階層而言，其出現的時代大概不能早於十八世紀。社會學家曼罕（Karl Mannheim）曾說，近代的自由知識分子不屬於任何固定的經濟階級，知識和思想則成為他們唯一的憑藉，因此他們才能堅持自己「思想上的信念」。這個說法又幾乎和孟子關於「士」的觀察不謀而合：「無恆產而有恆心者，唯士為能。」我們忍不住要追問：為什麼知識分子階層在西方出現得這樣遲，而中國竟早在先秦時代便已產生了「士」呢？中國的「士」自孔子以來便形成了一個延續不斷的傳統，西方近代知識分子難道竟沒有歷史的淵源嗎？

這些帶有根本性質的大問題是不可能有現成的答案的。但是上述兩個重要的文化現象——中國有一個兩千多年的「士」的傳統，而西方「知識分子」出現於近代——則值得我們認真地思索。必須說明，雖然中國的「士」和西方的「知識分子」在基本精神上確有契合之處，但是我並不認為這兩者之間可畫等號。我們固然可以在二十世紀中國知識分子的身上發現「士」的明顯遺跡，然而他們畢竟不是傳統的「士」了。「士」與「知識分子」之間的歧異不是這篇短文中所能涉及的，我在下面祇想說明一點：中國史上有一個源遠流長的「士」階層似乎更集中地表現了中國文化的特性，也似乎更能說明中西文化的異質之所在。

從思想史的觀點看，西方近代知識分子的起源和十八世紀啟蒙運動的關係最為密切。康德曾給啟蒙運動的精神下了一個簡明扼要的界說，即「有勇氣在一切公共事務上運用理性」。這句話恰好可以代表近代知識分子的精神，但這一精神的出現卻必須從西方文化的全部背景中去求瞭解。「理性」源於古代希臘，代表了西方文化最原始也是最主要的特徵。古希臘理性最重要的結晶則無疑是哲學（包括科學在內）。所以希臘的哲學家可以說是西方知識分子的原型。但是古代哲學家在精神上和啟蒙運動以來的知識分子頗有不同。古希臘的「理性」主要表現為「理論的理性」或「思辨的理性」。柏拉圖和亞里斯多德都把世界一分為二：一方面是超越的本體或真理世界，另一方面是現實的世界。這是「外在超越」型文化的特色。兩個世界的清楚劃分是西方文化的特顯精采之處，然而也不是沒有代價的。代價之一即是二分的思維方式普遍流行。二分思維雖非西方所獨有，但確是西方文化中一個極為強烈的傾向；理論和實踐的二分便是其具體的表現之一。「理論的理性」祇對永恆不變的真理世界感興趣，擾攘的現實世界是不值得注意的，因為前者是「本體」，後者不過是「現象」而已。所以亞里斯多德認為哲學家的全副生命都應該奉獻於永恆事物的探究；現象界儘管千變萬化，而哲學家所追求的則祇是萬象紛紜後面的不變原則。西方文化史上一向有「靜觀的人生」（*vita contemplativa*）和「行動的人生」（*vita activa*）的二分，其源即在古代希臘。拉丁文所謂「靜觀」便是從希臘文所謂「理論」（*theōria*）翻譯出來的；這是西方「理論」一詞的古義。希臘哲學家所嚮往的是「靜觀的人生」而不是「行動的人生」；柏拉圖和亞里斯多德都以「靜觀冥想」為人生的最高境界。有人更指出，柏拉圖的《共和國》是城邦社會的理想化，其最主要的目標便是為哲學家提供一個「靜觀冥想」的生活方式，使他們可以不受一切世俗活動（包括政治活動）的干擾。無可否認的，希臘的哲學家確是以「精神貴族」自居；他們雖然重視「理性」，但是他們的「理論的理性」是不屑用之於康德所謂「公共事務」上面的。所以西方近代「知識分子」和希臘哲學家之間並沒有一脈相承的關係；前者所關注的不是「靜觀的人生」，而是「行動的人生」；不是「理論」，而是「實踐」。我們都知道馬克思在《論費爾巴哈綱領》第十一條的名言：「哲學家從來是以各種不同的方式解釋世界；但真正的關鍵是改變它。」這句話最能表示一個近代「知識分子」和希臘以來的傳統哲學家之間的分歧所在。「解釋世界」是「靜觀」的結果；「改變世界」才代表近代「知識分子」重「行動」或「實踐」的精神。所以在《綱領》第一條中，馬克思開宗明義便指出：一切現存唯物哲學的主要缺點在於持「靜觀的」方式看待真實的事物。費爾巴哈也仍然在古代哲學家的精神籠蓋之下，故重視理論而輕忽實踐；其基本態度是「靜觀的」而不是「行動的」。

但是康德所說的啟蒙精神中的道德勇氣則又和基督教的傳統有淵源。西方的基督教是希伯來的「信仰」壓倒了希臘的「理性」以後的產物，因此在整個中古時代哲學變成了神學的「婢女」。希臘哲學和希伯來宗教之間雖有衝突和緊張，然而兩者確有一相合之點，即同屬於「外在超越」的形態。柏拉圖和亞里斯多德都已從哲學內部推斷宇宙間必有一個超越的「不動的動力」；羅馬斯多噶派的哲學家更發展出一個非常接近人格神的上帝觀念。所以一般文化史家頗相信古代後期的哲學已在思想上為西方人接受希伯來的宗教做好了準備工作。羅馬的國家組織和普遍性的法律又恰好為這種外在超越的宗教提供了形式化的榜樣，於是中古基督教的普遍教會組織便順理成章地形成了。由於基督教實際上壟斷了中古歐洲的精神世界，我們如果想在這個時期尋找一個相當於近代「知識分子」的階層便唯有向基督教中求之。基督教是一種「救世」的宗教；它不但為西方文化樹立了最高的道德標準，而且持此標準以轉化世界。從積極的一方面看，它在中古文化史上的貢獻是無可否認的。基督教的教士之中，有人教化了入侵的蠻族，有人馴服了君主的專暴權力，更有人發展了學術和教育。顯然和希臘的哲學家不同，他們做的正是改變世界的工作。希臘哲學家並沒有對奴隸制度提出懷疑，中古教士則明白地宣稱奴隸制度是不道德的，因為在上帝面前人人平等。因此就文化和社會的使命感而言，歐洲中古的教士的確具有近代「知識分子」的性格之一面。但是另一方面，基督教又有嚴重的反知識、輕理性的傾向；知識必須從屬於信仰，理性也必須匍匐於上帝的「啟示」之前。這便和近代「知識分子」的精神背道而馳了。

從上面的簡略回顧，我們清楚地看到：西方近代的「知識分子」雖與希臘的哲學家和基督教的教士在精神上、思想上都有很深的淵源，但三者之間並沒有直接的傳承關係。西方學人之所以視「知識分子」為近代文化的產品，而不強調其古代和中古的遠源，其故端在於是。一部西方近代文化史基本上可以說是一個「俗世化」（secularization）的過程。這一過程至十八世紀的啟蒙時代大致才初步完成，因為啟蒙思想家真正突破了教會的權威，而成為俗世「知識分子」的先行者。在此之前，承擔著西方「社會的良心」的仍然是基督教，特別是宗教改革以來的新教各派，如路德教派和喀爾文教派。即使在今天，西方宗教人士也還在繼續關懷人類的命運，所謂「解放神學」或「革命神學」的出現即足以說明當代的基督教仍然堅持其「改變世界」的傳統。而另一方面，希臘哲學家「靜觀冥想」以追求永恆真理的精神也有其近代的承繼者，即為知識而知識的科學家。西方現代學院派的哲學家，特別是代表主流的分析哲學家，更可以說是直接繼承了希臘的傳統。

啟蒙運動以來的西方「知識分子」則顯然代表一種嶄新的現代精神。和基督教的傳統不同，他們的理想世界在人間不在天上；和希臘的哲學傳統也不同，他們所關懷的不但是如何「解釋世界」，而且更是如何「改變世界」。從伏爾泰到馬克思都是這一現代精神的體現。

在西方的傳統對照之下，中國「士」的文化特色是極為顯著的。如果我們斷言孔子揭開了中國系統思想史的序幕，那麼在啟幕之際中國思想便已走上與西方截然不同的道路。中國當然也發生了超越世界和現實世界的分化，但是這兩個世界卻不是完全隔絕的；超越世界的「道」和現實世界的「人倫日用」之間是一種不即不離的關係。西方人的二分思維方式在中國思想史上自始即不佔重要地位。中國思想家所強調的則是「即知即行」、「即動即靜」那種辯證式的思維，故往往在「相反」中看見「相成」。換句話說，中國的超越世界沒有走上西方型的外在化之路。因此我們既看不到希臘哲學中本體和現象兩個世界的清楚劃分，也看不到希伯來宗教中天國和人間的對峙。中國的「士」的歷史是和系統思想史同時揭幕的。在這一特殊思想背景之下，「士」一方面與希臘哲學家和基督教教士都截然異趣，而另一方面又有與兩者相同之處。就「士」之重視「知識」而言，他是近於希臘哲學家的；古人以「通古今，決然否」六個字表示「士」的特性，正可見「士」最重要的憑藉也是「理性」。但就「士」之「仁以為己任」及「明道救世」的使命感而言，他又兼備了一種近於基督教的宗教情操。近代研究中國哲學史的人有把孔子比之於蘇格拉底，也有把孔子比之於耶穌者，這兩種不同的比況都有理由，但也都不盡恰當。孔子來自中國文化的獨特傳統，代表「士」的原型。他有重「理性」的一面，但並非「靜觀冥想」的哲學家；他也負有宗教性的使命感，但又與承「上帝」旨意以救世的教主不同。就其兼具兩重性格而言，中國的「士」毋寧更近於西方近代的「知識分子」。但西方近代的「知識分子」雖然在思想上與希臘哲學和中古基督教都有淵源，其最直接的根據則是「俗世化」的歷史發展。中國「士」的傳統自先秦以下大體上沒有中斷，雖則其間屢有轉折。印度佛教傳入中國曾產生了重大的影響，但仍與基督教在西方中古文化中所取得的絕對主宰地位有別。六朝隋唐之世，中國誠然進入了宗教氣氛極為濃厚的時代，然而入世教（儒）與出世教（釋）之間仍然保持著一種動態的平衡。道教也處於出世與入世之間。故中國中古文化是三教並立，而非一教獨霸。由於中國文化沒有經過一個徹底的宗教化的歷史階段，如基督教之在中古的西方，因此中國史上也沒有出現過一個明顯的「俗世化」的運動。宋以後的新儒家可以說代表了「士」在中國史上的最後階段；他們「出入老釋」而復「返之六經」，是從宗教中翻身過來的人。但是他們仍然是直承先秦「士」的傳統而來，其歷史的線索是很清楚的。這和西方近代「知識分子」在傳承上找不到一個明確的譜系，適成有趣的對照。

中國「士」的傳統源遠流長，如上文所已指出的，基本上反映了中國文化的特性。通過這一歷史事實，我們可以更具體地辨清中西文化在起源和流變兩方面的根本分歧之所在。必須說明，我們強調的僅僅是雙方在文化形態上所表現的客觀差異，而不在評衡兩者的優劣。西方的「知識分子」出現在近代自有其特殊的文化背景，而尤其和基督教在中古定於一尊有密切的關係。從積極的方面看，中古西方的價值系統已統一在基督教之下。基督教既已完全承擔了「社會的良心」的任務，現代型的「知識分子」在中古文化中自然找不到存在的空間。即使是出現在中古末期和文藝復興時代的「人文學者」也仍然不能稱之為「俗世知識分子」，因為他們在價值系統方面並沒有叛離基督教。中國史上則從來沒有出現過類似基督教那種有組織的統一教會：所謂儒教根本沒有組織，佛教和道教也沒有統一性的教會。而且以中國文化的價值系統而言，儒教始終居於主體的地位，佛、道兩教在「濟世」方面則退處其次。這正是傳統中國的「社會良心」為什麼必然要落在「士」階層身上的背景。

「士」的傳統雖然在中國延續了兩千多年，但這一傳統並不是一成不變的。相反地，「士」是隨著中國史各階段的發展而以不同的面貌出現於世的。概略地說，「士」在先秦是「游士」，秦漢以後則是「士大夫」。但是在秦漢以來的兩千年中，「士」又可更進一步劃成好幾個階段，與每一時代的政治、經濟、社會、文化、思想各方面的變化密相呼應。秦漢時代，「士」的活動比較集中地表現在以儒教為中心的「吏」與「師」兩個方面。魏晉南北朝時代儒教中衰，「非湯、武而薄周、孔」的道家「名士」（如嵇康、阮籍等人）以及心存「濟俗」的佛教「高僧」（如道安、慧遠等人）反而更能體現「士」的精神。這一時代的「高僧」尤其值得我們注意，因為此時的中國是處於孔子救不得、唯佛陀救得的局面；「教化」的大任已從儒家轉入釋氏的手中了。隋、唐時代除了佛教徒（特別是禪宗）繼續其拯救眾生的悲願外，詩人、文士如杜甫、韓愈、柳宗元、白居易等人更足以代表當時「社會的良心」。宋代儒家復興，范仲淹所宣導的「以天下為己任」和「先天下之憂而憂，後天下之樂而樂」的風範，成為此後「士」的新標準。這一新風範不僅是原始儒教的復甦，而且也涵攝了佛教的積極精神，北宋雲門宗的一位禪師說：「一切聖賢，出生入死，成就無邊眾生行。願不滿，不名滿足。」一直到近代的梁啟超，我們還能在他的「世界有窮願無盡」的詩句中感到這一精神的躍動。

《士》書所收各文，依時代先後編排，大體上反映了「士」在不同歷史階段的特殊面貌。該書所刻畫的「士」的性格是偏重在理想典型的一面。也許中國史上沒有任何一位有血有肉的人物完全符合「士」的理想典型，但是這一理想典型的存在終是無可否認的客觀事實；它曾對中國文化傳統中無數真實的「士」發生過「雖不能至，心嚮往之」的鞭策作用。通過他們的「心嚮往之」，它確曾以不同的程度實現於各個歷史階段中。《士》書的目的僅在於力求如實地揭示「士」的理想典型在中國史上的具體表現，絕不含絲毫美化「士」的歷史形象的用意。我們雖然承認「士」作為「社會的良心」，不但理論上必須而且實際上可能超越個人的或集體的私利之上，但這並不是說「士」作為一個具體的「社會人」可以清高到完全沒有社會屬性的程度。所謂「士」的「超越性」既不是絕對的，也絕不是永恆的。從中國歷史上看，有些「士」少壯放蕩不羈，而暮年大節凜然；有的是早期慷慨，而晚節頹唐；更多的則是生平無奇節可紀，但在政治或社會危機的時刻，良知呈露，每發為不平之鳴。至於終身「仁以為己任」而「造次必於是、顛沛必於是」的「士」，在歷史上原是難得一見的。我們所不能接受的則是現代一般觀念中對於「士」所持的一種社會屬性決定論。今天中外學人往往視「士」或「士大夫」為學者—地主—官僚的三位一體。這是祇見其一、不見其二的偏見，以決定論來抹殺「士」的超越性。按之往史，未見其合。事實上如果「士」或「知識分子」完全不能超越他的社會屬性，那麼，不但中國史上不應出現那許多「為民請命」的「士大夫」，近代西方也不可能產生為無產階級代言的馬克思了。

《士》書所持的基本觀點是把「士」看作中國文化傳統中一個相對的「未定項」。

所謂「未定項」即承認「士」有社會屬性但並非為社會屬性所完全決定而絕對不能超越者。所以「士」可以是「官僚」，然而，他的功能有時則不盡限於「官僚」。例如漢代的循吏在「奉行三尺法」時固然是「吏」，而在推行「教化」時卻已成為承擔著文化任務的「師」了。「士」也可以為某一社會階層的利益發言，但他發言的立場有時則可以超越於該社會階層之外。例如王陽明雖倡「士商異業而同道」之說，但他的社會屬性顯然不是商人階級的成員。相對的「未定項」也就是相對的「自由」。從現代的觀點言，這點「自由」似乎微不足道，然而從歷史上觀察，中國文化之所以能一再地超越自我的限制，則正是憑藉著此一「未定項」。研究「士」與中國文化之間的基本關係，是不能不首先著眼於此的。

一九八七年六月二十一日於美國普林斯頓大學

# 第八篇　士的傳統及其斷裂

《士與中國文化》初版刊行於一九八七年。十五年來我在同一園地中又繼續做了一些墾荒的嘗試，現在趁著再版的機會，選進了論旨最相近的論文四篇，以擴大新版的面貌呈現於讀者的眼前。[1] 以下讓我先對新版的內容稍做說明，然後再提出一兩點通貫性的歷史觀察，以為讀者理解之一助。

初版「自序」是從比較史學（comparative history）的觀點凸顯「士」的中國特色。十五年後重讀一次，我的基本看法仍然沒有改變。當時我曾指出，「士」的「明道救世」精神在西方祇能求之於中古基督教的傳統。後來我讀了義大利傑出的馬克思主義思想家葛蘭西（Antonio Gramsci, 1891-1937）的《獄中筆記》，他將以「改變世界」為己任的現代知識人比之於中古的教士（priest），恰好印證了我的觀察（見*Selections From the Prison Notebooks*, New York: International Publishers, 1989, p. 331）。所以我仍將這篇「自序」保留在新版中。

第一至第八篇基本上沒有更動，祇有第八篇增添一個附錄——〈士魂商才〉，稍有補充。第九至第十二篇則都是一九八七年以後所寫。第九篇是最新研究所得的一個初步報告。自一九九九年以來，我以朱熹為出發點，詳細研究了兩宋士大夫的政治文化，全書與《士》書篇幅相等。讀者閱過《士》書所收〈宋代士大夫的政治文化概論〉之後，如果還想進一步瞭解「士」與宋代文化的關係，可以參考《朱熹的歷史世界》（二〇〇三年）一書。第十篇〈士商互動與儒學轉向〉可以說是第八篇的一個續篇，更深入地探索了明、清商人的精神世界和「士」在其中的活動與作用。第十一篇論曾國藩的「士大夫之學」是個案研究，具體地顯示出一個在朝的「士大夫」對於文化修養的關懷。但這篇個案如果和「士大夫」的傳統聯繫起來，也折射出「士」在中國文化史上一個值得注目的側影。漢代的循吏便早已重視「教化」，往往在朝廷所規定的「吏職」之外，主動地承擔起儒家的「師」的責任。所以他們所至「講經」並建立學校。宋、明儒學復興，此風更為普遍，書院的歷史便是明證。即以曾國藩的時代而論，在他之前有畢沅和阮元，在他之後還有晚清的張之洞。我藉曾國藩為例，抉出「士」的這一中國特徵，並將「士」的歷史研究推展至中西文化開始正面接觸的時代。最後一篇〈中國知識人之史的考察〉（收為本書第六篇）屬於通論性質，無論是風格或文體都與其他各篇頗有不同。這需要略做解釋。這篇文字是應日本東京大學中國哲學研究室佐藤慎一教授之約，為《中國——社會と文化》學報特別撰寫的。此文最先刊布在該學報第五號中（一九九〇年六月）。為了便於日譯者的理解，我在選擇重點和行文方面都特別力求清楚和淺顯。「知識人」這個名詞也是借用「intellectual」的日譯。現在收入本書，一切仍依漢文原

1 編注：《士與中國文化》新版於二〇〇三年一月出版，與初版相隔十五年有餘。本篇原為《士》書新版序，恰可作為本書第七篇（即《士》書初版序）的增補，從七、八兩篇更可看出作者在「士」研究領域中的思維演變。本書就原文第二、三段做了小幅度的文句調動與刪節，餘文照錄，只做修潤。

稿，不做更改。但是十餘年後的今天，我反而覺得「知識人」比「知識分子」更為適切。大約是一、兩年前，我曾讀到一篇談「分子」的文章，可惜已忘了作者和出處。據作者的精到分析，把「人」變成「分子」會有意想不到的災難性後果。所以我近來極力避免「知識分子」，而一律改用「知識人」。我想盡量恢復「intellectual」的「人」的尊嚴，對於中國古代的「士」更應如此。把孔、孟、老、莊一概稱之為「知識分子」似乎總不免感覺著有點彆扭。但語言是「約定俗成」的，我祇能求一己的心安，卻不敢奢望別人也同情我的感覺取向。

《士與中國文化》所集結的論文大體上都屬於專題研究的性質，不過論旨有廣狹之異、涵蓋的時間也有長短之別而已。在每一專題的研究過程中，我都試圖通過多方面的分析，以凸顯「士」在某一歷史階段所表現的特殊風貌。我當然承認，整體地看，「士」在中國史上確然形成了一個具有高度連續性的傳統。但是專業史學更要求我去抉發「士」因時代不同而不斷變動的軌跡。這樣我便不能不在整體連續之中，特別注意個別時代之間「士」的傳統所呈現的變異或斷裂的一面。《士》書上起春秋，下迄清代，長達兩千多年。「士」在每一時期的變異也就是中國史進入一個新階段的折射。無論是從思想基調或活動方式看，「士」在這兩千多年中都是遷流不居的。下面讓我舉一個最顯著的例子說明我的論點。

清代沈垚（一七九八至一八四〇年）曾指出：「宋、元、明以來變遷之較」是「天下之士多出於商」。這確是一個有眼光的歷史觀察，所以受到現代史學家的重視。他是從科舉制度的社會背景方面為「士」的古今之變劃分階段的。另一方面，從思想史的角度說，現代學者也將「宋明理學」劃入同一階段。這樣一來，似乎社會史和思想史互相支援，宋代和明代的「士」應該是一脈相承，屬於同一類型了。但是深一層分析，我們便發現，這兩個不同朝代下的「士風」竟截然相異。同是理學家，朱熹和陸九淵都一心一意嚮往著王安石的「得君行道」，在皇帝面前也侃侃而談，儼然以政治主體自居，充分體現了「以天下為己任」的氣概。朱熹在他許多長篇大論的「封事」和「奏札」中，反覆要求皇帝除舊布新，重建一個合理的秩序。對照之下，王守仁除了正德元年（一五〇六年）〈乞宥言官去權奸〉一疏，因而放逐龍場之外，其餘奏疏多關具體事務，極少涉及朝政。正德十五年他寫了一篇〈諫迎佛疏〉，期待皇帝效法「堯、舜之聖」，恢復「三代之聖」。這顯然是承繼了宋代「士」的精神，與王安石、朱熹等人的思路是一致的。但是這篇疏文卻是「稿具未上」（見《王陽明全集》卷九〔上海：上海古籍，一九九二〕，頁二九三—九六）。更可注意的是同年他第一次和王艮會面，後者迫不及待地要談怎樣致君於堯、舜的問題，他立刻以「思不出其位」為理由，阻止了政治討論（見《王心齋先生全集．卷一．年譜》正德十五年條）。王艮後來寫〈明哲保身論〉，講學也轉重「百姓日用之道」，斷然與這次會談有很大的關係。通過這一對照，我們才清楚認識到，宋代從王安石、二程到朱熹、陸九淵等人所念茲在茲的「得君行道」，在明代王守仁及其門人那裡，竟消失不見了。這個「變異」或「斷裂」還不夠使人驚異嗎？然而問題還遠不止此。

十六世紀以後，部分由於陽明學（或王學）的影響，仍然有不少的「士」關懷著合理秩序的重建，但是他們的實踐方向已從朝廷轉移到社會。東林講友之一陳龍正所標舉的「上士貞其身，移風易俗」（《明儒學案．卷六十》）可以代表他們集體活動的主要趨向。所以創建書院、民間傳教、宗族組織的強化、鄉約的發展，以至戲曲小說的興起等等都是這一大趨向的具體成果。其中有些活動雖在宋代已經開始，但一直要到十六世紀以後才獲得充分的展開。用現代的話說，明代的「士」在開拓社會和文化空間這一方面顯露出他們的特有精神。這當然和當時的歷史條件有密切的關係。第一是政治的環境。宋代承五代武人跋扈之後，重文輕武，以爭取「士」階層的支持，因此採取了對「士」特別優容的政策。陳寅恪所謂「六朝及天水（趙宋）一代思想最為自由」，便指此而言（見〈論再生緣〉，收入《寒柳堂集》〔北京：生活．讀書．新知三聯，二〇〇一〕，頁七二）。明代則繼蒙古統治而起，「士」已落到「九儒、十丐」的地位。而朱元璋又遇「士」至酷，以至有士人「斷指不仕」的情況（見《明史．卷九十四．刑法二》，中華本，頁二三一八）。宋代「士」的政治主體意識自然不可能繼續發揮，「得君行道」更是無從談起。第二是社會的變遷。十六世紀以後市場經濟的新發展和商人地位的上升是「士」的轉向的另一重要背景。明代的「士」恰好在同一時期展開了開拓社會和文化空間的活動絕不是偶然的。商人的財富為這些活動提供了經濟基礎。除《士》書第八、第十兩篇已有詳細討論之外，我又在〈現代儒學的回顧與展望〉（見《現代儒學論》〔上海：上海人民，一九九八〕）中續加論證，這裡便不必多說了。宋、明兩代的「士」不容混為一談，這是十分明顯的歷史事實。不但他們的活動取向不同，思想也有極大的分歧。所謂「宋明理學」，如果從政治、社會以至經濟的角度做深入的解讀，其中斷裂之點也不是表面的連續所能掩蓋的。

在《士》書初版「自序」中，我比較著重地指出：「士」在中國史上形成了一個源遠流長的傳統；這當然是強調連續性的一面。原序雖然也同時指出，「士」的傳統在不同時期表現出不同的風貌，而不是靜止不變的，但畢竟沒有做進一步的解釋。為了避免引起可能的誤解，我在上面特別舉例說明這一傳統的斷裂狀態。我為什麼以宋、明兩代的對比為例呢？這是因為把十六世紀劃為新階段的開始是我從最近研究中所得到的一個初步看法，而這個看法又在《朱熹的歷史世界》的撰寫過程中，獲致進一步的加強。我絕不敢自以為是。我的看法最後很可能為未來的史學研究所否證，但目前則不妨提出來，作為一個待證的假設。

這裡引出了一個很重要的問題：「傳統」一詞本身便涵蘊著連續不斷的意思。然則所謂「斷裂」，相對於「士」的傳統而言，究竟居於何種地位呢？我可以毫不遲疑地說，這裡所謂「斷裂」都是指「傳統」內部的「斷裂」，因此是局部的而不是全面的。

事實上，每經過一次「斷裂」，「士」的傳統也隨之推陳出新一次，進入一個不同的歷史階段。而連續性則貫穿在它的不斷的內部「斷裂」之中。西方學者曾將基督教的「傳統」形容作「永遠地古老，永遠地新穎」（ever ancient, ever new，見Jaroslav Pelikan, *The Vindication of Tradition* [New Haven: Yale University Press, 1984], p. 8）。這句話的意思和古語「與古為新」很相近，也可以一字不易，移用於「士」的傳統。

「士」的傳統既是一活物，在一個接一個的內部「斷裂」中更新自身，那麼它最後為什麼走向解體，從歷史上隱沒了呢？這是一個很大的問題，此處自不能輕率作答；但因與本書的論旨有關，我也不能不略陳所見，以結束這篇序文。讓我先借一個著名的古典譬喻為討論的始點。杜牧〈注孫子序〉論「丸之走盤」說：

> 丸之走盤，橫斜圓直，計於臨時，不可盡知。其必可知者，是知丸不能出於盤也。
>
> （《樊川文集．卷十》）

「士」的傳統可比之於「盤」，而「士」在各階段的活動，特別是那些「斷裂」性的發展，則可比之於「丸」。過去兩千多年中國之所以存在著一個源遠流長的「士」的傳統，正是因為「士」的種種思想與活動，儘管「橫斜圓直，計於臨時，不可盡知」，並沒有越出「傳統」的大範圍，便像丸未出盤一樣。而這一傳統之所以終於走進歷史則是因丸已出盤，原有的傳統架構已不足以統攝「士」的新「斷裂」活動了。

最遲從上世紀的三〇、四〇年代以來，中國知識界已逐漸取得一個共識：「士」（或「士大夫」）已一去不復返，代之而起的是現代的知識人（即「intellectual」，通譯為「知識分子」），知識人代士而起宣告了「士」的傳統的結束；這便是《士》書研究的下限。這個下限的斷代應該劃在何時呢？大致上說，十九與二十世紀交替之際是關鍵的時刻。如果要進一步尋找一個更精確的日期，我以為光緒三十一年（一九〇五年）科舉廢止是一個最有象徵意義的年分。這一點和「士」的性質有關，不能不略做解釋。「士志於道」——這是孔子最早為「士」所立下的規定。用現代的話說，「道」相當於一套價值系統。但這套價值系統是必須通過社會實踐以求其實現的；唯有如此，「天下無道」才有可能變為「天下有道」。所以「士」在中國史初出現的時候便有了參與「治天下」的要求。這個要求是普遍的，並不僅限於儒家。司馬談告訴我們：「夫陰陽、儒、墨、名、法、道德，此務為治者也。」劉向論名家也「論堅白異同，以為可以治天下」。這更證實了司馬談的說法（見《士》書第一篇）。先秦以來「士」的參政要求，由於種種因緣，竟在漢代實現了。漢武帝接受了董仲舒、公孫弘等人「獨尊儒術」的提議之後，不但郡縣舉孝廉改以「士」為對象，太學中博士弟子更成為入仕的重要途徑。從此漢代郎、吏由「士」出身便制度化了。博士弟子「甲科」為郎已是考試的結果；東漢順帝陽嘉元年（一三二年）不但規定孝廉限於「諸生」和「文吏」兩項，而且還要加以考試（詳見嚴耕望，〈秦漢郎吏制度考〉，收在《嚴耕望史學論文選集》〔台北：聯經，一九九一〕；閻步克，《察舉制度變遷史稿》〔瀋陽：遼寧大學出版社，一九九一〕，第一部分）。這便是科舉制度的濫觴。「士大夫」作為一廣泛的社會稱號始於兩漢之際（見《士》書第五篇），恰好與科舉（廣義的）制度的成立相先後，這絕不是偶然的。所以從社會結構與功能方面看，從漢到清兩千年間，「士」在文化與政治方面所佔據的中心位置是和科舉制度分不開的。通過科舉考試（特別如唐、宋以下的「進士」），「士」直接進入了權力世界的大門，他們的仕宦前程已取得了制度的保障。這是現代學校的畢業生所望塵莫及的。著眼於此，我們才能抓住傳統的「士」與現代知識人之間的一個關鍵性的區別。清末廢止科舉的重大象徵意義在此便完全顯露出來了。但是我必須補充一句，以現代學校取代科舉考試，仍然出於清末士大夫的主張和推動（參看王德昭，《清代科舉制度研究》，第六章〔香港：香港中文大學出版社，一九八二〕）。這是「士」的傳統的最後一次「斷裂」；但這次「斷裂」超過了傳統架構所能承受的限度，「丸」已出「盤」，「士」終於變成了現代知識人。

但是「士」的傳統雖然在現代結構中消失了，「士」的幽靈卻仍然以種種方式，或深或淺地纏繞在現代中國知識人的身上。「五四」時代知識人追求「民主」與「科學」，若從行為模式上做深入的觀察，仍不脫「士以天下為己任」的流風餘韻。一位西方思想家在二十世紀末曾對中國知識人的這種精神感到驚異。他指出中國知識人把許多現代價值的實現，包括公平、民主、法治等，看成他們獨有的責任，這是和美國大相逕庭的。在美國，甚至整個西方，這些價值的追求是大家的事，知識人並不比別人應該承擔更大的責任。他因此推斷，這一定和中國儒家士大夫的傳統有關（見Michael Walzer, *Thick and Thin: Moral Argument at Home and Abroad* [Notre Dame: University of Notre Dame Press, 1994], pp. 59-61）。他完全猜對了。現代知識人不在本書研究的範圍之內，這裡不必多說。我引這一段「旁觀者清」的話，祇是為了說明，本書所探討的對象雖是歷史陳跡，它所投射的意義卻可能是現代的。

二〇〇二年九月二十二日於普林斯頓

# 第九篇　試說科舉在中國史上的功能與意義

## 前言

今年（二〇〇五年）恰值中國廢止科舉制度整整一百年。《二十一世紀》決定推出一期紀念專號。早在一年之前，我已接受編者的稿約。但不料在預定撰寫期間，別有他事相擾，不克從容著筆。本文是在忙亂中擠出時間寫成的，草率謬誤之處請編者與讀者原諒。

如果以漢武帝在西元前一二四年創建太學，立「五經博士」和「弟子員」以及設科射策等一系列的活動當作科舉考試的發端，那麼科舉制度在中國先後持續了兩千年之久，與統一王朝體制同始同終。這樣一個源遠流長的傳統是值得回顧的，所以我決定對此制在中國史上的功能與意義做一次長程的觀察。祇有先認清科舉的歷史特色，我們才能真正懂得科舉廢止為什麼是一件劃時代的大事。

開宗明義地說，我認為科舉不是一個單純的考試制度，它一直在發揮著無形的統合功能，將文化、社會、經濟諸領域與政治權力的結構緊密地聯繫了起來，形成一多面互動的整體。下面我將討論科舉內外的四個部分，以證成上述的觀察。本文屬通論性質，而非學報式的專題研究，雖參考了不少原始史料與現代專著，但一概不加注釋，以便省覽。

# 一

從表層做描述，「科舉」可以說是統一王朝的中央政府通過公開考試的方式，向全國各地的「士」階層中選拔人才，納入整體的行政系統，擔任從地方到中央的各級職務。為什麼「士」成為治國人才的主要來源呢？這是根據中國傳統政治理論中一個基本假定：「士」是精神修養和經典教育的產品，祇有他們才能提供政治秩序所必需的道德操守和知識技能。這一假定是否可信是另一問題，這裡毋須深究；但它在中國文化傳統中根深柢固則是一個無可否認的事實。因此每一王朝為了「長治久安」之計幾乎無不把「開科取士」當作第一等大事，首先加以重視，甚至所謂「征服王朝」（如遼、金、元）也不得不在一定限制下加以仿效，雖然其重要性不能與漢族王朝的科舉相提並論。

如果想瞭解科舉為什麼早在西元前二世紀便已在中國萌芽，而且先後延續了兩千年之久，我們不能不從「士」的起源和流變說起。在西周的「封建」制下，「士」是古代貴族中最低的一級，但從春秋時期起，「封建」制逐漸解體。一方面，上層貴族有下降為「士」的；另一方面，下層的「庶民」也有上升為「士」的，於是「士」的數量開始激增。與此同時，「士」的性質也發生了重要的變化：從古代文武不分的「士」轉變為研究「詩、書、禮、樂」的「文士」，相當於社會學家所謂「文化事務的專家」（specialists in cultural matters）。這一社會變動至戰國時期完成，「士」作為一個特殊的社會階層正式登上中國史的舞台，最先興起的儒、墨兩大學派便代表了「士」的原型。

儒、墨兩家在思想上雖有分歧，但卻同以政治秩序的建立與維持為「士」階層的最重要的任務。孔子「士志於道」的名言已對於「士」的社會功能做了明確的規定：他們必須擔當起變「天下無道」為「天下有道」的重任。子夏「學而優則仕」一語在今天已成人人指責的話柄，但在當時則顯然是在發揮孔子「士志於道」的涵義，與曾參所謂「士不可以不弘毅，任重而道遠」在精神上是互相補充的。墨子處身於戰國初期，「士」在政治上已遠比春秋時代為活躍，所以他更進一步要求各國國君「尚賢」和「親士」。在積極方面，他強調「賢良之士」是「國家之珍，社稷之佐」，因為他們「厚乎德行，辯乎言談，博乎道術」；君主必須對他們「富之、貴之、敬之、譽之」。在消極方面，他更發出警告：「緩賢忘士，而能以其國存者，未曾有也。」

社會結構的轉變和儒、墨的倡導終於引出了一個相當普遍的國君「禮賢」運動。從西元前五、四世紀之交起已有魏文侯受「經藝」於子夏和魯繆公敬禮子思的記載。西元前四世紀中葉齊宣王重建稷下學宮，網羅「學士且數百千人」，則是戰國時期規模最大、持續最久的一個「禮賢」機構。自此以後各國為了變法圖強，無不以「招賢納士」為當務之急，而政治舞台也完全操縱在「士」的手中。但當時的「士」都是所謂「游士」，不受「國」界的限制；他們人數十分龐大，復經常流動於各「國」之間，形成了一股舉足輕重的「國際」性的勢力。正因如此，當時衡量一「國」或一個政治集團（如齊、趙、楚、魏「四公子」及呂不韋等）的實力，「士」的高下與多寡竟成為一項最重要的指標。「得士者昌，失士者亡」這句政治格言廣泛地流傳於戰國晚期，絕不是偶然的。

以上的概括足以說明：「士」作為一個專業的社會階層，在戰國中晚期已正式形成。這一新興階層具有兩個最重要的特色：第一，「士」從古代貴族的最低一級轉變為新社會結構中的「四民之首」。《春秋．穀梁傳》中有一句話最能說明這一轉變：

上古者有四民：有士民、有商民、有農民、有工民。（成公元年條）

「上古」不過是「託古改制」的說法，事實上這句話確切反映了戰國時代的社會實況。士、商、農、工是專業分類，士和商則無疑是當時最活躍的兩大階層。「士為四民之首」的觀念便從此凝固了下來（至於後世四民的次序為士、農、工、商，則是因「重農輕商」而修改的）。第二，由於受過精神訓練和經典教育，「士」的專業主要在擔任政府中各方面和各層級的領導工作；這一點至戰國末期也已取得社會的共識。因此「士」與「仕」在當時的語言中是不可分的一體兩面。孟子早就說過一句很有意義的話：「士之仕也，猶農夫之耕也。」這明明是承認「士」以「仕」為專業，同時也肯定了四民的社會分工。後來荀子更鑄造了「仕士」這個名詞，特指出任官吏的「士」，以與「處士」的概念做對比。

「士」階層的形成及其巨大的社會動力正是漢王朝不得不將政權向「士」開放的根本原因。我們都知道，漢高祖劉邦出身「無賴」而得天下，最初完全不把「士」看在眼裡；他公開說道：「迺翁馬上得天下，安事詩、書？」但他做了十一年皇帝之後，忽一改故態，竟然想仿效周文王、齊桓公，下詔「招賢」了。這就表示：他已領悟到「馬上得天下，不能馬上治之」的道理。詔書坦白承認：為了「長久世世奉宗廟亡絕」，他願意「尊顯」所有「肯從我游」的「賢士、大夫」。但是為什麼要遲至七十年後漢武帝才正式建立制度，開闢「士」的入「仕」途徑呢？這也是「士」階層的勢力一步步逼出來的。漢高祖為了鞏固劉家的天下，建立了許多獨立的世襲王國和侯國，由劉氏子弟分別統治。春秋戰國的政治格局幾乎又重現於統一帝國之內。《漢書．鄒陽傳》記述得很明白：

> 漢興，諸侯王皆自治民聘賢，吳王濞招致四方游士。

可知政治中心的多元化也造成了「游士」風氣的的復活。戰國末期「士」的隊伍已極為壯觀，但一般而言，他們是「久處卑賤之位，困苦之地」（李斯語，見《史記》本傳），不得不奔走各「國」之間以求「仕進」，因為這是他們唯一的謀生專業。漢初

「士」的處境仍然如此，所以在漢武帝推行「削藩」政策（西元前一二八年）之前，他們又以「游士」的身分活躍在各獨立王國的小朝廷之中，在大一統的局面下為分裂的勢力推波助瀾。景帝時吳、楚七國之亂是和「游士」的政治活動分不開的。這一情勢甚至一直延續至武帝初年未變。《鹽鐵論．晁錯》記：

> 日者淮南、衡山修文學，招四方游士。山東儒、墨咸聚於江、淮之間。講議集論，著書數十篇。然卒於背義不臣，謀叛逆，誅及宗族。

抓住了這一具體的歷史背景，我們便真正懂得為什麼漢武帝緊接著「削藩」之後，一方面在中央設立太學，一方面又令州郡察舉孝廉、秀才了。在董仲舒、公孫弘等儒生的影響之下，他深知祇有廣開入仕的途徑才能將「游士」盡量引進大一統帝國的體制之內，變離心力為向心力。

總之，「四民之首」的「士」階層的出現及其在政治上所表現的力量是漢代統一帝國不得不「開科取士」的重要原因之一。科舉制的發端如此，它在後世統一王朝下持續發展也是如此。漢武帝以後，「士」已脫離了「游士」的階段，一方面，與宗族、親戚、鄉黨等人群建立了愈來愈密切的關係，另一方面則開始「恆產化」，在鄉土定居。這樣一來，「士」以雄厚的社會經濟基礎為憑藉，在所居郡縣往往具有很大的影響力。

由於「士」的影響力從文化與政治領域逐漸推展至社會、經濟各方面，而且盤根錯節，牢不可拔，他們作為「四民之首」的領導地位也愈往後而愈為鞏固。漢以後的統一王朝為了「創業垂統」打算，首先便不能不考慮怎樣與「士」階層建立起一種合作的關係。隋、唐以下所重新建構的科舉制度必須從這一角度去理解。南朝後期以來，「士」階層中所謂「寒人」開始抬頭，他們要突破門閥的政治壟斷，爭取入「仕」的機會。這是新科舉取代九品中正制的歷史背景。唐代是門閥貴族逐步衰落的時期，中、下層的「士」通過科舉在政治上則逐步上升。所以「進士科」的重要性也愈往後愈顯著。但門閥的徹底衰亡發生在五代北宋之際，因此從宋代開始，所謂「四民社會」才普遍成立。「士」仍然是「四民之首」，但與其他三「民」——農、工、商——之間的社會流動則已進入一個全新的時代。一方面，「士」已不能世代保持其地位，隨時可以降為農、工、商。所以宋代士大夫如陸游、袁采等都關心後世子孫不能為「士」時應如何擇業的問題。另一方面，農、工、商也不是固定的世襲職業，同樣有上升為「士」的機會，所以熙寧二年（一〇六九年）蘇轍〈上皇帝書〉說：

> 凡今農、工、商賈之家，未有不捨其舊而為士者也。

這一句話便足夠證明「士」的社會基礎已比唐代遠為擴大了。蘇轍〈書〉中的

「士」即指科舉的參與者而言；這是中國社會史的新動向，下面將略做補充，此處不詳論了。總之，唐、宋以後科舉制度已成為傳統帝國系統的一大支柱，無論是對「士」懷著很深敵意的朱元璋或異族入主的滿清王朝，都不能不借重科舉的統合功能了。

## 二

為了進一步說明科舉的統合功能，我想談兩個問題：第一，人才的地區分布；第二，科舉如何適應社會流動，但都祇能大題小作。

人才的地區分布問題早在東漢中期即已出現。東漢郡縣向中央推舉「孝廉」，名額愈來愈多，已不得不加上種種限制。首先所謂「孝廉」事實上包括兩個主要範疇，一為「諸生」，即入太學；二為「文吏」，即擔任法律、文書之類的職務。這大概是參照西漢太學考績分甲、乙科，補「郎」、「吏」的辦法逐漸演變而成的。順帝陽嘉元年（一三三年）尚書左雄又加上兩條限制：第一，「孝廉」限年在四十以上；第二，「孝廉」在地方官薦舉後，至京師還必須通過考試：「諸生試家法，文吏課牋奏」。這是一次很重要的制度上的改動，已具備隋、唐以下科舉制的基本形式。明、清時代社會上都稱「舉人」為「孝廉」，即由此而來，因為東漢「孝廉」祇有通過中央考試以後才能取得與後世「進士」、「明經」相等的地位。漢代設「孝廉」一科，顧名思義，自然是以道德操行為重，但道德操行是無法由考試來決定的，因此最後祇能轉而以知識才能為去取的唯一客觀標準了。這也是後世科舉所遇到的兩難問題。

但東漢對「孝廉」制所加的限制，以推舉名額必須與人口成比例一項最值得注意。這件事發生在和帝時代（八九至一〇五年），當時很有爭論，最後則決定二十萬人口以上的地區每年可舉「孝廉」一名。例如大郡百萬人口每年可舉五名，小郡不滿二十萬人口則每兩年舉一名，餘可類推。這一條地區的名額限制明顯地表示科舉制的意義並不僅僅在於網羅最優秀的「士」參加政府，其更深一層的用心則是全國各地區的「士」必須平均而不斷地進入統一帝國的權力系統，使「孝廉」的察舉成為政府與整體社會之間的一條通道。具體言之，此制對統一帝國有政治與文化兩方面的重要性。在政治上，「孝廉」每年從各地走進政府，一方面可以使朝廷在重大決策方面不致過於偏向某些地區的利益，另一方面每一地區的特殊困難和要求也可以由所舉「孝廉」直接反映於朝廷之上。在文化上，「孝廉」制的運作則把大傳統中的基本價值傳播到各地，特別是文化、經濟較落後的邊遠地區，使大傳統與各地小傳統互相交流，以取得全國性的文化統合的效用。這正是漢代經師所共同嚮往的境界，所以西漢宣帝時（西元前七三至前四九年）王吉上疏說：

春秋所以大一統者，六合同風，九州共貫也。（《漢書》本傳）

這裡說的是文化「大一統」，與漢代的政治「大一統」互為表裡。東漢以「孝廉」制與人口直接掛鉤，即著眼於此雙重的「大一統」。永元十三年（一〇一年）詔書云：

幽、并、涼州戶口率少，邊役眾劇，束脩良吏進仕路狹。撫接夷狄，以人為本，其令緣邊郡，口十萬以上歲舉孝廉一人；不滿十萬，二歲舉一人，五萬以下，三歲舉一人。（《後漢書．和帝紀》永元十三年條）

這是對上述內郡二十萬口舉孝廉一人的規定做補充，將邊郡減至十萬口。詔文一方面表示朝廷對邊郡的特別關懷，以爭取邊郡人民的政治向心力；另一方面則透露出「孝廉」制在文化傳播方面的功能：「孝廉」體現了中國大傳統的基本價值，可以發揮「撫接夷狄」的文化影響。和帝時關於「孝廉」名額與人口比例的規定是「公卿會議」集體討論的結果（見《後漢書．丁鴻傳》），其中所涵攝的政治上與文化上的雙重統合功能，顯然是當時參與「會議」者精心設計出來的。所以宋以後的科舉制度仍然不得不繼續採用此規定的基本原則。

唐代科舉制度雖與「寒人」在政治上要求抬頭有關，但由於門閥勢力仍然佔據著支配性的地位，因此「進士」或「明經」的名額是否應該根據地區做公平分配的問題，自始至終都沒有受到注意。事實上，唐代科舉名額甚少，「明經」平均每屆不過百人，更重要的「進士」則僅二十餘人。以福建一地而言，直到韓愈時代（七六八至八二四年）才出現第一個「進士」，所以根本談不到地區分配的問題。但是到了北宋，「西北之士」與「東南之士」在科舉制度中嚴重失衡便成為當時一最大的爭論。西北地區自唐末五代以來已殘破不堪，中國的經濟、文化中心已逐漸轉移到東南地區。科舉考試中南北失衡便是這一狀態的反映。根據歐陽修的觀察：「東南俗好文，故進士多；西北人尚質，故經學多。科場東南多取進士，西北多取明經。東南州、軍進士取解，二三千人處祇解二三十人，是百人取一……西北州、軍取解，至多處不過百人，而所解至十餘人，是十人取一；比之東南，十倍假借之矣。」「進士」每出於東南，而「明經」則每來自西北，這是學術上南勝於北的顯證。我們都知道，自唐以來「進士」的地位便遠高於「明經」，至宋更甚，因為「明經」考試以記誦經文為主，而「進士」除重文辭之外尚須發明經文的涵義（「經義」），二者之間難易不可同日而語。但歐陽修堅決主張「國家取士，唯才是擇」的原則，這當然也因為他是南（江西）人的緣故。所以他還抱怨西北士人的機會高於東南士人十倍。後來王安石改革科舉，廢去「明經」，併為「進士」一科，考試一律以「經義」為主（他自己所撰的《三經新義》）。這一改制更不利於西北士人，因而引起爭議。但他自己卻辯解說：「西北人舊為學究，所習無義理，今改為進士，所習有義理……今士人去無義理就有義理，脫學究名為進士，此亦新法於西北士人可謂無負矣。」「學究」即「學究一經」的簡稱，指「明經」而言。然而這樣一改，「西北士人」在科舉考試中的機會更少了，他們是不可能接受這一辯解的。當時為「西北士人」說話的是司馬光（陝西人），他強調：「古之取士，以郡國戶口多少為率。今或數路中全無一人及第，請貢院逐路取人。」「全無一人及第」的當然是西北諸路。他是史學家，熟悉東漢和帝時期「孝廉」與人口成比例的規定，因此援以為據，重新提出「逐路取人」的原則。他在元祐主政期間，盡除王安石的「新法」，終於為「西北士人」爭取到科舉制中的名額保障：哲宗以後，齊、魯、河朔諸路都與東南諸路分別考試。歐陽修「國家取士，唯才是擇」的原則從此便被否定了。

明、清進士考試分南、北、中卷，或分省錄取，大體即延續了司馬光「逐路取人」的傳統。明初開科取士並無南北之分，但洪武三十年（一三九七年）所取「進士」五十三名中，絕大多數是南人，北方舉子下第者都抱怨取士不公。這件事引起了明太祖的關注，下令重閱落卷，增加了六十一名，多為山東、山西、河南、陝西舉子，使南北取士得到了平衡。到仁宗洪熙元年（一四二五年）「進士」會試正式建立了南北卷分別錄取的規定，十名之中南卷取六人，北卷四人。北方的「進士」名額從此有了制度性的保障。但不久之後，南北卷又修改成南、北、中三卷；其百分比是南卷取五十五名、北卷三十五名、中卷十名。所謂「中卷」主要包括邊遠諸省，四川、廣西、雲南、貴州。這和東漢和帝降低邊郡「孝廉」的人口比例，先後如出一轍。地區的平均分配不但是「進士」會試的最高指導原則之一，而且也同樣應用在「舉人」鄉試上面；因此各省名額大致根據人才多寡而有不同，但即使文化、經濟最落後的省份，也依然有最低的名額保證。清代大體沿用明制，不必贅述。但有一件事應該特別指出：康熙五十一年（一七一二年），「進士」會試所取各省人數多寡不均，邊省且有遺漏的情況。於是朝廷決定辦法，探分省錄取之制。這可以說是司馬光「逐路取人」原則的充分實現，由此更可知地區統合在科舉制度中所佔據的樞紐位置。

我在前面曾指出，科舉不僅僅是一種單純的考試制度；它更不能與現代所謂文官考試制度等量齊觀，「逐路取人」便提供了一條最有力的證據。如果科舉真是為了通過考試以選拔最優秀的治國人才，則它祇能以歐陽修的「取士唯才是擇」為最終極的根據，不應再加一道地域性的限制。現在我們看到：無論是東漢「孝廉」還是宋、明、清「進士」，都是在各地區均衡分配的大原則下產生的。而且地區分配的要求來自「士」階層的內部，也不能歸之於皇權的片面操縱。東漢「孝廉」與人口成比例出於「公卿會議」；北宋「逐路取人」則經過南北士大夫長期爭論而獲致；明代分南、北、中卷也起源於洪武時北方落第舉人的抗爭。所以科舉制自始便兼涵一種地方代表性，各地「孝廉」或「進士」往往在政府中為自己地方的利害說話。這當然談不上是代議制，但不能否認科舉制有時也發揮了一點間接的代議功能。在統一王朝的所謂「盛世」，中央與各地方之間隔閡較少而予人以「政通人和」的印象，科舉制至少在其間發揮過一定程度的溝通和調節作用。韋伯（Max Weber）論近代官僚系統的建立，由於行政官吏的任用採取了客觀的標準，因而打破了貴族的壟斷和私人的關係，其結果是使被統治的人民在政體（即使是專制政體）面前趨向平等。他引西方近代文官考試制的發展為論證的根據，並稱之為「消極的民主化」（passive democratization），但值得注意的是他的史例之中竟包括了中國的科舉制度，並特別指出：中國的制度至少在理論上更為嚴格。無論我們是否接受他的論斷，他的眼光確是很銳利的，因為他早已看出：科舉的深層意義遠非其技術層面關於考試的種種設計和改進所能盡。

## 三

現在我要通過社會流動來看科舉制度的彈性。關於科舉與社會流動（social mobility）的關係，近數十年專著甚多，尤以西方漢學界為盛。但是這裡不能涉及社會流動問題的本身，因為其中細節方面的爭論太多，且與本文的主旨無大關係。據我平時閱覽所得的印象，自宋以後，特別在明、清時期，科舉有愈來愈向一般的「民」開放的趨勢，是無法否認的。仕宦、「詩禮」、富商之家的子弟在科舉競爭中常常佔有很大的優勢，這是不必說的。即使今天所謂民主社會中的選舉，優勢也往往屬於有錢有勢又有家世背景的候選人。但從整個歷史進程看，至少明、清科舉已非任何特權階層所能壟斷。

顧炎武論明末科舉取士的情況，曾感慨係之地指出：「科舉所得，十人之中八九皆白徒。一舉於鄉，即以營求關說為治生之計。」可見當時舉人中以「白徒」佔絕大多數；他們的家境也非富有，因此一中舉後即汲汲於營生。無論如何，一般農家出身的子弟，如果得到本族「義莊」的幫助，是有可能在科場得手的。儘管比率也許很低。事實上，自宋至明、清頗不乏具體的例證，但此點非本節所重，姑置不論。

我在這裡所要特別討論的社會流動是指商人大量上升為「士」，以至使社會結構都發生了一定程度的變更。這是出現在十五、十六世紀的一股新動力，科舉制度首當其衝。唐代法律根本不許商人及其子弟參加科舉考試，我也還未能在唐代史料中發現反證。但至北宋，由於商業更為活躍，商人與科舉的關係開始變得密切了，前引蘇轍「凡今農、工、商賈之家未有不捨其舊而為士者」那句話，已是明證。然而更重要的是慶曆四年（一〇四四年）三月所重訂的「貢舉條例」。「條例」中有一條說：「身是工、商雜類及曾為僧、道者並不得取。」這一新規定明白禁止正在經營的商人參加考試，但商人的子弟已不在禁止之內，若更進一步分析，「身是工、商」與「曾為僧、道」的法律語言不同，可知「曾為工、商」，現已放棄經營，則仍可通融。洪邁（一一二三至一二〇二年）《夷堅志》中便有棄商中進士的故事。至於商人子弟在科場中得志，則更有實例可證。王闢之《澠水燕談錄》便記述了一位山東曹州富商，設立私學教族中子弟，後來其子與兩侄都考中「進士」。王闢之是山東人，治平四年（一〇六七年）進士，所記鄉邦事，自屬可信；且以時間推斷，此事恰可證實上引一〇四四年「貢舉條例」確已認真實行。

商人子弟在法律上取得科舉的參加權雖早始於北宋，但商人作為一個階層的社會地位要到明中葉以下才在科舉制度中明顯上升。這裡必須先介紹一下明代科舉的特色。

明代科舉制度中有兩條途徑可以讓「士」獲得任官的資格：一是通過「鄉試」，成為「舉人」，再通過「會試」與「殿試」，取得「進士」的名位。一般而言，「舉人」已可任職，不過地位較低，未來的升遷也受限制；「進士」才是科場中人人爭取的最高目標。另一條路則是「貢舉」，即由地方（府、州、縣）學校「生員」（俗稱「秀才」）中選拔學行最優和資格最深的，「貢送」至國子監（即「太學」），成為「監生」（「太學生」）；取得「監生」資格之後，他便可出任地方政府中六品以下官員。

這裡應該特別對「生員」稍作做解釋，因為這是明代的創制。明代正式設府、州、縣學，相當於一種地方學校。府學置教授，州學置學正，縣學置教諭，各一員，並置訓導教員以佐之。最初規定府學設「生員」四十名，州學三十名，縣學二十名，都由政府供給廩食，均稱之為「廩膳生員」。後來因名額不足應付，而有「增廣生員」、「附學生員」兩類的增添。根據十六世紀初葉的一個估計，當時全國「生員」總數已有三萬五六千名了（見王鏊，《震澤長語》卷上）。

明代為什麼要設府、州、縣學並增加了「生員」這一道關口呢？除了上一節所指出的地區平均分布的原因外，朝廷方面還有一層考慮，即對上述科舉中兩條入仕的途徑做更有效的控制，以保證「鄉試」和「貢舉」的品質不致下降。「生員」必須參加不斷的考試：首先是「歲考」（兩年一次），優劣分六等；一、二等有賞，三等無升降，六等則黜革。其次，「歲考」之後，繼取一、二等為「科舉生員」，參加「科考」；「科考」也分六等，祇有一、二等可取得「鄉試」的資格，三等即不得應「鄉試」。因此「科考」祇有極少數生員入選，絕大多數都置於三等。這是對於「鄉試」的品質控制。至於每年「貢舉」入太學為「監生」，至十六世紀初已成為一條很艱難的道路，因為不但名額極少，而且「廩膳生員」必須依年資依次「升貢」，所以韓邦奇（一四七九至一五五六年）說：「歲貢雖二十補廩，五十方得貢出，六十以上方得選官，前程能有幾何？」文徵明（一四七〇至一五五九年）也說：「有食廩三十年不得升貢者。」可知從「廩膳生員」到「升貢」要等待三十年，是當時的常態。最後，還應該補說一句關於怎樣取得「生員」資格的問題。這也要通過考試，即所謂「童試」。凡未入學為「生員」者，通稱「童生」；「童試」也不是很容易過的，四、五十歲仍然是「童生」的，在明、清筆記中時有所見。

以上是明代科舉制度的一個大概輪廓；有了這個輪廓，我們才能進一步說明從「商」升為「士」的社會流動中，科舉制度究竟發揮了什麼樣的功能（由於清代大體上沿襲了明制，本節將不涉及兩代制度上相異的細節，請讀者諒察）。

首先，明、清科舉制中增加了「生員」這一新範疇，由「童試」決定去取，等於在「士」與其他三「民」（農、工、商）之間正式劃下了一道法律上的界線。近幾十年來西方研究科舉制與社會流動（social mobility）的關係，主要注目於「進士」、「舉人」中的商人背景。這是為史料所限，不得不如此，因為進士題名錄、鄉試錄之類的文件傳世者尚多，可據以進行一定程度的量化分析。這些現代的量化研究已取得很大的成績，人所共見。這裡我祇想提出一個意見：從科舉制看「商」上升至「士」的社會流動，最重要的關口便是「生員」。「童生」通過了「童試」，成為「生員」，才能參加府、州、縣學的「歲考」和「科考」；「科考」列名第一、第二等則正式取得「鄉試」的資格。因此「童生」與「生員」中有多少人來自商人家庭，顯然應該是研究社會流動所必須首先追尋的問題。可惜由於大量「生員」（「童生」更不必說）的家世背景在資料上完全是一片空白，這一領域中的量化研究根本不可能開始。但是我們還是可以旁敲側擊，試做一點推測。

明末小說《型世言》第二十三回說：

> 一個秀才與貢生何等煩難？不料銀子作禍，一竅不通，才丟去鋤頭扁挑，有了一百三十兩，便衣冠拜客，就是生員；身子還在那廂經商，有了六百，門前便高釘貢元扁額，扯上兩面大旗。

這裡說的是「生員」和「貢生」（即「監生」或「太學生」）都可以用銀子買到。買「生員」的包括農家（「鋤頭」和商販（「扁挑」）），買「貢生」的則主要是「經商」的人。明、清兩朝在財政困難時期依靠「捐納」（即出賣「生員」和「監生」）的方式來籌款，這是我們都知道的事實。明、清國子監制度中本設有「捐資入監」一條，稱為「例監」，而「貢監」中也有「納貢」一項。據近人研究，如道光一朝（一八二一至一八五〇年）由「捐納」而來的「監生」即超過三十萬人，平均每年一萬名。明末「生員」人數也激增，大約有五、六十萬之多，其中由「捐資」得來的必佔了一個很高的比例。所以《型世言》雖是小說，卻從側面透露出科舉制因商人勢力上升而發生的變動。

除了捐納為「監生」、「生員」之外，商人子弟以「童生」考入府、州、縣「廩膳」、「增廣」、「附學」等「生員」的當然也不在少數，因為他們一般都很重視子弟的教育。至於與政府關係密切的大商人，政府還為他們特設「生員」名額，以保障其「鄉試」的資格，如明萬曆（一五七三至一六一九年）中鹽商子弟的保障名額便附入揚州府學。湛若水（一四六六至一五六〇年）的揚州甘泉書院更是由大鹽商捐錢所建，揚州和儀真的鹽商子弟來從學者不少。這當然也是為科舉考試做準備的。所以商人子弟走正規科舉這條路的，在明、清時期已成一普遍風氣。清代沈垚（一七九八至一八四〇年）斷言：「非父兄先營事業（按：即經商）於前，子弟即無由讀書以致身通顯。」這一觀察相當準確，有無數實例可證。明、清「進士」和「舉人」名錄中以來自「民」籍者佔絕大多數，這是因為當時填報家世時根據戶籍的分類，如軍、民、匠、灶（即鹽商）之類。事實上，戶籍劃分愈到後來便愈欠嚴格，因此所謂「民」之中必然包括了商人在內，不過從名錄中看不出來而已。如果將明、清與宋代做一比較，我們可以肯定地說，至少十六世紀以後科舉制度中「士」的商人背景已大幅度地加重了。

社會流動的結果使十六世紀以後的社會結構也發生了變動，不但士、商之間的界線已混而難分，而且整個帝國系統（imperial system）也不得不有所調整，以照顧到商人階層的利益。商人子弟無論是通過「捐納」以取得「監生」的身分或由正途出身以進入官僚系統，都自然不免對商業世界抱著一種同情而又理解的態度。我過去研究明清「士商互動」的歷史，曾獲得兩點清晰的認識：第一，商人子弟入太學為「監生」並不必然是為了仕宦，而毋寧是藉著「監生」的身分與官方往來，對家中的商業運作起一些保護作用。第二，由正途出身而踏進宦途的也有人寧願在戶部或稅關任職，以便在行使職權時發生某些「寬商」的效應。至於在朝士大夫為商業發展（包括海外貿易）的正當性辯護之事則更是屢見不鮮。萬曆時御史葉永盛便曾為浙江鹽稅力爭，得免歲徵十五萬兩。但他之所以能如此則完全得力於歙縣一位「生員」汪文演提供的資料。這個例子最能說明「商」通過科舉制度上升為「士」之後怎樣能影響到中央政府的基本政策，使商人階層得到一定程度的照顧。這位歙縣「生員」是為徽州鹽商爭取權益而出頭說話，這是極明顯的。在朝士大夫的商業取向有時甚至會引起皇帝的不滿。如咸豐時戶部侍郎王茂蔭論鈔法，主張「通商情」，皇帝便「斥其為商人指使」。他的祖父是徽商，難怪引起咸豐帝的疑心了。王茂蔭的鈔法改革當時是極有名的，甚至馬克思《資本論》討論這件事時也特別把他的名字提了出來。

科舉制度是帝國系統中最為敏感的一架調節機器，從以上關於商人社會流動的檢討中已完全顯露出來了。

## 四

最後我想談談科舉制度所採用的文本的問題，因為這是帝國系統的精神基礎，不容置之不論。

依照今天流行的觀點，兩千年科舉考試都在儒家思想的籠罩之下。如果以考試所依據的文本為分期的標準，科舉史又可劃分為兩個階段。第一階段始於漢武帝接受了董仲舒「罷黜百家，獨尊儒術」的建議，立「五經博士」於太學。從此「五經」定為考試的基礎文本（按：戰國時原有「六經」，因「樂」的原始文本至漢已佚，故稱「五經」）。以「五經」試「士」一直延續到宋代。第二階段始於元代，改以「四書」試

「士」，所依據的基礎文本則是朱熹的《四書集注》。這個新規定為明、清兩代所繼承，於是程、朱一派的「道學」成為欽定的儒家正統。正如漢代「罷黜百家」一樣，程、朱「道學」定於一尊之後，宋代新儒學中其他各派也遭到了「罷黜」的命運，特別是「陸、王心學」。

這個現代論斷表面上似持之有故，但若進一步分析，則似是而非，且不免明察秋毫而不見輿薪之弊。讓我先從漢代立「五經博士」的問題說起。董仲舒建議原文說：

> 諸不在六藝之科、孔子之術者，皆絕其道，勿使並進。（《漢書》本傳）

「六藝」即「六經」（不可與「禮、樂、射、御、書、數」相混）。這是專指太學立「博士」講座，專門傳授「六經」，其他諸子百家則不得進入太學的講授系統，與「六經」享受同等的待遇。我們必須牢記這裡講的是太學制度，便不致誤會董仲舒主張以政府的力量來禁止「百家」在社會上流通了。

董仲舒為什麼給予「六藝」與「孔子之術」這樣特殊的地位呢？要解答這個問題，我們必須回到漢代的觀念，不能用後世的眼光來看待他這句話。從戰國到漢代，「六經」早已取得公認的「聖典」（sacred books）身分，遠非其他書籍所能相提並論。所以劉歆《七略》（收入《漢書．藝文志》）把「六藝」歸為一個特殊的類，列在一切其他類之前，「六藝」之下才是「諸子」、「詩賦」等。所謂「聖典」是指「六經」（或「六藝」）並非任何私人的著作或言論，而是「古聖先王」（堯、舜、禹、湯、文、武、周公）治理天下的實際成績，由一代一代的「史官」記錄了下來。清代章學誠提出「六經皆史，皆先王之政典」之說，真是一語破的，把「六經」的「聖典」性質扼要地點出來了。

由於「六經」是「聖典」，所以「詩、書、禮、樂」在春秋時已成為貴族教育的基本讀物。趙衰向晉文公推薦郤縠為「元帥」人選，其最主要的理由是其人「說（悅）禮、樂而敦詩、書」（《左傳．僖公二十七年》）。孔子與「詩、書、禮、樂」的關係，有《論語》為證，可不必說。墨子也出於同一教育背景，故其書中引詩、書極多，後世且傳說他最初「受儒者之業」（《淮南子》〈主術訓〉、〈要略〉）。這些實例證明《禮記．王制》說古代「順先王詩、書、禮、樂以造士」的話確是有根據的。董仲舒主張太學為專門講授「六藝」之地，不雜以戰國新起的「百家」之學，正是要回到古代「聖典」的教學傳統。這是他「復古更化」的整體構想的一個組成部分。

董仲舒為什麼在「六藝」之下加上「孔子之術」四個字呢？這完全是因為孔子與「六經」的特殊關係。漢代人都相信孔子整理了「六經」，用為教學的基礎文本，這才使「六經」得以完整地保存了下來，這一偉大的功勳使他成為周公之後的第一人。所以《史記．孔子世家》說：「孔子以詩、書、禮、樂教，弟子蓋三千焉，身通六藝者七十有二人。」換句話，「孔子之術」在於「述而不作，表章六藝，以存周公之舊典」（章學誠語）。漢代特尊孔子並不是因為他是所謂「儒家」的創始人。

相反地，「儒」作為一「家」在漢代是「百家」之一，因此漢武帝以後也同在「罷黜」之列。劉歆《七略》另立「儒家」之目，但列於「諸子」之首，與「六藝」分開。這也是漢代通行的觀念，可以上溯至司馬談「論六家要旨」（見《史記・太史公自序》）。「儒家」一類包括了後世流傳最廣的《孟子》和《荀子》。《孟子》在漢文帝時曾立「博士」，但武帝設太學也同時被「罷黜」了。由此可知戰國以來「六經」與「百家」之間存在著一道不可逾越的界線。界線在何處呢？即在「六經」是「聖典」，是「古聖先王」治天下的紀錄，而「百家」則是戰國以下諸子的私家言論。我們再看《七略》「六藝」類中所列孔子名下的三部書，問題便更清楚了。《春秋》據說是孔子在「史官」失職以後，根據魯國官方檔案「筆削」而成的一部「史」，其地位可與《尚書》相擬，因此取得「經」（即「聖典」）的身分。這件事祇有孔子一人可以作，他的弟子輩也不敢「贊一辭」。太學中祇有專治《春秋》的「博士」，卻未為《論語》、《孝經》立「博士」。為什麼呢？因為這兩部書在漢代雖極其重要，但畢竟是孔子的私家言論。「六經」與「百家」在戰國、秦、漢間分別之嚴是各家各派都共同接受的。所以《莊子・天下》總論古代思想的流變，首先指出：「其在詩、書、禮、樂者，鄒、魯之士、搢紳先生多能明之。」這正是指孔子及其門人後學對「六經」的傳承與整理。王安石評這句話說：「六經而後各家，莊子豈鄙儒哉！」可證〈天下〉篇作者也謹守「六經」與「百家」之間的界線，與劉歆《七略》之劃分「六藝」與「諸子」，若合符契。這是董仲舒建議的學術背景。自漢代太學立「五經博士」，科舉考試必以傳世久遠並且已獲得學術界公認的原始「聖典」為基礎文本，這一大原則從此便牢牢地建立起來了。

元、明、清以下科舉中採用「四書」為核心文本也是根據同一原則而來。唐代以「進士」、「明經」兩科最為重要，「明經」考試全以「九經」（《詩》、《書》、《易》、「三禮」、「春秋三傳」）為主，固不待言。「進士」科雖說重詩、賦、策，但高宗時（六五〇至六八四年）已加試「經」，德宗時（七八〇至八〇五年）並增口問經義。李唐因為以老子後代自居，《道德經》也常常出現在「進士」試中，玄宗且有御注，但這仍然不出以原始「聖典」為基礎文本的範圍。更值得注意的則是「經」的觀念在不斷擴大中，《論語》與《孝經》在唐代已正式取得「聖典」的地位，無論是「明經」或「進士」科，這兩部「經」也是必須「兼通」的。

宋代科舉仍沿唐制，以「經」為重，但更重視「經義」，王安石《三經新義》（《詩》、《書》、《周禮》）便是特別為進士試而編寫的。《孟子》在北宋也上升為「經」，王安石又特重孟子，所以自熙寧時期（一〇六八至一〇七八年）始，《論語》和《孟子》在「進士」試中與「五經」並重，各佔一道試題，此後便成為定制。〈大學〉與〈中庸〉原為《禮記》中的兩篇，早已具有「經」的身分了。但至北宋初期這兩篇文字則受到朝廷的特別重視，因而單獨印布，賜給新及第進士。天聖五年（一〇二七年）仁宗首次賜進士〈中庸篇〉，進士唱名時並命宰相張知白當場進讀與講陳。三年之後（一〇三〇年）仁宗則改賜〈大學篇〉，以後與〈中庸〉輪流「間賜」，著為定例。這是〈大學〉與〈中庸〉在科舉中一次突破性的發展。事實上，早在真宗大中祥符八年（一〇一五年）范仲淹考進士「省試」（指禮部試，因放榜在尚書省，故通稱「省試」），題目即出自〈中庸〉的「自誠而明謂之性」。可知科舉考試特重〈大學〉、〈中庸〉，十一世紀初年已然。康定元年（一〇四〇年）范仲淹勸張載讀〈中庸〉，即本於自己的考試經驗而現身說法。一般的理解以為定〈大學〉、〈中庸〉、《論語》、《孟子》為「四書」是「道學家」二程兄弟的特殊貢獻。現在我們看到，「四書」取士早已先在科舉中實現了。宋代是考試重點從「五經」移向「四書」的過渡時代，「聖典」（「經」）的觀念隨著時代而不斷擴大與改變，學術界經過長期的醞釀，終於逼出了「四書」的觀念。這不是少數人的私意所能左右的。

「四書」絕不是宋代程、朱「道學」（或「理學」）的私產，而早已成為當時學術界公認的「聖典」。關於這一點，我們祇要稍稍回想一下陸象山論學的重點便完全清楚了。他是「心學」的創始人，與朱熹針鋒相對，但是他的「心學」也是「讀《孟子》而自得之」，因此堅持孟子的「先立其大」，他所謂「大」又相當於「尊德性」，這又是〈中庸〉的語言了。試讀他的文集和語錄，即可知他的經典根據主要即在「四書」。明代的王陽明也是如此，他的「致良知」出於《孟子》，他力攻朱熹關於「格物」、「致知」的解釋，則集中在〈大學〉一篇，最後且有〈大學問〉、〈大學古本〉之作。陸、王對於〈大學〉、〈中庸〉、《論語》、《孟子》成為宋以下的新「聖典」是絕對肯定的，他們與朱熹之間的分歧僅僅在於文本的解釋方面。

澄清了這一歷史背景，我們才能完全明白元、明兩代開科取士為什麼都採用朱熹的《四書集注》為基礎文本。元代皇慶二年（一三一三年）初定科舉程序，即規定考試在《四書集注》中出題。元初程、朱學者在朝廷上最有影響力，這一決定與之有關，自是事實。但考試文本的主體是「四書」本身，而不是朱「注」，這是我們必須首先強調的一個論點。前面已提及，「四書」在北宋早已分別是科舉中的基礎文本，不過沒有變成一個獨立單位而已。經過南宋的學術發展，特別是朱熹個人的努力，「四書」的概念已為學界所普遍接受。元代袁桷已指出，「自宋末年尊朱熹之學，唇腐舌弊，止於四書之注。」所以元代重建科舉，以「四書」取士，完全是順理成章的事。「四書」進入科場既不可避免，朱熹《集注》隨之而至也是必然的。《集注》是朱熹一生精力之所聚的大著作，臨死前還在改定〈大學〉「誠意」章。今天我們也依然承認《集注》本身即是經典，何況在宋、元之際，它還是唯一貫通全部「四書」的注本。陸象山的「心學」在元初也不是沒有知音，如吳澄、湯中等人都有過調和「朱、陸異同」的嘗試。但象山不屑注書，自然無法在科舉中與朱熹一爭高下。所以僅憑考試用《四書集注》一事，我們並不能輕率地得出「程、朱道學」從此主宰了科舉的結論。再以「五經」而言，《詩》、《書》、《易》雖以程、朱等人的注解為主，但仍「並用古注疏」。我們可以說程、朱一系的「道學」佔了注釋「聖典」的便宜，在元、明、清科舉中取得比其他學派更大的空間。這正像漢代的「儒家」沾了「六藝」的光，在太學制度中取得「獨尊」的地位一樣。但從整體來看，元以下的考試仍以原始「聖典」為基礎文本，這個原則並未改變。

但「聖典」有解釋的問題，程、朱「道學」既在科舉中取得「正學」的地位，那麼「道學」（或「理學」）是否因此而在元、明、清三代「定於一尊」了呢？其他「邪學」（如陸象山「心學」）是否真的遭到「罷黜」的命運呢？這些問題非常複雜，此處無法展開。但根據人人看得見的歷史常識，答案祇能是否定的。以明代而論，正是因為反抗程、朱「正學」，王陽明才能將陸象山的「心學」發展到登峰造極的地步。這還是指科場以外而言。在科場之內，王學士大夫如徐階（一五〇三至一五八三年）入閣為次輔之後，掌握了考試大權，試官出題便改用陽明的新說了。我們必須瞭解，科舉的規定是一事，主持的試官則是另一事。試官每屆變更，未必人人都是欽定「正學」的信徒。在一定的範圍內他們往往隨時代學風而調整其取捨的標準。朱熹回憶他考試時發揮一位禪師的意思，適為試官所喜，遂得中試。這更是一個極端的例子。漢代太學立「五經博士」的情形也大同小異。「儒家」不僅沒有定思想界於一尊，「五經」反而受到其他各「家」的嚴重侵蝕。《春秋》為「斷獄」之書，則已與「法家」合流；京房之流專說災變，則《易》學已走上「陰陽家」的路數。在太學內部「博士」講座也不得不隨時增添，以容納對於「五經」解釋互異的各種「家法」。所以到了東漢初年，「五經」已擴大到十四位「博士」了。

總之，通觀前後兩千年考試中基礎文本的持續與變遷，科舉制度的統合功能及其彈性也同樣表現得非常清楚。以原始「聖典」為基礎文本，科舉考試建立了一個共同的客觀標準，作為「造士」與「取士」的依據。漢代的「五經」、宋以下的「四書」都是當時的「士」共同承認的「聖典」。這是科舉在學術思想領域中所發揮的統合功能。但「聖典」的解釋必然是多元的、隨時變動的，不可能統一於任何「一家之言」。因此，如上面所說，科舉制度在實際運作中往往生出一種自我調適的機能，使欽定的「正學」不致與科場以外學術與思想的動態完全陷於互相隔絕的狀態。這是科舉的彈性的一面。

為什麼科舉制度會有自我調適的彈性呢？我們必須認識到：科舉制度從最初設計、考試文本的選定，到實際運作，畢竟操縱在「士」的手中。「士」對科舉的期待與皇權所持的立場有同有異，未必盡合。唐太宗看到許多士子來參加進士試，發出「天下英雄盡入我彀中」的喜悅，這句名言大致代表了皇權的基本態度，即以科舉來牢籠天下之「士」，使盡為我用。宋太宗也公開說道，科舉取「士」，足以為「致治之具」。皇權視科舉為製造王朝統治所必需的工具，這是很清楚的。但「士」作為一個群體而言，則往往以政治主體自居，他們是要與皇帝「共治天下」的。科舉考試則為「士」提供了

「共治天下」的合法途徑。主持各層考試的官員都出身科舉，他們來自民間，也時時受學術與思想新動態的衝擊，他們的視野自然要比皇權方面的人（包括皇帝在內）廣闊得多。科舉中雖有欽定「正學」，他們在執行各級考試時仍有靈活運用的餘地。從「共治者」的立場出發，「直言極諫」是一個十分重要的價值。因此雖以明代皇權的專橫，試官出題還不免有故意引發舉子直率批評朝政的事件。嘉靖二十二年（一五四三年）山東鄉試，主試官葉經用《論語》出題：「無為而治者，其舜也與！夫何為哉，恭己正南面而已矣！」考生中有一卷答曰：「繼體之君未嘗無可承之法；但德非至聖，未免作聰明以亂舊章。」嘉靖帝大怒，以為是譏諷他的話，試官與考生都受「廷杖」而死。天啟四年（一六二四年）八股文名家艾南英參加江西鄉試，在試卷中有批評宦官干政之語（其時魏忠賢當權），也被逐出考場。這一類科場事件明、清兩代層出不窮，所以我們不能一概而論，認定科場試卷全是一片「頌聖」之辭，與試舉子人人都在「正學」薰陶下成了皇權的馴服工具。科舉的彈性，其源在此。

## 結語

上面我選擇了與科舉密切相關的四個方面，分別作做了檢視，以闡明這個制度在中國歷史上的功能與意義。站在史學研究的立場上，我僅僅視科舉為一長期存在的歷史現象。為了理解何以中國史上出現了這一特殊現象，本文主旨僅在於揭示造成此現象的歷史動力與客觀條件。所以本文完全不涉及主觀評價的問題，既不為它辯護，也不施以譴責。我的基本看法是：科舉是傳統政治、社會、文化整體結構中的一個部分，甚至可以說是核心部分。所以光緒三十一年（一九〇五年）科舉廢止後，持續了兩千年的帝國體制也隨即全面崩解了。

當時朝臣奏罷科舉的一個主要理由是說它「阻礙學堂」，可知以現代學校取代科舉已是「士」階層的共識。上面已指出，科舉的起源與持續出於「士」階層的要求，制度的設計與改進也操在「士」的手上。現在我們更看到，它的廢止也是由「士」階層決定的，清末皇權在這一方面完全處於被動的地位。晚清的「士」階層，無論在政治取向上是漸進的或急進的，都知道傳統體制已絕不足應付「三千年未有之變局」。因此他們「求變、求新」的方案，彼此之間雖相去甚遠，但在以現代學校取代科舉這一具體問題上，卻早已得到一致的結論。我曾指出：

從社會結構與功能方面看，從漢到清兩千年間，「士」在文化與政治方面所佔據的中心位置是和科舉制度分不開的。通過科舉考試（特別如唐、宋以下的「進士」），「士」直接進入了權力世界的大門，他們的仕宦前程已取得了制度的保障。這是現代學校的畢業生所望塵莫及的。著眼於此，我們才能抓住傳統的「士」與現代知識人之間的一個關鍵性的區別。清末廢止科舉的重大象徵意義在此便完全顯露出來了。（〈新版序〉，《士與中國文化》〔上海：上海人民，二〇〇三〕）

我所說的「知識人」便是intelectual，通常譯作「知識分子」。一九〇五年的科舉廢止在中國傳統的「士」與現代知識人之間劃下了一道最清楚的界線。

二〇〇五年四月二十九日於華府

# 第十篇　試論中國人文研究的再出發

# 前言

最近讀了英國作家華特生（Peter Watson）《現代心靈：二十世紀知識思想史》（*Modern Mind—An Intellectual History of the 20th Century*, 2001）一部大書，全面地考察了西方近百年來的思想變化，深有所感。我覺得其中有關人文方面的敘述，很有助於我們重新考慮如何研究中國人文傳統的問題。因此我又重讀了幾年前出版的《轉變中的美國學院文化》，[1] 其中檢討了哲學、文學、史學、經濟學在最近一、二十年的大轉變，可以使我們進一步認清西方人文研究的新動向。本文分上、下兩篇：上篇論西方人文思想的轉變，即以上述兩書為主要參考資料。下篇討論這一百年來，中國人文研究與西方思想的關係，則根據平時學思所得。我想通過這兩方面的觀察，對今後中國人文研究的再出發提出一點初步的建議。文成於倉卒，思慮未周，讀者諒之。

二〇〇三年五月四日

## 上篇

科學革命雖然早始於十七世紀，但科學主宰人類的生活，從局部到全面，則是二十世紀的新發展。科學及其所衍生的實用技術今天已經由西方傳布至全世界，這是所謂「全球化」的基本動力之所在。我們必須牢牢記住科技愈來愈支配現代生活這一事實，然後才能對人文研究在今天的處境有一個清醒的認識。讓我略舉實例，以說明我的意思。

一九〇〇年發現了量子學說的蒲朗克（Max Planck）自然是公認的物理學大家，毫無爭議。但十九世紀下半葉的德國，人文學科的地位仍遠在新興的科學之上。蒲氏出生在一個宗教和學術的世家，家人和親戚並不鼓勵他去學物理，甚至還有加以嘲笑的。他們都認為人文是比科學更為優越的知識方式。到了二十世紀中期，人文與科學之間的相對比重已發生巨大的變化。一九五九年英國劍橋大學所爆發的「兩種文化」爭論便是最有象徵性的事件。斯諾（C. P. Snow）是出身劍橋的科學家，其科學研究卻以失敗著名，後來改寫小說，同時又兼任政府的科學顧問。這年五月他回母校演講，題目是「兩種

1 Thomas Bender and Carl E. Schorske, eds., *American Academic Culture in Transformation* (Princeton, N.J.: Princeton University Press, 1997).

文化與科學革命」。他將英國知識人分為兩類，一類是人文，一類是科學。他對這兩類知識人都提出了尖銳的指責：英國的政治與社會決策權力大體上掌握在人文知識人的手上，他們在大學時期的訓練不外經典、史學及文學，但對科學卻一竅不通。在他看來，二十世紀才是真正科學革命的時代，許多基本發現，如物理、生物等，都出現在二十世紀上半葉。因此國家政策由科學外行來擬定，是極其危險的事。另一方面，他也批評科學知識人缺少人文修養，以致往往輕視人文學。斯諾的主要論點在今天看來實在很平常，但當時卻引起了西方學術文化界的巨大震撼。首先發難的是劍橋大學的文學批評家李維思（F. R. Leavis），強調科學與人文的方法不同，語言不同，「兩種文化」之說是無知妄作。隨之紐約哥倫比亞大學的崔林（Lionel Trilling）評論這一爭論，也認為斯諾過於簡化人文的複雜內涵，「兩種文化」的對比不能成立。

我引用這個公案並不是對爭論的本身有興趣，而是藉此說明：從蒲朗克到斯諾，短短七、八十年之間，科學與人文在西方社會中的地位，一升一降，已發生了驚人的變化。爭論之所以出現，並持續至今（按：一九九九年英國廣播公司曾特製「兩種文化」爭論四十年紀念的討論節目），象徵著科學迅速地取代人文的新現象。四十年後反觀這場爭辯，似乎斯諾更有先見之明，科技文化現在幾乎已滲透到日常生活的每一角落。相隨而來的，則是文化評論家對科學的中心地位比斯諾更加肯定了。因此繼「兩種文化」的討論之後，布洛克曼（John Brockman）在一九九五年又提出了「第三種文化」（The

Third Culture）的說法。所謂「第三種文化」並不是科學與人文交流以後的新綜合，而是科學知識的通俗化和普及化。最近二、三十年來，物理學家、天文學家、生物學家中已有不少人開始專為一般讀者寫深入淺出的通俗讀物。這些作品雖說是為了「雅俗共賞」（popular），其實還是假定了一定程度的科學訓練，讀者若沒有相當的數理知識還是不容易吸收的。今天西方任何一家具規模的書店都有幾個書架陳列著這些讀物。這是二、三十年前所未有的現象，一般人的「人文修養」大有為「科學修養」取而代之的趨勢。

一九八七年賈柯比（Russell Jacoby）出版了一部書，名為《最後的知識人》（*The Last Intellectuals*），主要討論為什麼所謂「公共知識人」（public intellectual）在美國社會上呈現逐漸減少的傾向？此書的解說很繁複，這裡不能也不必涉及。值得注意的是布洛克曼在《第三種文化》中所提出的答案。他認為二十世紀中葉以來美國的公共知識人大多數都是人文、社會科學出身，他們所發揮的功能今天已為科學家所取代。譬如賈柯比書中特別指出英、美的分析哲學已取得全面的勝利，應該更合乎科學時代的需要。何以他們在社會上一般影響力反而比不上二十世紀中葉以前的哲學家？布氏的回答非常乾脆：科學今天無論在政策或哲學涵義方面，其所引申的後果比從前愈來愈深遠，政府與社會都不能不更加重視。分析哲學家儘管在「科學的哲學」（Philosophy of Science）方面有種種精巧的建構，但是畢竟還是科學家對他本行所進行的哲學思考更為先進，也更為有用。

我必須說明，這裡引布洛克曼的話，不過是藉以指出一個無可否認的歷史事實，即在一般人的意識中，科學今天已穩居於文化領航的地位，人文則退處次席。我雖不同意布洛克曼對於整個問題的分析，但不能不接受他所陳述的事實。現在人文與科學之間「霸權」交替的史跡已明，讓我在這個基礎上，檢視一下人文研究在二十世紀的動向。

在這篇短論中，我試圖提出一個高度概括性的觀察：二十世紀的人文、社會科學在建立它們個別領域中的「知識」時，都曾奉自然科學為典範。這顯然是因為自然科學如物理所創獲的知識不但具有普遍性、準確性、穩定性，而且它們的方法也十分嚴格。人文研究見賢思齊，毋寧是很自然的。儘管這一效顰運動並沒有取得預期的效果，甚至失敗多於成功，但整體地看，二十世紀的人文研究一直在科學典範的引誘之下游移徘徊，則是一個無可否認的事實。姑就文、史、哲三門各說幾句話，以見其梗概。

先從我比較熟悉的史學說起。由於對蘭克（Leopold von Ranke）的不完整的瞭解，自十九世紀末以來，西方（英、美、法）史學主流便是要把它變成一種「科學」（即所謂「科學的史學」〔Scientific History〕）。二十世紀西方史學的流派多不勝數，但其中最有勢力的幾乎都企圖從不同的角度與層面把史學化為「科學」。馬克思派的歷史「規律」說固不必說，法國年鑑派的「長期」結構或系統也是盡量要拉近歷史現象和自然現象之間的距離，因而可以接受「科學的處理」。二十世紀初葉美國「新史學」繼「科學的史學」之後，其目的仍然是為了擴大史學的「科學化」，不過不是直接與自然科學接軌，而是要與社會科學合流，而社會科學當然奉自然科學為最高的知識典範。這一潮流在美繼長增高，至五〇、六〇年代而登峰造極。

在這一風氣下所取得的最大創獲，則在美國經濟史方面。佛格爾（Robert W. Fogel）與諾爾思（Douglass C. North）等從六〇年代到七〇年代中，曾運用經濟計量的方法，通過電腦對龐大統計數字的處理，研究了美國史上的經濟成長、鐵路建造以及奴隸制度等多方面的問題，得出了許多重要的新結論。但嚴格地說，這項成就已屬於經濟學，而不是史學。所以他們在幾年前因此而獲得了諾貝爾經濟學獎。儘管如此，美國一般史學家對於他們的結論還是頗多持疑。佛格爾關於南方黑奴是奴隸制度的受益者之說，便引起了巨大的爭論。量化史學在六〇年代極受重視，社會史（如家庭關係）、政治史（如投票行為）都曾予以援用。但時間久了，大家發現統計數字的解釋甚難確定，這樣的「科學的史學」還是無法達到自然科學關於建立規律、精確、預言或預測等等需求。八〇年代以來，美國史學界對它的熱烈期望終於逐漸冷淡了。這裡我必須補充一句，二十世紀中也仍然有不少人把史學列入「人文」的範疇，因為史學究竟屬「理科」（Sciences）或「文科」（Arts）是一個爭辯不休的問題。五〇年代以後美國思想史的研究受到歐陸「精神科學」傳統的影響，特別是柯靈烏（R. G. Collingwood）的啟發，也開始重視「同情的理解」以及「人」的主觀作用。這條途徑終於引出了今天所謂「詮釋學」的流行。但整體觀察，追求各式各樣的「科學化」則一直是史學的主流。

關於哲學與文學也取法於自然科學，我祇能說得更簡略。二十世紀是所謂「分析哲學」的時代。這個籠統的名詞雖然包含著極複雜的內容和不同方向的內在發展，但專就它與科學的關係而言，分析哲學甘居於輔助地位，則始終未變。從開山大師羅素，三〇年代的維也納學派，到五〇年代以後的蒯因（W. V. Quine），都是環繞著科學知識（特別是物理知識）而建立一種「科學的哲學」（Scientific Philosophy）。蒯因有一句名言：「哲學祇要以科學為對象便盡夠了。」這句話雖引起不少同行的詬病，但的確表達了分析哲學的主要精神。所以在它的籠罩之下，政治、社會、哲學十分寂寞，直到一九七一年勞爾思（John Rawls，二〇〇二年過世）的《公平理論》（*A Theory of Justice*）出版才進入一個新的階段，而其書究竟是否應當歸功於分析哲學還大成問題。八〇年代中期我曾寫過兩篇關於分析哲學的評論，這裡便不再詳說了。[2]

文學研究也同樣在科學典範的籠罩之下。在「新批評」未興起之前，美國大學中的文學研究以歷史語言學（Philology）為主軸。當時的專家便說要把文學研究建立成與「科學」相同的一種嚴格學科。這和「五四」以後「以科學方法整理國故」的見解十分相似。中國學人當時也以乾、嘉的「訓詁考證」體現了一種「科學方法」。三〇年代至六〇年代是「新批評」執牛耳的時期。「新批評家」嫌歷史語言的研究不夠專門化，把許多外在的因素攬入文學領域之中，如歷史背景、作者的生平之類。所以他們主張直接以作品為對象，「細讀」而後進行「分析」。不但歷史背景與作者生平必須推向邊緣的地位，而且作者的本意也無須理會。因為創作時的想法早已一去不返，即使作者本人事後追憶也未必可靠。所以作品研究，除了細讀與分析之外，最重要的則是讓它接受普遍而又永恆不變的價值標準的評估。我們可以清楚地看出，這種研究方式與科學家對待自然界萬物的態度是很相近的。把作者本意擱置不問之後，則作品或本文已轉化為一個客觀存在，因而為研究者提供了直接觀察和分析的對象。文學研究自然很難安插進「普遍規律」的尋求，但仍有其替代物，即所謂「普遍而不變的價值標準」。「新批評」以分析技術為工具，直接研究作品取代了以前歷史與訓詁所佔據的中心地位，這也明顯地受科學文化的激盪而使然。如果奉科學知識為典範，歷史確是無足輕重的。所以分析哲學長期以來都將哲學史劃入另冊。社會科學的視野一般也不包括歷史在內。經濟學走上數學模型的科學之路以後，連經濟思想史也不得不退出經濟課程的中心。

如果以上的觀察大致不錯，那麼「新批評」的文學研究恰好與同時的史學、哲學採取了同一步調，科學的示範作用在此是無可否認的。「新批評」的權威一直維持到六〇年代中期，接著便是人盡皆知的「解構」運動的爆發，最後發展到根本否定西方「經典」的地步。這一猛烈的思潮並不限於文學領域，整個人文、社會科學的世界無處不受到它的衝擊。這個大問題不在本文的討論之內，我現在想指出的祇是它與科學典範的關

2 見《文化評論與中國情懷》（台北：允晨文化，一九九二），頁一二五—六三。

聯。保羅・德曼（Paul de Man）在六〇年代後期所寫〈美國新批評中的形式與意向〉[3]是最早發難的文字之一。這時他還不是解構論者，僅僅引用歐陸的詮釋學傳統以質疑文本的「客觀」地位。他認為新批評的錯誤在於將「文學對象」（literary object）混同於「自然對象」（natural object）。

如果到此止步，我們似乎可以說，這是人文研究開始擺脫科學典範的籠罩。但是到解構論上場時，德希達（Jacques Derrida）和德曼等人的文學觀點則顯然流露出科學的影響。解構論把文本看作「場」（field），並且說其中流動著「力」（force）、「能」（energy）與互相衝突的成分。這些「力」、「能」所發揮的功能是在無目的的活動中顯出其目的性。[4]不但名詞借自物理學，所描述的也明明像是物理現象。這個疑團我在一部研究傅柯（Michel Foucault）的書中終於找到了解答。傅柯正是用「場」概念來建立一個新的模型，以分析文化現象。他從新物理學——愛因斯坦相對論和量子力學——中吸收了若干觀念，組成一套顛覆人文傳統的理論。所以他的「知識考古學」與新物理學在思維結構上有許多相似的地方，例如以變動為系列的「斷裂」而非連續、反對知識論上主客對立、否認離開人的觀察過程而能認識客觀的實在、以或然率與不確定原則代替因果律與決定論等等。總之，新物理學怎樣向古典物理學挑戰，「知識考古學」便怎樣向人文、社會科學的主流挑戰。量子力學動搖了科學知識的客觀性（這是愛因斯坦始終持疑的主要原因），「知識考古學」也對人文、社會科學知識的客觀性造成了很大的困擾。[5]

援引新物理學入人文研究的領域並不自傅柯始，早在五〇年代中葉法國著名的文學批評家羅蘭・巴特（Roland Barthes）即已暢論物理學與文學的關係。他明白指出：最能有助於當代文學的理解者，除現代電影手法外，便是物理學，但非牛頓的古典物理，而是現代的新物理。德希達有一句名言：「文本之外無他物」，他又強調文本意義不能確定，因人而異。這樣看來，前引解構論把文本界定為「場」便毫不足異了。解構論不過是後現代主義的一個面向，而後現代主義今天正在衝擊著人文研究的每一部門。所以我認為有必要指出它與物理學的一段淵源。如果把後現代看作西方的最新思潮，那麼我們便可以毫不遲疑地斷言：西方人文研究一直到目前為止，仍然未能完全擺脫掉奉科學知識為典範的基本心態。

上面我根據具體的事例，試圖為二十世紀以來西方人文研究的動態勾出一個歷史的輪廓。我所引用的事例是一般公認的，其間很難有個人任意取捨的空隙。這一輪廓顯出

3 "Form and Intent in American New Criticism," *Blindness and Insight: Essays in the Rhetoric of Contemporary Citicism* (New York: Oxford University Press, 1971), pp. 20-35.

4 M. H. Abrams, "The Transformation of English Studies, 1930-1995," *American Academic Culture in Transformation*, p. 138.

5 詳見Pamela Major-Poetzl所著*Michel Foucault's Archaeology of Western Culture: Toward a New Science of History*，一九八三，第三章。

兩個密切相關的重要事實。第一，人文研究在西方文化、社會、政治、經濟生活中逐漸退居次要的地位，代之而興的則是自然科學，特別從基本科學研究中衍生出來的科技。我們祇要看看今天世界各國科學與人文之間的投資比例，便十分清楚了。第二，過去一個世紀中西方的人文研究大體上都奉科學知識為典範，進行了各種各樣的仿效，雖然始終未能接近物理學、生物學的成功高度。

專從這兩種動態說，好像二十世紀以來是一部科學愈來愈興旺、人文愈來愈冷落的歷史。我這篇文字到現在為止，也好像是在一方面頌揚科學，另一方面又為人文歎息似的。其實則適得其反。上面所指陳的不過是人文研究的現狀及其演變的軌跡，通過這一演變，我們恰恰可以看到一種可能性，即西方人文研究也許正處於再出發的前夕。華特生在《現代心靈》這部大書的結尾處，特別標出「新人文、新經典」之目，便是一個值得注意的信號，下面我要簡單地說說我個人對這個問題的認識。

第一，人文研究作為一個有別於自然科學的知識領域，經過這一百年的發展，它的獨立地位今天是更加強，而不是更削弱了。人文與科學的劃分，特別流行於十九世紀的德國。但二十世紀初葉以後，這兩大領域的分界受到嚴重的質疑。維也納學派的紐拉斯（Otto Neurath）、卡納普（Rudolf Carnap）等人宣導「統一科學」（Unified Science）的運動，企圖以「科學方法」統一一切學科，聲勢浩大，逼得人文領域幾乎沒有存身之地。兩年前（二〇〇〇年）去世的蒯因是分析哲學界的重鎮，他曾從內部批判了邏輯實證論的一些極端論點。但他基本上仍奉「科學知識」為知識的最高標準。他不談「統一科學」，而仍以最廣義的科學——包括人文、社會科學——為一「連續體」，最抽象的一端是數學、物理，最具體的一端則是工程、史學之類。他自己所提倡的哲學則直接與數、理相連續。這個「連續體」比「統一科學」自然減少了霸道的意味，然而人文不成其為一獨立領域，卻依然如故。到了七〇年代以後，分析哲學家已開始改變態度。普南（Hilary Putnam）先後師事蒯因與卡納普，早年的哲學研究集中在科學知識論方面。但是一九七六年他在牛津大學擔任洛克講座時，講題卻是「意義與精神科學」（Meaning and the Moral Sciences）。所謂「精神科學」即德文的Geisteswissenschaften，本文為方便起見，稱之為「人文」。他在第六講回到亞里斯多德的古典源頭，承認「理論知識」之外尚有「實踐知識」。這兩種知識各有領域，既不能「統一」，也不是「連續體」了。普南之所以如此改變顯然是受了歐陸現象學、詮釋學，甚至後現代理論的衝擊。因此我們大致可說，這二、三十年來是人文領域逐步恢復其獨立地位的過程。

第二，這個重建的或恢復的人文領域已經過了長期與科學領域的密切溝通。早期人文研究者奉科學知識為典範毋寧是一個自然而又不易避免的過程。科學方法在自然現象的研究中取得的卓越成績，自然引起人在人文、社會的研究領域中做同樣的嘗試。人文、社會研究「科學化」的夢想雖然沒有實現，但也並不算是全軍盡沒，因為人文、社會現象中畢竟有可以接受科學方法處理的部分或層次。在社會科學中，經濟學便是比較成功的例子。但是索羅（Robert M. Solow）也指出，經濟學如果過分師法理論物理也有很大的危險。他特別警告，經濟規律與物理規律未可等量齊觀。後者確是普遍性的，熱和光在世界各地都是一樣。但經濟現象中相當於光和熱的僅佔其中極小的一部分，絕大部分都離不開歷史和社會環境。然而經濟學如果不是經過了「科學化」的階段，索羅如何能總結出這一有價值的經驗呢？推之人文研究的其他部門，也都大同小異。所以人文研究今天能重新出發，是和它與科學的長期交涉分不開的。今後人文與科學之間絕不可能是「精神」和「物質」各霸一方的關係，如中國學人在「科玄論戰」時期所想像的那樣。前面引斯諾的「兩種文化」論，力主雙向交流，倒不失為一個可行之道。

第三，西方最近二、三十年人文、社會科學中的思想衝突十分激烈，尤以後現代論的攻勢蔓延最廣，而又經久不息。文學研究所受的衝擊最大，史學、哲學、社會學等也都有程度不同的波動。但可注意的是沒有任何一門學科曾因此潰不成軍，常態的研究工作仍然在繼續著。新觀點、新題目當然大量出現了，堅守舊壘的也依然大有人在。以首當其衝的文學領域而言，最有才能的卜倫（Harold Bloom）便奮起保衛《西方正典》（*Western Canon*, 1994）。他的老師亞布蘭（M. H. Abrams）更是樂觀得很，因為有一部一九九二年刊行的後現代論集的編者已明白承認「傳統派」的文學研究中有卓越的成果，而且還源源不斷地湧現。[6] 史學領域更是如此，限於篇幅，不詳說了。這一現象對於我們極有啟示性。中國（包括大陸、台灣和香港）的科學研究現在大致已可趕上西方的水準，而人文方面似乎相對較弱。為什麼呢？問題似乎便出在研究傳統上面。中國的科學研究是直承西方傳統而來，其中毫無間隔，這是大家都看得見的。但人文研究則無法直接與西方掛鉤，除非所研究的是純西方的東西。中國在「五四」以後二十年間確曾出現過一個人文研究的傳統，成績卓著。當時文、史、哲各方面的創獲今天在日本與西方的「漢學」論著中有清楚的反映。可惜因戰亂關係，這個研究傳統中斷了。所以怎樣重建一個新的人文研究傳統是我們的主要課題。這正是本文下篇所要討論的。

## 下篇

根據以上的觀察，我相信最近二、三十年來西方的思想動向對於未來的中國人文研究很有啟示作用，甚至提供了一個再出發的契機。為了闡明這一論點，我們仍須從二十世紀以來西學的衝擊及其反響說起。這裡涉及主觀和客觀兩個向度，前者指中國知識人的心態，後者則指中國人文研究的生態。關於這兩方面的狀態，下面祇能稍稍抉發其最顯著的特徵，詳細論證不僅不可能，而且也無必要。

早在《國粹學報》時代（一九〇五至一九一一年），鄧實（一八七七至一九五一

6 見前引"The Transformation of English Studies"一文，頁一四五。

年）便曾指出：當時求變求新的知識人「尊西人若帝天，視西籍如神聖」。這句話最能概括現代中國主流知識界在西方文化挑戰下所激起的基本心態。鄧實筆下的「西人」當然是達爾文、赫胥黎、斯賓塞等人，「西籍」則不出《天演論》（赫胥黎）、《群學肄言》（斯賓塞）之類。這大致代表了清末民初維新或革命派知識人的心態，鄧實自己事實上也不是例外（見後）。「五四」時期，具體的「西人」和「西籍」都改變了，然而上述的心態卻更牢固了。這時「尊之若帝天」的自然要數杜威、羅素、馬克思三人。而這三大西方「聖人」之中，最後一位更取得了「定於一尊」的無上權威。這是人人熟悉的事實，不必再說。

為什麼中國近代知識人對於「西學」的崇拜竟到了如此五體投地的境地呢？以《國粹學報》時代而論，這顯然是因為他們斷定西方「富強」的基礎在於穩定的政治秩序，而根據中國傳統的理解，政治秩序則必然本之學術。由歆慕「西政」轉而崇尚「西學」，這在他們的思維過程中毋寧是一個很自然的發展。所以劉師培（一八八四至一九一九年）根據斯賓塞的社會進化論，說中國進化尚淺，以致治亂循環；西方進化已深，則能治而不再亂。鄧實也是斯賓塞的信徒，認為中國仍停留在「耕稼」階段，故囿於君主專制之局，西方已進入「工賈」時代，故出現了民主之治。他對斯氏的直線進化說未嘗不「視之若神聖」，所以情不自禁地稱讚道：「此黃人進化之階級，其與西儒之說抑何其吻合而無間也。」但是就我瀏覽所及，當時中國知識人中對西方社會科學著作的推崇，大概要數劉師培最為露骨。他在〈論中土文有益於世界〉（一九〇八年）中說：

斯學之興，肇端晳種，英人稱為Sociology，迻以漢字，則為社會學……大抵集人世之現象，求事物之總歸，以靜觀而得其真，由統計而徵其實。凡治化進退之由來，民體合離之端委，均執一以驗百，援始以驗終，使治其學者，克推記古今變遷，窮會通之理，以證宇宙所同然。斯學既昌，而載籍所詮列，均克推見其隱，一制一物，並窮其源。即墨守故俗之風，氣數循環之說，亦失其依據，不復為學者所遵，可謂精微之學矣。晳種治斯術者，書籍浩博，以予所見，則斯賓塞爾氏、因格爾斯氏之書為最精。[7]

用今天的話說，這是肯定西方社會學家能運用科學方法研究種種社會現象，因此最後所獲得的知識必然具有「放之四海而皆準」的普遍價值。嚴復在〈譯《群學肄言》序〉（一九〇三年）中已說道：「群學何？用科學之律令，察民群之變端，以明既往、測方來也。」但劉師培則把這個意思發揮得淋漓盡致。引文末句提到的「因格爾斯」，必指恩格斯《家族、私有財產與國家的起源》（*The Origin of the Family, Private Property,*

7 見《左盦外集》，收入《劉申叔先生遺書》中。

*and the State*）無疑，此書當時已流行於日本，大概是他旅居東京時（一九〇七至〇八年）讀到的。

毫無疑問，劉師培和他同一代的知識人已徹底傾倒在西方的理論和方法之下。西方學人既已發現了人類進化的普遍原理，這些原理當然也可以應用在一切民族的身上，包括中國在內。因此他們給自己規定了一項任務，即運用他們關於中國文化和歷史的特有知識，與這些新發現的普遍原理互相闡證。由於古文字的研究——所謂「小學」是有清一代的顯學，清末知識人無不具此修養與訓練。抓住了這一背景，我們便懂得為什麼以「小學」印證社會進化論中的種種觀察竟蔚成一時風尚。上引劉師培〈論中土文有益於世界〉的主旨即在此。這一風氣也是由嚴復開始的，他在《群學肄言》的〈譯餘贅語〉中便明白宣稱：「嘗考六書文義，而知古人之說與西學合。」並舉例加以說明。劉師培則更進一步，準備有系統地以文字訓詁為西方的新說助威。他計畫中的《小學發微》雖未完成，但已引起專家的重視。一九〇三年章炳麟〈與劉光漢書二〉說：

> 大著《小學發微》，以文字之繁簡，見進化之第次，可謂妙達神指，研精覃思之作矣。下走三四年來夙持此義，不謂今日復見君子。[8]

據此可知章炳麟本人也不謀而合地走上了同一道路。

上面我特別用二十世紀初年的事實來說明現代中國知識人的普遍心態。這是因為從思想史的觀點看，這一階段恰好承先啟後，使「尊西人若帝天，視西籍如神聖」的心態凝固了下來。十幾年後「五四」新文化運動中的若干中心觀念都是在這段時期奠定基礎的。

最明顯的是關於社會進化階段具有普世性和必然性的信仰。在這一信仰下，中國比西方「落後」整整一個歷史階段，已成為主流學術界的共識，縱使偶然聽到一點雜音，也是很微弱的。以此共識為出發點，「五四」一代學人大致都相信西方已堂堂進入「近代」（modern）階段，中國則依然徘徊在「前近代」（pre-modern）末期。「近代」自然有種種特徵，但科學和民主卻是當時公認為最具代表性的兩個。所以追求「賽先生」和「德先生」才成為新文化運動中兩個最響亮的呼聲。讀者不難看出，「五四」思想革命的種子早在《國粹學報》時期便已萌芽了。「五四」一代的知識人對於「西學」的認識自然遠超過他們的前輩。正因如此，他們崇拜西方的心態也更深化了。魯迅有一句名言，可以引為代表。他在一九二五年答《京報副刊》關於「青年必讀書」之問時說：

---

8 《劉申叔先生遺書》卷首。

我以為要少——或者竟不——看中國書，多看外國書。[9]

這句話放在當時的思想空氣中去體會，毋寧是頗具苦心的，未可斷章取義地加以責難。我引此語，也絲毫不含價值判斷的意味。魯迅解釋這句話的意義說：

我看中國書時，總覺得就沉靜下去，與實人生離開；讀外國書——但除了印度——時，往往就與人生接觸，想做點事。

這便進一步從「書」的性質延伸到對中、西文化的評價：中國文化是消極保守的，西方文化則是積極進取的。這種劃分代表了「五四」的主流意識。胡適在一九二六年所寫〈我們對於西洋近代文明的態度〉，[10] 態度雖較緩和，與魯迅的基調是一致的。「不讀中國書」的主張也不是魯迅最先提出的。一九〇八年前後，吳稚暉和他的朋友已相約不讀中國書，而且說到做到，真的「把線裝書扔入毛廁」。一九二三年他因為反對「整理國故」，又重申此義說：「這『國故』的臭東西……非再把他丟在毛廁裡三十年（不可）。」[11] 不但如此，被魯迅狠狠譏諷了無數次的「陳源教授即西瀅」在這一具體問題上竟也和他不謀而合。陳源反對學者「一個個都鑽到爛紙堆裡去」，要「他們介紹種種歐、美各國已經研究了許久，已經有心得的新思想、新知識、新藝術給我們」[12]。所以

「少看——或竟不看——中國書，多看外國書」的確不折不扣地體現了「五四」精神的一個重要向度。這是因為反傳統的意識到了「五四」時代才全面展開，多數人都深信：衹有在徹底摧破舊傳統之後，科學和民主才能在中國萌芽滋長。

近百餘年來，中國人文研究所遭遇的困難與挫折與上面討論的知識人心態實有很大的關係。但這不僅中國為然，其他非西方文化也無不如此。華特生在《現代心靈》中有一段自白極值得參考。他說，他最初構想此書時，並未限於西方的學術和思想，而希望包括西方以外各主要文化在二十世紀的新成就。因此他廣泛求教於研究印度、中國、日本、南非與中非、阿拉伯世界等文化、歷史的專家。而且為了避免種族偏見，在他所徵詢的專家之中很大一部分是來自本土的人。使他震驚的是，他們眾口一詞，毫無例外，都說這些非西方文化在二十世紀並沒有創造出特別引人注目的新東西，足以與西方比美，無論就哲學、文學、科學或藝術言，都是如此。為什麼會出現這樣奇特的狀況呢？專家們的解答大體上也是一致的：整個二十世紀中，這幾支文化在學術和思想上的主要

9《華蓋集》。

10 見胡適，〈幾個反理學的思想家〉，第五節，《胡適文存》第三集。

11《胡適文存》第三集。

12 見胡適，〈整理國故與「打鬼」〉附錄一〈西瀅跋語〉，同前注。

努力都在於怎樣適應現代世界，怎樣對付西方的行動方式和思想形態。[13] 我相信華氏這一番話是據事直書的，即使他的陳述方式在非西方文化中人聽來，不免有點刺耳。無論如何，印度、中國、日本、伊斯蘭等古老文化自十九世紀以來便一直在全力以赴地回應西方近代文化的入侵及其所導致的巨大變動，則是無可否認的事實。各文化的回應的同異基本上反映了心態的同異。中國知識人也有種種不同的心態，本文所說的則是其中最有代表性的一種，在今天仍流行不衰。

接著再說文化研究的生態問題。清末民初的中國學人都是在本國的學術風氣、思想格局以及歷史處境中成長起來的。這一客觀環境構成了他們的人文生態。因此他們一旦接觸了當時所謂的西學，原有的人文生態不可避免地要發生一種定向的作用，即決定了他們對西方觀念的或取或捨，或迎或拒。幾年前我曾試從明、清以來所發展的「思想基調」，解釋何以清末至「五四」前夕的中國學人特別重視西方某些政治、社會觀念的價值。[14] 我所謂「思想基調」，也就是人文生態的一個有機部分。本節論人文研究，與該文的範圍和重點雖都不同，但人文生態的作用則仍無二致。

在人文研究的領域內，這個生態基本上便是當時仍然深具活力的本土的研究傳統，其中以乾、嘉以來的考證、訓詁最為活躍。上面引嚴復、章炳麟、劉師培等人動輒以文字訓詁與斯賓塞的社會進化說相闡證，即已透露出此中消息。現在我們要問：為什麼中國知識人的心態已完全傾倒於西學之後，而他們在人文研究的實踐中，依然遵循著乾、嘉以來的研究傳統？以下讓我以王國維為例，做一具體的說明。

王國維（一八七七至一九二七年）早年曾專心致志於西學。在取得英、日文的閱讀能力之後，更特別沉浸在日耳曼哲學之中，先後至少有六、七年的時間（一八九九至一九〇五年）。康德、叔本華、尼采都是他精讀的對象。他在《靜安文集續編》的兩篇〈自序〉中，對這一段治學的過程，有很親切的敘述，不必多說。但在哲學之外，他對當時流行於日本、中國的各門西學也無不博涉。他在南通和蘇州任教時期（一九〇三至〇四年），所授課程包括心理學、社會學、名學、法學各門，並且從英、日文著作中譯出三種，作為教學講義。我們可以毫不誇張地說，他代表了當時西學在中國的最高水準。所以他一方面斷定嚴復所譯英國「功利論、進化論之哲學」並非「純粹哲學」，不過是「哲學之各分科如經濟、社會等等」而已。[15] 另一方面則從哲學觀點詳評辜鴻銘英譯《中庸》中的種種「穿鑿」與「附會」。[16] 僅就這兩篇文字而言，他對西方學術思想的整體瞭解與判斷，已遠出同時流輩之上。

但最能表現他早年對西學的態度的，是關於大學設文學科、經學科的觀點。一九〇

13 見《現代心靈》，頁七六一。

14 見〈現代儒學的回顧與展望〉，《現代儒學論》（上海：上海人民，一九九八）。

15 見〈論近年之學術界〉，《靜安文集》。

16 〈書辜氏湯生英譯中庸後〉，《靜安文集續編》。

六年在張之洞主持下，清廷頒布了學校章程。其中分科大學章程有關文學與經學兩科，引起了他的強烈批評。這時科舉制度才廢去一年，必須有新的學制代之而起。張之洞所擬定的學校章程包括小學、中學和大學，基本上是參照日本所施行的歐洲體制，這是他早在〈勸學篇〉中提出的主張。[17]但在大學部分的經學、文學兩科中，他並不完全依照日本的辦法，定「哲學」為文學部的基礎課程。相反地，他根本取消了「哲學」一門，僅在經學科附設了一門「理學」，而且重點也放在宋明理學家講「實踐」的一面，不涉「義理空談」。這大概符合他心目中的「中學為體，西學為用」原則。王國維〈奏定經學科大學、文學科大學章程書後〉[18]一文則專對張氏擯除「哲學」於經學、文學之外這一點，施以最強烈的攻擊。他不但主張新學制中必須突出「哲學」的地位，而且認為「哲學」可以籠罩所有的學問——除了神學、醫學和法律學以外。這顯然是認同於歐洲傳統的知識分類。從他在文末所擬的文科大學的課程內容看，他已完全接受了西方近代的知識系統，而將中國原有經、史、子、集四部分別納入哲學、史學、文學、心理學、社會學、倫理學等等新範疇之中。從這一方面觀察，他所持的根本原則恰好與張之洞相反，他的主張大可以稱之為「西學為體，中學為用」而毫無愧色。所以他的基本「心態」與同時代向慕西學的人是一致的。而且由於他在西學方面所入更深，他的認同也更進了一層。

我們確定了王國維在晚清時期對於西學的仰慕心態，然後才能進一步討論他的中國文史研究與當時人文生態之間的關係。《靜安文集》與《靜安文集續編》所收文字主要都是他沉潛於康德、叔本華著作的心得。其中雖有幾篇涉及「性」、「理」的概念和戴震、阮元的學說，但仍不出中、西思想比較的範圍。所以這兩部文集基本上屬於評介西方哲學的通論性質，與後來在中國文史研究中的原創性的專著截然異趣。他第一部研究性質的專著是一九一三年完成的《宋元戲曲考》。這是開闢新領域的名著，無須贅述。陳寅恪說：

> 取外來之觀念與固有之材料，互相參證，凡屬於文藝批評及小說戲曲之作，如《紅樓夢評論》及《宋元戲曲考》等是也。[19]

這句話真是「知言」，但因說得太簡淨，必須略加解釋。讀過這兩篇作品的人很容易發生下面的疑問：《紅樓夢評論》明白地以叔本華的悲劇觀念解釋《紅樓夢》，這是人人都看得見的。然而《宋元戲曲考》則通篇持考證方法追溯中國戲曲的源流，其中除

17 即所謂：「西學甚繁，凡西學不切要者，東人已刪改即而酌改之。」見《遊學第二》。

18 見《靜安文集續編》。

19 《劉申叔先生遺書・序》。

第十二章〈元劇之文章〉論「喜劇」、「悲劇」一段流露出一點西方的影響外，似乎未可與《紅樓夢評論》等量齊觀。陳寅恪的斷語豈不是立足不穩了嗎？其實不然。《宋元戲曲考》雖然沒有涉及西方任何一家關於藝術或戲劇的理論，但這本書的整體構想便是從西方來的。王國維在自序中說：「為此學者自余始……實以古人未嘗為此學也。」這正是因為他從叔本華《意志及表象之世界》中認識了戲劇在西方文化中的崇高位置。一九〇七年他在〈自序二〉中說：

> 吾中國文學之最不振者莫戲曲若。元之雜劇、明之傳奇……其中之文字雖有佳者，然其理想及結構雖欲不謂至幼稚至拙劣，不可得也。國朝之作者雖略有進步，然比諸西洋之名劇，相去尚不能以道里計。此余所以自忘其不敏，而獨有志乎是也。[20]

這時他的「志」並不在研究戲曲，而在寫劇，以補救中國文化的偏失。《曲錄》、《戲曲考源》、《唐宋大曲考》等書後來雖然成為《宋元戲曲考》的史料根據，最初大概也是為了創作而搜集的。總之在他醉心西學的階段，無論是哲學或是文學，他的最大抱負都是創作，而不是研究。

《宋元戲曲考》是他從創作轉入研究的一部劃時代的著作。他撰此書時已在日本，從此便展開了他一生最輝煌的研究業績——陳寅恪所謂「取地下之實物與紙上之遺文互相釋證」和「取異族之故書與吾國之舊籍互相補正」。中國人文生態的重大作用在他的研究工作中便完全顯露出來了。以《宋元戲曲考》而言，無論是主題的構想、全書的體裁與組織，或具體問題的觀察與分析，處處都呈現著現代的面貌。這顯然是因為有西學做參照系統才能出現的新發展。但是我們若細察《宋元戲曲考》的實質內容，通篇所運用的都是乾、嘉以來的考證方法；書中博采文集、筆記、類書等以鉤稽可信的事實，也是清代研究唐、宋文史諸家所開闢的途徑（如厲鶚，《宋詩紀事》、徐松，《登科記考》）。在這一方面，我們尤其應該注意沈曾植（一八五一至一九二二年）對他的影響。沈氏讀書筆記中論詞曲的演變，中亞音樂的傳入，唐、宋的「演弄」故事等都已涉及《宋元戲曲考》的範圍。[21] 由此可見，《宋元戲曲考》的構想雖受西學啟發，但其構成則完全仰賴於本土的人文研究生態。東渡之後，他走上了以卜辭金文考證商、周古史的道路，經史考證的基本功夫對他更重要了。羅振玉《觀堂集林・序》說：

> 辛亥之變，君復與余航海居日本。自是盡棄前學，專治經史；日讀注疏盡數卷，又旁治古文字聲韻之學。

---

20 《靜安文集續編》。

21 看《海日樓札叢》卷七。

這是他自覺地深入乾嘉學統的明證。至於他兼治邊疆史地和晚年專力於遼、金、元三史，雖由於新史料（簡牘與敦煌文書）的大量發現和歐洲、日本漢學家的刺激，但追源溯始，仍上承道、咸以降考證學的新發展而來。關於這一點，他在〈沈乙庵先生七十壽序〉中，交代得很清楚，他概括沈曾植一生的學術說：

> 先生少年固已盡通國初及乾、嘉諸家之說。中年治遼、金、元三史，治四裔地理，又為道、咸以降之學，然一秉先正成法，無或逾越。[22]

這幾句話也未嘗不可以看作他的「夫子自道」。無論如何，沈曾植對他發生了一種示範的作用，其影響之深遠是不容低估的。

前面說過，二十世紀初，中國知識人正式接觸西學之際，中國本土的人文研究生態還是很有活力的。王國維的例子充分證實了這一論點。一般的理解，往往把清代考證學局限在乾、嘉時代，好像以後便愈來愈衰微了。這是由於我們的眼光過於集中在所謂「經學」上面了。專從「經學」的角度看，道、咸以降今文經學的出現和盛行似乎象徵著「微言大義」的詮釋已取代了文本的訓詁與考辨。但是如果把眼界擴大一點，我們立刻可以看出，在考證的基礎上建立起來的所謂「經學」，其實主要是古史（所謂「三代」）的研究。[23] 從考史的角度著眼，乾、嘉的考證學是在不斷擴張它的領域，從三代逐步向後面推展。錢大昕、王鳴盛、趙翼在乾嘉之世已開其端，西北史地和遼、金、元史成為道、咸以降的顯學絕不是偶然的。孫詒讓（一八四八至一九〇八年）是清末最後一位經學大師，但卻成為最先研究甲骨文的專家，他的《契文舉例》（一九〇四年）竟「為中國史學界開闢一個新的領域」（董作賓語），更足以說明「經學」實質上即是上古三代的史學。所以他的《周禮正義》在今天還是上古史研究的一部基本參考書。清末恰好是古文字（如甲骨文）、古器物、古文獻（如漢簡、敦煌卷）等大批出現的時代，為訓詁、考釋、辨偽等等方法提供了一片廣大的新疆土。歐洲和日本的漢學家且已先一步闖進了這一領域。考證學因新材料的發現而獲得新生命，因此構成了當時中國人文研究生態中最有活力的部分。王國維在決定學術轉向時，毫不遲疑地便進入這一領域，正是因為他認清了：這是他的創造力可以發揮到最大限度的園地。

王國維的例子最能說明上文說的心態與生態之間的微妙關係。他早年提倡康德、叔本華的哲學，其心態與同時代仰慕西學的人並無基本差異，不過沒有走上「視西籍如神聖」的極端而已。這顯然是由於他當時已有很深的中國人文素養。但以他的抱負

22《劉申叔先生遺書》本，《觀堂集林》卷二三。

23 參看柳詒徵，《中國文化史》下冊（台北：正中，一九五二），頁一一九。

與才力而言，他不可能甘心長期停留在《靜安文集》的階段。他通論中西哲學、文學雖然都表現了高度的識見，然而畢竟祇是所謂「第二流」的工作（見《靜安文集續編·自序二》）。為了做出原創性的貢獻，他最後決定走上開闢新經學、新史學的道路，其代表作即是《觀堂集林》。但一旦進入中國的人文研究，他便不能不受當時人文生態的制約，也不能不稍稍調整早年的心態。為了接得上中國經、史研究的傳統，他開始「日讀注疏盡數卷，又旁治古文字聲韻之學」——如羅振玉所云。

但是他這樣做不是單純地回歸乾、嘉，而是要為經、史研究別開生面。一九二三年他在〈殷虛文字類編序〉中說：

> 新出之史料在在與舊史料相需。故古文字器物之學與經史之學實相表裡。惟能達觀二者之際，不屈舊以就新，亦不絀新以從舊，然後能得古人之真，而其言可信於後世。[24]

他的目的在求得古史的真相，所以新史料必須與經史舊學互相比勘、互相闡證。但是如果接不上乾、嘉以來關於經典文本的研究傳統，面對著大量新出的卜辭、金文，他勢必陷於茫然失措的困境。人文研究不能不受本土當前人文生態的制約，在此得到了最具體的說明。另一方面，外來的理論系統和抽象的方法論，無論怎樣高明，都無法直接派上用場。

以心態的調整而言，王國維前後兩階段的變遷痕跡是十分明顯的。在《靜安文集》時期他接受了西方流行已久的觀念，把哲學看作是一切學科的基礎。同時他又特別傾倒於康德、叔本華的哲學理論，並運用他們的觀點來解釋和評判中國的思想。我們可以說，這時康德哲學在他心中的地位，與劉師培筆下的斯賓塞社會學，相去不遠。但轉入研究時期之後，他不但不再引康德、叔本華或任何其他西方既成的理論，而且對於哲學一科也置之於不聞不問之列。最明顯的證據是一九一一年的〈國學叢刊序〉，他說：

> 今專以知言，則學有三大類：曰科學也，史學也，文學也。凡記述事物而求其原因，定其理法者，謂之科學；求事物變遷之跡而明其因果者，謂之史學；至於出入二者之間，而兼有玩物適情之效者，謂之文學。[25]

姑不論他的三科定義是否恰如其分際，他沒有給哲學在知識系統中安排一個位置，則極其顯然。這和他在一九〇六年批評張之洞大學章程中不設哲學一科的態度，形成了

24 參《觀堂別集》卷四。

25 《觀堂別集》卷四。

一個十分鮮明的對照。更可注意的是他現在突出了史學，與科學、文學鼎足而三。這暗示他已決定投身史學研究的領域了。此文撰於他轉向的前夕，可以看作他在調整心態期間所留下的印跡。但他祇是調整心態而已，並不像羅振玉所誇張的「盡棄前學」。所以〈序〉又說：

余謂中西二學，盛則俱盛，衰則俱衰。風氣既開，互相推助。且居今日之世，講今日之學，未有西學不興而中學能興者，亦未有中學不興而西學能興者。

這是明白承認：他早年所吸收的西學對於他即將從事的經史研究是大有「推助」之力的。後來他的弟弟王國華說他的「治學之方」越出乾嘉，因為他「有得於西歐學術精湛綿密之助」，[26]確不失為知言。事實上，西學既已深入中國，它也構成了當時人文生態的一部分。以王國維在思想上的敏感，他不可能一轉向便把西學驅除於他的意識之外。上面所引的兩段話，我相信他至死都沒有基本變動。《觀堂集林》中無一言明涉西學，正好說明早年所博覽的西學——包括哲學、心理學、社會學，以至歐洲史[27]都已化為他的學術修養的一部分，隨處可以發生潛在的作用。他的〈殷周制度論〉（《觀堂集林．卷十》）絕不是僅知墨守乾嘉考證的人所能寫得出來的，作者如果對西學不具備多方面的融貫的理解，便根本不可能進行那樣宏大的構想和周密的分析。他不再依傍任何現成的西方理論，證明他已擺脫了早期那種「格義」式的心態，他的學與思都達到了成熟的境界。

王國維死後，他的日本友人狩野直喜說：「王靜安先生的偉大，就在於用西洋科學方法整理國故。」[28]「以科學方法整理國故」是胡適在「五四」時期所提出的口號，王國維自已肯不肯接受這句恭維話，已無法求證了。但這確代表了當時中國學術界的共同認識，狩野借用此語是很自然的。現在讓我從王國維過渡到「五四」的「整理國故」運動，對二十世紀上半葉的中國人文研究的生態做一高度概括性的回顧。

一九二二年胡適論當時人文研究的現狀說：

> 現今的中國學術界真凋敝零落極了。舊式學者衹剩王國維、羅振玉、葉德輝、章炳麟四人；其次則半新半舊的過渡學者，也衹有梁啟超和我們幾個人。內中章炳麟是在學術上已半僵了，羅與葉沒有條理系統，衹有王國維最有希望。[29]

26《劉申叔先生遺書・序》。

27 見〈歐羅巴通史序〉，《靜安文集續編》。

28 引自王德毅，《王國維年譜》（台北：中國學術著作獎助委員會，一九六七），頁七五。

29《胡適日記》第三冊（合肥：安徽教育，二〇〇一），頁七七五。

可知在「國故」陣營中，他最推重的前輩是王國維。兩、三年後他力薦王氏到清華國學研究院任教，其動機已潛伏於此。王氏在清華正式授課兩年（一九二五至二七年），他的學生中有不少人後來都成為承先啟後的文史學者。所以王國維在思想上儘管抗拒「五四」的新思潮，在人文研究方面他卻參加了「整理國故」的運動。這一矛盾現象又必須從心態與生態之間的緊張去尋求解釋。

「五四」時期中國知識人的心態遠比清末一代為激進，這在上面已說過了。但是他們一旦進入「國故」研究的領域，便也和王國維一樣，立即受到人文生態的制約。在上引胡適所列舉的幾位老輩之中，章炳麟、梁啟超和王國維三人的著作尤其代表了「五四」前夕中國人文生態中最有活力的部分。這便使「五四」一代「整理國故」的學人，無論在思想上崇尚西方哪個學派，都不得不以這些前輩的研究為起點。兩個具體的例子便可以清楚說明我的意思。胡適的《中國哲學史大綱》上冊是震動一時的作品，發揮了樹立新「典範」（paradigm）的革命性作用。[30] 但他在自序中除了致謝王念孫、王引之、俞樾、孫詒讓之外，還說：「對於近人，我最感謝章太炎先生。」其實他還應該感謝另一位「近人」，即梁啟超。後來他在《四十自述》中便公開承認，少年時代他讀到梁氏《論中國學術思想變遷之大勢》（一九〇二年），這才激發了研究哲學史的念頭。另一個例子是在思想上與胡適相敵對的郭沫若。他的《中國古代社會研究》也是古史研究中一部開風氣之作，當時影響很大。這部書的史料根據和整體構想則建築在王國維的業績之上。「母系社會」之說雖來自恩格斯的《家族、私有財產與國家的起源》，[31]但如果不是王國維在卜辭中發現了「先妣特祭」之例，郭氏便不可能把這個理論應用到商代社會上面。他綜論商、周歷史發展更是本之王國維的〈殷周制度論〉。郭沫若後來在〈古代研究的自我批判〉中論及此文說：

> 這是一篇轟動了全學界的大論文，新舊史家至今都一樣地奉以為圭臬。在新史學方面，把王氏的論文特別強調了的，首先是我。[32]

這兩個例子生動地顯示出人文研究怎樣離不開同時代的人文生態。胡、郭兩人在西方思想的取向方面雖截然異趣，卻同樣具有一往無前的反傳統的心態。但踏進學術研究的領域之內，這種心態便因生態的制約，而不能不有所調整了。這也正是當年王國維所經過的心路歷程，最多不過是程度上有所不同罷了。我所謂「制約」，其實便是學術紀律，沒有紀律，學術便失去了存在的基本依據。

---

30 詳見我的〈《中國哲學史大綱》與史學革命〉，《中國近代思想史上的胡適》（台北：聯經，一九八四），頁七七—九一；參看馮友蘭，《三松堂自序》（北京：生活・讀書・新知三聯，一九八四），頁二一三—一七。

31 根據人類學家摩爾根（Lewis H. Morgan）的《古代社會》（*Ancient Society*, 1877）。

32 《十批判書》（上海：群益，一九五〇），頁五一六。

我在本文「上篇」結尾處提到，「五四」以後的二十年間，中國曾有過一個人文研究的傳統，所取得成績至今尚受到國際漢學界的普遍尊重。但讀者不要誤會這裡所用的「傳統」兩個字。研究傳統是在不斷成長和發展之中的，甚至往往發生所謂「革命性」的變動。章炳麟、王國維等上承乾、嘉學統，然而最後更新了這個傳統。同樣的情形也發生在「五四」一代學人的身上。今天大陸上出現一套「國學大師叢書」，[33]其中所收的「大師」大多數是「五四」以來在文、史、哲各領域中卓然有成的研究者。無論文化心態是激進、溫和或保守，他們都體現了推陳出新的共同精神。這主要是由於他們雖處在思想極端衝突的時代，最後都能使個人的心態和人文生態之間取得一種動態的平衡。人文心態與人文生態之間必然存在著緊張，其程度因人而異。但這種緊張如果調節到恰到好處（也因人而異），反而可以為個人的創造力提供充分發揮的機會。這是我所謂「動態平衡」的確切涵義。

二十世紀中葉以後中國的文化生態與知識人的心態是絕大多數讀者所耳熟能詳的，這裡用不著說了。最後讓我談一談現狀和前景，以結束全文。今天中國人文生態較之清末或「五四」時代已遠為貧乏，這是無可爭議的事實。但一般知識人的心態則依然未脫「視西籍如神聖」的境界，至少在潛意識中仍隱隱約約地認為「真理」在西方。如本文「上篇」所述，近百年來西方的人文研究一向奉自然科學為楷模，致力於尋求普遍有效的原理或原則。從達爾文的生物進化論轉成社會進化論尤其是其中一個最突出的例子。從十九世紀下葉到二十世紀中葉，無數西方人類學家、社會學家、經濟學家、史學家、歷史哲學家等都曾經從不同的角度試圖建立「放諸四海而皆準」的社會發展「規律」。甚至遲到二十世紀五〇、六〇年代，所謂「現代化理論」還從美國傳播到世界各地，它假定所有「傳統的」社會最後都會曲曲折折地走上「現代化」的道路。這個理論代表了西方社會科學界尋找普遍「規律」的一次規模最大的嘗試。但是它也再一次以失敗收場。現在連一度服膺過這個理論的政治學家也改以「文明的衝突」代替「傳統」與「現代」的衝突了。社會或歷史發展具普遍「規律」的觀念很早便已傳入中國，斯賓塞學說在清末盛行，即其明證。與此相偕而至的則是人文、社會現象的研究也必須以自然科學為範本的信念。前引嚴復論社會學（「群學」）的性質——「用科學之律令，察民群之變端，以明既往，測方來」——已將這一信念表述得很清楚。「五四」以後這一信念在許多知識人的心中銘刻得更深了，所以對於打著「科學」旗幟的西方理論與方法，他們往往失去質疑的勇氣。近二、三十年來，西方學術思想的基調在轉變之中，人文、社會的研究已不再追求所謂「科學化」，代之而起的則是各式各樣的新思潮，其中尤以「後現代理論」最為活躍。這些發展，上篇已大致交代過了。這似乎為中國知識人徹底擺脫

33 南昌：百花洲文藝。

「視西籍如神聖」的心態提供了一個最好的時機。然而問題並不如此簡單，崇拜西方「科學」的意識雖大大地減弱了，但「科學」以外的「真理」也在西方這一深層心理仍然牢不可破。所以近一、二十年來的一般漢語刊物幾乎是西方思想史的一面鏡子，忠實地反映了西方人的種種新說，不過在時間上推遲兩、三年而已。「後現代論說」的氾濫便是顯證。中國知識人中現在頗多批判西方「霸權」的豪傑之士，但是他們的論據幾乎無不來自西方。很顯然地，他們是在緊緊地追隨著新一代的西方學人批判西方現狀。通俗報刊上的「論說」雖與本文的主旨——中國的人文研究——無直接關係，但畢竟反映了知識人的一般心態，對於人文研究不能說沒有間接的影響。如果不能對這一心態做有效地調整，我們便不可能踏入中國人文研究的領域，特別是在中國人文生態已舉目全非的今天。

在過去一個世紀中，中國知識人深慕西方的心態也有一個發展歷程，即在不知不覺中從局部逐漸上升為全部。不但科學遠遠落後而已，即使文學、哲學、宗教、史學……中國也不能與西方相比，而且不限於近代，自遠古便是如此。陳寅恪曾現身說法，為我們提供了一個很動人的例子。他晚年在《論再生緣》中說：

> 世人往往震矜於天竺、希臘及西洋史詩之名，而不知吾國亦有此體。外國史詩中宗教哲學之思想，其精深博大，雖遠勝吾國彈詞之所言，然止就文體立論，實未有差

異……寅恪四十年前常讀希臘、梵文諸史詩原文，頗怪其文體與彈詞不異。然當時尚不免拘於俗見，復未能取《再生緣》之書，以供參證，故噤不敢發。荏苒數十年，遲至暮齒，始為之一吐，亦不顧當世及後來通人之訕笑也。[34]

以陳寅恪的「獨立之精神、自由之思想」，尚「噤不敢發」，而且既「發」之後又恐「當世及後來通人之訕笑」，則人文心態影響及於中國文學的研究，不可謂不深。這使我想到錢鍾書《圍城》中的一幕：方鴻漸在無錫演講，台下有一位禿頭的國文教師，一直在搖頭，表示聽不入耳。但等到方鴻漸引了一句荷馬史詩上的話，這禿頭便立刻被鎮住了，不敢再搖動了。可見這一心態，由來已久。今天追逐西方新思潮的風氣不過是舊樣翻新而已。這一心態正是今天必須加以深刻反思的。越過這一層心理障礙，中國的人文研究才能再出發。

最後，讓我就再出發的問題提出兩點觀察。第一，最近西方的人文、社會科學研究大有「道術將為天下裂」（《莊子．天下》）的趨勢。任何一門都是異說競出，莫衷一是。至少我們已不敢說其中某一種研究取向代表所謂「主流」。這正應驗了《易經》中「群龍無首」之象，西方學人則往往引《舊約》所謂「以色列已沒有國王」為喻。不但

34 見《寒柳堂集》（北京：生活・讀書・新知三聯，二〇〇一），頁七一—七二。

如此，無論是社會科學家或史學家，很少再看到有人企圖建立「放之四海而皆準」的普遍規律。西方既不能再提供任何普遍有效的理論根據，中國人文傳統的專業研究者自然已無西方「馬首」可瞻了，剩下來的祇有自力更生一條路。也許有人會反駁道：「譬如後現代論不是今天西方的新『馬首』嗎？而且『瞻』的人不是已呈愈來愈多之勢嗎？」其他各科的情況如何，我不敢說。就史學言，後現代論也許有兩點可以稱道：第一，它特別強調一切歷史文本中都可能深藏著種種複雜的利害動機，治史者絕不能毫不批判地接受其字面的意義。第二，它採取了為弱勢族群抱不平的立場。但是這兩點都不算新穎。後現代論者既不承認文本之外另有客觀的真實，他事實上已自行封閉了任何通向歷史研究之路。他的主要工作祇限於解讀他們斥之為「傳統史學家」的著作，從而暴露出全部史學的虛構性。一九九一年英國史名家斯通（Lawrence Stone）指出，他還沒有讀到任何一本重要的史學作品，是徹底根據後現代的觀點並使用後現代語言和字彙寫出來的。[35] 這句話似乎到現在還是有效的。所以後現代論至少不可能為中國史研究提供有積極意義的理論依據。

第二，西方的人文社會科學界現在已顯然脫出了源遠流長的「西方中心論」。他們承認，在全世界範圍內，西方不過是眾多文明的一支，而且並不具有典型的意義，在西方任何一國之內，也同樣存在著種種族群的多元文化，而且少數族群的文化必須和主流文化同樣受到尊重。在文明或文化多元並存的新預設之下，研究者首先承認每一文明或文化都是一相對獨立的主體，必須各就其內在脈絡進行深入的瞭解。微觀史學（microhistory）或地方史研究的興起以及人類學家所強調的地方性或局部的知識（local knowledge），都與此新預設有關。地方性或局部的知識恰好與自然科學中的普遍性知識形成了鮮明的對照。這一新的轉向對於中國人文研究的再出發也提供了新的契機。

整體地看，二十世紀中國人文研究中所顯現的西方中心的取向是相當突出的。一九〇一年梁啟超提出了一個概念，稱中國「近世」史，從十九世紀開始，已進入「世界之中國」的階段。[36]他將中國史納入世界史的範圍大概是受到日本史學家的影響。當時所謂「世界史」根本便是「以泰西各國為中心點」的歷史，這一點梁啟超是完全明白的。儘管他深信中國有潛力領導一個「泰東文明」與「泰西」相抗衡，但那是遙遠未來的事，眼前則不得不將「近世」中國置於「以泰西為中心」的世界之內。這篇文字可以看作是一個信號，指示中國人文研究也將逐步走上西方中心的取向，因為梁文已正式把西方上古、中古、近代的分期架構引進中國，從此在人文研究上發生了深遠的影響。無論我們研究中國文化傳統的哪一方面，學術、思想、文學、宗教或藝術，都離不開「史」

35 Lawrence Stone, "History and Postmodernism," *The Postmodern History Reader*, Keith Jenkins, ed. (London: Routledge, 1997), p. 257.

36 〈中國史敘論〉，《飲冰室文集》之六。

的向度，至於歷史研究的本身便更不用說了。所以史學觀念一變，其波動勢必及於每一方面。專就我比較熟悉的一般史學而言，「五四」以來的研究者往往不把中國歷史當作主體，而心中先有某一家西方史學理論為樣本。其實西方理論是根據西方特有的歷史經驗建構出來的，未必具普遍的有效性。例如，「奴隸制是什麼時候終結的？」「資本主義是什麼時候萌芽的？」等等都是歐洲史上的問題，但卻曾驚動過無數史學家在中國史上去尋找答案。且不說中國與歐洲相去如此之遠，不可能統一在同一歷史公式之下，即使歐洲諸國也各有歷史特性，也不能貿貿然以「西方」兩字加以概括。十年前左右，好幾位法國史學名家編成了多卷本的《私生活史》和《西方婦女史》，號稱代表整個「西方」，便引起了英、德史學家的抗議，因為這些書中的例子都是從法國史中選出來的。[37]這恰足說明每一個國家或民族的歷史都有它內在發展和變遷的軌跡，因而在史學研究中都必須受到主體的待遇。

今天是中國人文研究擺脫西方中心取向、重新出發的時候了。如果我們真的希望對中國歷史和文化傳統取得比較客觀的認識，首先必須視之為主體，然後再通過它的種種內在線索，進行深入的研究。但這絕不是說，每一文明或文化都祇能「自說自話」，不必與其他文明或文化互相比較參證。恰恰相反，今天中國人文研究更需要向外（包括西方）開放。在具體研究的過程中，對於同一或相類的事象在其他文明中的表現方式知道得愈多，自己的研究也愈能深入。對於西方理論與方法，研究者也仍然應該各就所需，多方吸收。王國維「中西二學，盛則俱盛，衰則俱衰」的話並未失效。但「視西籍為神聖」的心態則必須代之以「他山之石，可以攻錯」。胡適在「五四」時期曾提出過「輸入學理」的口號，然而他同時要求我們「把一切學理不看作天經地義，但看作研究問題的參考材料」。這句話還是值得我們參考的。

37 見Richard J. Evans, *In Defence of History* (New York: W. W. Norton, 1999), p. 155。

# 第十一篇　接受克魯格人文與社會科學終身成就獎講詞

成為二〇〇六年克魯格獎（John W. Kluge Prize）的共同得主，我深感榮幸，並表示感謝。然而經過自我反省，我認識到今天我得以在這裡的主要理由，是要透過我來表達對中國文化傳統和作為一門學科的中國思想史的尊敬，前者是我終身學術追求的科目，而後者則是我所選擇的專門領域。

在一九四〇年代，我對中國歷史和文化研究開始產生濃厚的興趣，那時，中國的歷史思考正陷於一種實證主義和反傳統的模式中。中國整個過去都被負面看待，無論何種看起來像是獨特的中國的東西，都被解釋成是對於以西方歷史發展為代表的文明進步的普遍模式的一種背離。其結果，中國文化傳統各個方面的研究，從哲學、法律、宗教到文學和藝術，常常等同於譴責和控告。毋須贅言，那時我對中國文化的認同，更要緊的也是對我個人的認同，處於一種完全的迷失中。幸運的是，我能夠在香港完成我的大學教育，並繼而在我現已入籍的美國攻讀研究院。

當我的知識視野隨著時間而逐漸開闊，我開始明白的真相是我們必須清楚地認識到中國文化是一種具有自己明顯特徵的原生傳統。中國文化開始清晰呈現出她的特定形態是在孔子（前五五一至四七九年）的時代，這在古代世界是一個非常重要的年代，在西方以軸心時代而著稱。人們已經觀察到，在這個時期，包括中國、印度、波斯、以色列和希臘在內的幾個高度發達的文化發生了一種精神覺醒或「突破」。它所產生的形式或是哲學推理，或是後神話的宗教想像，或如中國那樣，是一種道德—哲學—宗教的意識的混合體。這一覺醒直接導致了現實世界與超現實世界的區分。作為一種新視野，超現實世界使思想者——他們或者是哲學家，或者是先知，或者是聖賢——擁有必要的超越觀點，從而能夠反思與批判性地檢視與質疑現實世界。這便是通常所知的軸心時代的原創超越，但其確切形態、經驗內容和歷史過程則每個文化各不相同。這種超越的原創性在於它對涉身於其中的文化產生持久的塑造性影響。

孔子時代中國的原創超越的一個結果是出現了最重要的「道」的觀念，它是相對於日常生活的現實世界的超現實世界的一個象徵。但是，中國這個「道」的超越世界從最開始便被認為是與日常生活的現實世界彼此相關的，這與處於軸心突破中的其他古代文化迥然不同。例如，柏拉圖認為存在著一個看不見的永恆世界，而現實世界祇不過是它蒼白的複製，這種概念在早期中國哲學的圖景中是全然沒有的。在中國的宗教傳統中，像基督教那樣將神的世界與人的世界截然二分的類型也不存在。我們在中國諸子百家的思想中，找不到任何與早期佛教極端否定世界、強調空無相類似的觀點。相反，「道」的世界從不遠離人的世界，正如孔子講得好：「道不遠人。人之為道而遠人，不可以為道。」而且我要馬上講，「道」的這一觀念並非祇是孔子及其追隨者擁有，包括老子、墨子、莊子在內的中國軸心時代所有的主要思想家都共享這一觀念。他們共同相信，「道」雖是隱藏的，但在人的世界中卻無處不發生作用，即便是祇有普通理解力的男女在其日常生活中也能或多或少地體會並實踐它。的確，軸心時代的原創觀念，尤其是儒家與道家的觀念，對於此後許多世紀的中國人的生活產生了日漸增長和日漸深刻的影響，因此，認為「道」和歷史構成了中國文明的內核與外形，並不誇張。

在本質上把中國文化傳統視為固有起源和獨立生長的前提下，我在過去幾十年裡嘗試沿著兩條主要線索來研究中國歷史。第一，中國文化必須按其自身的邏輯並同時從比較的角度來加以理解。所謂的「比較的角度」，我指的是在早期中華帝國時代的印度佛教，和十六世紀以來的西方文化。毋須贅言，十九世紀中國與西方的第二次相遇是震撼世界的歷史性事件。從二十世紀初開始，中國人的思想在很大程度上專注於中西相對的問題。僅僅用自身的邏輯而沒有比較的角度來解釋中國的過去，無疑會有掉入簡單的中國中心主義之古老窠臼的危險。

第二，在我對從古代到二十世紀的中國思想史、社會史和文化史的研究中，我總是將焦點放在歷史階段的轉變時期。無論是軸心時代以前，還是軸心時代及其以後，中國與其他文明相比，其悠久歷史的延續性尤其顯著。但是，在中國歷史的演進中，連續與變化是始終並存的。因此，我使自己的研究設定在兩個目標，首先是弄清楚中國歷史上重要的思想、社會和文化變遷，其次是盡可能辨識中國歷史變遷的獨特模式。中國歷史上這些意義深遠的變遷常常超出了朝代更替的意義。雖然「朝代循環」的觀念長期被傳統中國所奉行，而且短時間內也在西方流行，但這是個很誤導的觀念。二十世紀初期，中國的歷史學家以其日本同行為榜樣，開始按照西方的歷史模式重新建構和重新解釋中國歷史。此後便通常認為，中國一定曾經歷過與西方歷史相似的發展階段。在二十世紀前半期，中國的歷史學家採用早期歐洲的斷代模式，將中國歷史分成古代、中世紀和近現代；一九四九年以後，則以馬克思－史達林主義者的五階段論取而代之。後者在今日中國仍為正統，即便在實際的研究中不總是這樣，至少在理論上仍是如此。這種削足適履的方法，無論它有什麼其他的優點，不可能對作為一種固有傳統的中國文化做出完全合理的評估。我確信，祇有通過關注中國歷史變遷的獨特過程與方式，我們才有可能更清晰地看到這個偉大的文化傳統是如何在其內在活力的推動下（這種活力雖不是唯一的因素，但卻是主要的因素）從一個階段走向另一個階段。

現在容我轉到另一個問題：作為兩個不同的價值系統，在歷史的視野裡中國文化是如何與西方文化相對照的？剛才提到，我最初接觸這個問題是在一九四〇年代後期，那時中西相對的一系列問題支配了整個中國思想界。此後，這些問題從來沒有在我的意識之外。我在美國生活已達半個世紀，當我時常在兩個文化之間游移時，這些問題對我來說已經具有了一種真實的存在意義。經過一些最初的心理調適，我早已能在接受美國的生活方式的同時保留我的中國文化認同。然而，中國文化是否能和西方的核心價值相容，我們最好的導引還是來自於中國歷史本身。

中國初遇近代西方是在十六世紀末，那時耶穌會教士來到東亞傳教。對文化敏感的利瑪竇，當他在一五八三年到達中國時，很快發現當時中國的宗教氛圍是極其寬容的。儒、佛、道基本上被視為可以合一的事物。事實上，在王陽明（一四七二至一五二九年）的影響下，晚明的儒家確信三教各自掌握了同一種「道」的一個面向。正是這種對宗教的寬容精神使得利瑪竇在傳教方面取得非凡的成功，許多儒家菁英人物皈依了基督教，其中特別值得注意的是被稱為「傳道三柱石」的徐光啟（一五六二至一六三三年）、李之藻（一五六五至一六三〇年）和楊廷筠（一五五七至一六二七年）。儒家相信人同此心以及得「道」的普世性，這使一些儒家轉而支持儒耶的結合，儒家的「道」至此擴展到將基督教也包括進來了。中國與西方在宗教層面上的這種早期關係，無論如何都不可能被解釋成為一種衝突。

在十九世紀末，也還是一批思想開放的儒家首先熱情地接受了在近代西方佔主導地位的價值與理念，像民主、自由、平等、法治、個人的自主性，以及最重要的人權等等。當他們中的一些人第一次訪問歐美並停留足夠的時間做第一手觀察時，首先給他們留下深刻印象的都是西方憲政民主的理念與制度。協助理雅各（James Legge）英譯儒家經典的王韜（一八二八至一八九七年）在一八七〇年從英國回到香港時，就把英國的政治與法律捧上了天。王韜可能是第一個使用「民主」這一中文術語的儒家學者，他對晚清的儒家政治思想起了相當大的影響。到了上世紀初，中國出現了以今文經學和古文經學而著稱的兩個相對立的儒家學派，兩派雖然各有一套，但都倡導民主。前者贊成立憲制，後者推動共和制。王韜曾將英國政治與司法比作儒家經典中所描述的三代，也許是受此啟發，今古文經學兩派開始有系統地在早期儒家文獻中尋求民主觀念的起源和演化。顯然，在這樣做的過程中，他們已經把中西文化的相容性看作是理所當然的了。

最後，我想就「人權」說幾句話。就像「民主」這個詞，作為一個術語，「人權」是西方特有的，在傳統儒家的話語中不存在。但是，如果我們同意聯合國一九四八年的共同宣言中關於「人權」的界定，即人權是對共同人道和人類尊嚴的雙重承認，那麼我們也完全可在不使用「人權」這一西方術語的情況下來談儒家的「人權」理念。在《論語》、《孟子》和其他早期文獻中就已經清楚地論述了對共同人道的承認和對人類尊嚴的尊重的觀念。了不起的是最遲到西元一世紀，在皇帝的詔書中，儒家強調人類尊嚴的觀點已被公開引用來作為禁止買賣和殺戮奴隸的充分依據。在西元九年和三五年頒布的帝王詔書中都引述了孔子的同一句名言：「天地之性人為貴。」奴隸作為一種制度，從來沒有被儒家接受為合法。正是儒家的人道主義，才使得晚清儒家如此欣然地接受西方的人權理論與實踐。

如果歷史是一種指引，那麼中西文化之間在基本價值上似乎存在著大量重疊的共識。中國的「道」畢竟就是對共同人道和人類尊嚴的承認。我比以往任何時候都更堅信，一旦中國文化回到「道」的主流，中國相對的一系列問題也將隨之而終結。（何俊譯）

# 第十二篇　第一屆唐獎漢學獎　受獎致詞

獲得第一屆唐獎漢學獎是我生平的最高榮譽。不用說，我是既感激又興奮，但坦白地說，在心靈深處終不免感到受之有愧。

漢學是我個人研究、撰述和教學的領域，讓我從這裡說起。首先，將漢學列為四大獎項之一，充分體現了唐獎基金會的遠見，為此我必須鄭重致敬。根據我的觀察和判斷，漢學的世界重要性正在不斷地繼長增高。因此作為一種人文研究的專業，它比以往任何時期都更需要鼓勵和支持。唐獎適在此時降臨，實在是難能可貴。

最近幾十年來，漢學研究正在經歷著一場進程緩慢但意義卻十分重大的轉變。在這一轉變中，越來越多的學者承認：中國文明不但起源於本土，而且是循著自己的獨立途徑成長起來的。作為一個源遠流長的文明，中國完全可以和其他古文明如印度、波斯、以色列、希臘等相提並論。和以往不同，在重建和闡釋中國文明的演進過程時，我們開始擺脫西方歷史模式的籠罩。換句話說，從西方歷史經驗中總結出來的演進模式可以對中國史研究具有參證和比較的作用，但中國史的重建卻不能直接納入西方的模式之中。我們現在大致有一個共識：中國作為一個偉大的文化傳統，主要在自身的內在動力驅使之下，前後經歷了多次演進的階段。但為了對於中國文明及其動態獲得整體的認識，我們必須致力於揭示中國歷史變動的獨特過程和獨特方式。然而這絕對不是主張研究方法上的孤立主義，恰恰相反，在今天的漢學研究中，比較的觀點比以往任何階段都更受重視。原因並不難尋找。中國文明及其發展型態的獨特性祇有在和其他文明（尤其是西方文明）的比較和對照之下才能堅實而充分地建立起來。從另一方面說，如果採取完全孤立的方式研究中國史，其結果勢必墜入中國中心論的古老陷阱之中。

上述若干新的研究動向顯示：漢學今天已走上了徹底全球化的道路。和二十世紀上半葉不同，我們基本上已不大理會漢學的國界問題，很少有人再經常把「中國漢學」、「日本漢學」、「法國漢學」、「美國漢學」等之專名掛在嘴上。在這個地球上，漢學祇有一家，無處不然。

說到這裡，我情不自禁地想到先師楊聯陞先生。我初次接觸世界漢學是在一九五〇年代後期的哈佛大學，受業於楊先生的門下；他指示我去閱讀日本和西方的漢學論著，頓時打開了我的眼界。一九六七年歐洲漢學泰斗戴密微老人為楊先生的名著《漢學散筆》寫「導言」，特別指出後者的學術特色是「真正國際的、天下的」。這一概括清楚地顯示：不但漢學全球化的動向當時已大為開展，而且戴老也認定楊先生是新動向的一位先驅而擊節稱賞。

今天我們處身在全球化加速前進的時代，因此漢學新動向也迫切需要進一步發展，隨之而來的則是漢學的陣營必須不斷擴大。我懇切希望：唐獎可以吸引更多的青年才俊，將新鮮的觀點和見解帶進漢學的世界。

（二〇一四年九月十八日第一屆唐獎漢學獎受獎致詞；唐獎教育基金會授權提供）

# 第十三篇　中國史研究的自我反思

我選擇中國史為專業並開始系統的研究，到今天已超過六十年了。這六十年恰好是中國史研究的基本預設（fundamental assumptions），經歷著重大轉變的階段。因此我必須以這一轉變為背景，對我自己先後的研究動向進行反思，因為兩者是分不開的。

自清末以來（即二十世紀之始），通過日本的中介，中國史學家開始接觸到現代西方的史學，並且一見鍾情。在這一點上，梁啟超為我們提供了一個最生動的例證。他的〈中國史序論〉（一九〇一年）和〈新史學〉（一九〇二年）兩文是最早的發難之作，借西方為他山之石對中國傳統史學痛下鍼砭。他不滿意中國舊史「知有朝廷而不知有國家」、「知有個人而不知有群體」，因此反對以朝代劃分時代，而主張採用西方「上世」、「中世」、「近世」（後來通用「上古」、「中古」、「近代」）的分期。他所提出的中國史分期發生了很大的影響，一直到今天還有人應用，即一、「上世史：自黃帝以迄秦之一統（公元前二二一年）；二、「中世史：自秦一統後至清代乾隆之末（一七九五年）」；三、「近世史：自乾隆末年以至今日」。其中「中世史」長至兩千年後來幾乎已取得「定論」的地位。梁啟超當時做此斷定是因為他把這兩千年看作「君主專制」的全盛期，「歷久而無大異動」。但一九三〇年代以後，馮友蘭的《中國哲學史》則將這兩千年稱作「經學時代」，即相當於西方中古的「經院哲學」（scholasticism）。張蔭麟評馮書更加以附和，斷言中國在哲學上缺少一個「近代」階段。中國馬克思主義者依據史達林（Joseph Stalin）欽定的社會發展「五階段論」，也將同一個兩千年劃作

「封建時代」。所以在很長一段時期中，「中古兩千年」似乎已成為中國歷史的一個最主要特徵。

《新史學》一文清楚地顯示出：梁氏已接受達爾文進化論為歷史進化的基本模式。他說：「歷史者敘述人群進化之現象而求得其公理公例者也」。這句話表示他相信人的世界和自然世界一樣，也是受客觀規律支配的。所以史學的主要任務便是怎樣去探索並建立「歷史規律」（historical laws）。由此可知，他所嚮往的《新史學》其實便是當時在西方風行的「科學的史學」（scientific history）。受到牛頓（Isaac Newton, 1642-1727）科學革命的啟發，早在十八世紀便有人主張用牛頓的方法來研究人文和社會現象，但到十九世紀才發展成一種極其普遍的信仰，如孔德（Auguste Comte, 1798-1857）、馬克思（Karl Marx, 1818-1883）、斯賓賽（Herbert Spencer, 1820-1903）等都是有力的推動者，而馬克思對史學的影響尤其巨大。

「五四」運動以後，不同版本的「科學的史學」在中國史學界佔據了主流的地位。這裡姑舉兩個例子：第一、歷史語言研究所創始人傅斯年先生倡導的「科學的史學」基本上取法於德國蘭克（Leopold von Ranke, 1795-1886）的模式，其中有三個要素，即一、盡量佔有原始史料；二、對史料採取最嚴格的批評態度；三、運用語言訓詁的方法（philological method）於史學研究和教學。當時和後世史家認為這是和科學家在實驗室中取得實物證據的精神相一致的，所以稱之為「科學的史學」。傅先生認為蘭克式的史學和清代考證學極為相近而更有系統，因此取之不疑。但他同時又強調：史學的建設最後應該達到和生物學、地質學同樣的科學高度，這就透露出：他也假定歷史現象中存在著客觀的「規律」（或「公理公例」），可以通過大量的具體研究而發現。這是史學最後成為一門「科學」的根本保證。不過他對此隱而不發，先從實際研究著手；在他領導下，這一派在中國現代史學領域內的成績是有目共睹的。第二，另一影響很大的「科學的歷史」版本是由中國馬克思派提供的。我們都知道，馬克思主義的核心（core）是唯物史觀（the materialism conception of history），其大致內涵久已家喻戶曉，毋須詳說。這裡我祇想指出：後世信徒多相信馬克思已發現了「歷史發展的基本規律，因而將史學變成了一門不折不扣的『科學』」。

一九四九年以後，唯物史觀遭受了高度的教條化和庸俗化，並在中國取得了「定於一尊」的地位，對於中國史學造成很大的損失。但這不是我現在要討論的問題，一筆表過不提。我要說的乃是一個無可否認的事實，即馬克思的一些重要歷史觀念，自一九二〇年代傳入中國之後，對於一般史學產生了深遠的影響，在很大程度上改變了中國史學研究的方向。英國馬克思主義史學名家霍布斯邦（Eric Hobsbawm, 1917-2003）曾跳出意識型態之外，追溯了馬克思對於歐洲近幾十年來歷史研究的導向作用，相當客觀可信。據他的觀察，馬克思的史學思維逐漸和史學打成一片，最後已不能也不必再在馬克思派和非馬克思派之間分辨異同了（見他*On History*一書第十、第十一兩章）。我覺得同樣的情形也出現在上世紀三〇年代的中國。例如社會史、經濟史的興起（如陶希聖先生的《食貨》所代表的）以及中國社會史分期的爭論等等，既起源於馬克思主義，但很快便變成中國史學領域中的一般問題了。如果做深一層的探索，我們有充分的史料可以將馬克思主義的史學觀點與中國一般史學的融合過程追溯出來（例如夏鼐〔一九一〇—一九八五年〕在清華大學歷史系讀書的經歷便提供了不少線索。見《夏鼐日記》第一冊，一九三一—一九三四年）。

以上兩種不同版本的「科學的史學」是我早年研究中國史的思想背景。我並沒有盲從其中任何一個版本，因為我既不敢貿然相信「史學」可以成為「生物學」、「地質學」一樣的「科學」，更不敢斷定究竟有沒有什麼「歷史規律」。但是這兩大史學流派在研究取向方面卻各有所長：第一，傅先生一派對於史料和證據的處理方式事實上是將蘭克的方法和清代考證學加以融會貫通，是現代史學研究所必須具備的。第二、馬克思派的特殊歷史理論（「唯物史觀」）在一九四九年以前並未獲得多數中國史學家的認同，但是它的宏觀取向則很受重視。所謂宏觀取向指超越出個人活動和個別事件而發掘歷史上的大動向，由於這類大動向往往涉及社會的整體，因此研究無法局限於某一部分（如政治），有時不能不循著史料的引伸而擴展到其他部分（如社會、經濟或思想）。

由於深受以上兩大史學流派的影響，我自始便決定以精密的考證方法和宏觀概括互相制衡並互相支援。我早期專題研究如《東漢政權之建立與士族大姓之關係》和《漢代的貿易與擴張》（英文）都受到馬克思派的啟蒙，但並未接受唯物史觀；我也遵守嚴格的考證方法，但完全沒有考慮到以生物學、地質學為史學的範式。

我自始即最感興趣的問題是怎樣通過歷史來認識中西文化的異同。中西異同是清末以來中國知識人共同關懷的大問題，至今仍在爭論中；我一直相信，祇有歷史研究才是尋求解答的可靠途徑。但是在「科學的史學」這一預設之下，我在這一領域的工作遇到很大的困難。為什麼呢？如果歷史和自然界一樣，受著客觀規律的支配，那麼「歷史規律」也必然和物理規律一樣，是「放之四海而皆準，俟之百世而不惑」的。事實上，如前面所指出的，從梁啟超的「上世、中世、近世」馮友蘭的中國「哲學」尚未進入「近代」、到馬克思派的歷史分期，無不假定西方與中國循著同一歷史規律而演進，但中國卻遠遠落在西方的後面。在這一假定之下，中西文化的本質差異祇存在於「先進」（西）和「落後」（中）之間。至於其他差異則是次要的，不過是表現方式和風格的不同而已。應該指出，這裡也流露出西方中心論的意識：歷史規律雖普遍有效，但在西方卻獲得了最順利的發展因而構成了典型，足為其他文化示範。這是為什麼「五四」以來中國知識人中頗多相信現代的西方為中國的前景提供了發展的樣本。（一九四九以後一度盛行「蘇聯的今天便是中國的明天」之說，其實也是一種變相的西方中心論。）

以上我大致交代了「科學的史學」的預設為什麼嚴重地限制了中、西文化異同的探討。接著我要談一談這一預設的衰落及其所帶來的解放作用。

首先必須指出，將史學發展成物理、化學、生物一類的「科學」，這一想法開始便有人反對，而且在實踐中多數史學家也做不到。不過在理論上「科學的史學」的號召力非常大，因此在很長時期內似乎佔據了主流的地位，反對者雖不接受，卻也無可奈何。大概從上世紀五、六〇年代起，這一預設才越來越受到嚴重的挑戰，關鍵發生在「歷史規律」上面。出乎意料的是，使「歷史規律」開始破產的竟是湯因比（Arnold J. Toynbee, 1889-1975）而不是「科學的史學家」。湯氏主張「文明」才應該是史學研究的基本單位，他在世界史上選出了二十一個「文明」作為研究對象，最後變成了十三卷本的《歷史的研究》（*A Study of History*）。專從以「文明」為歷史研究的主體而言，我毋寧是十分歡迎這部巨著的，但問題出在他要在這部大規模的研究中尋出「文明」興起、發展和崩解的一般「規律」，這就掉進「科學的史學」陷阱之中了。當時（一九五〇到六〇年代）西方各國專業史家群起而攻之，每個人都根據最可信的史實和史證加以反駁，結果是他的所謂「規律」沒有一條是站得住的。

另一方面，「科學的史家」所強調的「規律」也同樣受到深入的質疑。評論這裡無法展開，讓我介紹一個比較重要的論點，即“generalization”（通貫性的概括）和“general laws”（通貫性的規律）不可混為一談。自然科學可以建立「通貫性的規律」，史學則祇能建立「通貫性的概括」。所謂「概括」，是指我們可以在歷史上發現一些整體的趨勢、動態、結構及其因果關係。但這一類的「概括」往往因地因時而異，在甲國如此，在乙國則未必如此，在甲時若是，在乙時又未必若是，因此和自然科學中普遍有效的「規律」截然有別。（至於科學中的「規律」因研究的不斷進步而不得不修正，則是另一回事。）「通貫性的概括」和「通貫性的規律」之間的分野劃定之後，史學是不是「科學」的問題便自然消解了。正如最近史學家所指出，到現在為止，還沒有任何人曾經成功地建立起一條「放之四海而皆準」的「歷史規律」（參看Richard J. Evans, *In Defense of History*, 1999, pp. 46-53；Joyce Appleby, Lynn Hunt and Margaret Jacob, *Telling the Truth About History*, 1994, pp. 168-169）。

「科學的史學」預設退位以後，我探討中西文化異同的問題便不再有理論上的障礙了。考古和史學都已充分證實，中國作為一個古老文明不但起源於本土，而且大體上是獨立發展起來的。從這一認識出發，我試著找出中國文化的特色並溯其源至「軸心突破」（Axial breakthrough）時期（即孔子出現的前夕）。但文化特色必從比較中得來，中西異同更離不開和西方相比較，因此在我的研究計畫中，比較中西的文化和歷史是一個重要環節。這裡應該強調一下，「比較」必須盡量避免流為「比附」，尤其是「勉強的比附」（forced analogy）這是過去很常見的一種弊端，如前引梁啟超與馬克思派的歷史分期便是顯例。但深一層分析，這一弊端顯然是從西方中心論中衍生出來的。因為前已指出：在「科學的史學」預設之下，西方已成為「先進的典型」，中國史既循著同一「科學規律而演進」則「比附」於「典型」是無可避免的。但在「科學的史學」破產之後，西方中心論已失去了存在的根據，「比附」便完全沒有必要了。由於以往幾十年中歷史分期的比附深入人心，至今仍時時流露在不少論者的筆下，因此我的研究重點之一是怎樣在中國史進程的內在脈絡中試求與事實相符而自然合理的時代劃分。我相信，不但中國文化自具特色，而且它的發展途徑也是獨特的。

我以中國史為專業，並特別注重中西文化異同的問題，並不是單純地由於「發思古之幽情」。一九四六年回到城市讀書以後，我越來越親切地感受到身處歷史大變動之中。因此我讀中、西歷史都抱有一種迫切感，即希望從「古今之變」中瞭解我所處的「世變」究竟是怎樣造成的？我並不相信「鑑往」可以「知來」，但是我認為歷史研究和文化解析可以為我們打開認識「世變」的門戶。在一切「世變」之中，我們特別應當關注價值系統的變動，這是我近年來自我反思的啟悟之一。時間不允許我多談我自己的研究工作，下面我只做三點簡單的反思：

一、中國軸心突破的文化特色。

二、中國文化和思想史上的轉變階段。

三、現代中國和價值問題。

（二〇一四年九月十九日演講「中國史研究的自我反思」全文，唐獎教育基金會授權提供）

知識叢書 1119

# 知識人與中國文化的價值

作　者——余英時
主　編——王育涵
特約編輯——蔡宜真
責任企畫——郭靜羽
美術設計——許晉維
內文排版——旭豐數位排版有限公司
總 編 輯——胡金倫
董 事 長——趙政岷
出 版 者——時報文化出版企業股份有限公司
一〇八〇一九台北市和平西路三段二四〇號七樓
發行專線——（〇二）二三〇六六八四二
讀者服務專線——〇八〇〇二三一七〇五　（〇二）二三〇四七一〇三
讀者服務傳真——（〇二）二三〇四六八五八
郵撥——一九三四四七二四時報文化出版公司
信箱——一〇八九九台北華江橋郵局第九九信箱
時報悅讀網——http://www.readingtimes.com.tw
時報人文科學線臉書——https://www.facebook.com/humanities.science
法律顧問——理律法律事務所　陳長文律師、李念祖律師
印　刷——勁達印刷有限公司
初版一刷——二〇〇七年三月二十七日
二版一刷——二〇二二年七月二十九日
定　價——新台幣四五〇元


時報文化出版公司成立於一九七五年，
並於一九九九年股票上櫃公開發行，於二〇〇八年脫離中時集團非屬旺中，
以「尊重智慧與創意的文化事業」為信念。

知識人與中國文化的價值／余英時著. — 二版. — 臺北市：時報文化出版企業股份有限公司, 2022.07
面；　公分. -- (知識叢書；1119)
ISBN 978-626-335-607-8(平裝)

1.CST: 知識分子 2.CST: 中國文化

541.262　　111009015

ISBN 978-626-335-607-8
Printed in Taiwan